고개만당에서 하늘을 보다

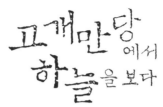

1962년 울주 김홍섭 어르신 농사 일기

김홍섭
1932년 울산시 울주군 두동면 삼정리 하삼정마을에서 출생.
2004년 대곡댐 건설로 마을이 수몰되면서 이주.
현재 울주군 두서면 서하리 대정마을에 거주.
1955년부터 농사일기를 쓰기 시작하여 현재에 이르고 있음.

고광민
1952년 제주도 출생.
목포대학교 도서문화연구원 연구위원.
저서 《섬사람들의 삶과 도구 7》, 《마라도의 역사와 민속》, 《제주 생활사》, 《섬사람들의 삶과 도구 6》, 《섬사람들의 삶과 도구 5》, 《섬사람들의 삶과 도구 4》, 《섬사람들의 삶과 도구 3》, 《섬사람들의 삶과 도구 2》, 《흑산군도 사람들의 삶과 도구》, 《조선시대 소금생산방식》, 《돌의 민속지》, 《제주도의 생산기술과 민속》, 《제주도 포구 연구》, 《사진으로 보는 1940년대의 농촌풍경》, 《한국의 바구니》 외.

고개만당에서 하늘을 보다

2019년 6월 15일 초판 1쇄 발행

지은이 고광민
펴낸이 김영훈
편집 김지희
교열 이혜영
디자인 나무늘보, 부건영
펴낸곳 한그루
출판등록 제6510000251002008000003호
제주특별자치도 제주시 복지로1길 21
전화 064 723 7580 전송 064 753 7580
전자우편 onetreebook@daum.net 누리방 onetreebook.com

ISBN 978-89-94474-83-0 93380

이 도서의 국립중앙도서관 출판예정도서목록(CIP)은 서지정보유통지원시스템 홈페이지(http://seoji.nl.go.kr)와 국가자료공동목록시스템(http://www.nl.go.kr/kolisnet)에서 이용하실 수 있습니다. (CIP제어번호: CIP2019022078)

값 25,000원

고개만당에서 하늘을 보다

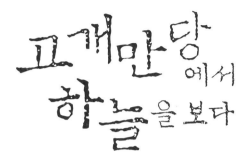

1962년 울주 김홍섭 어르신 농사 일기

고광민 著

한그루

고개만당에서 하늘을 보다

차례

그림 차례

고개만당에서 하늘을 보다

자서(自序)

서문(序文)

김홍섭 어르신 일기를 모두 들여다보는 것은 역부족이다. 그중에 기록이 충실하고 오래된 내용으로 1962년 1년 동안의 일기 내용만 집중적으로 들여다보았다. 2017년 1월 13일부터 2017년 3월 25일까지, 72일 동안은 거의 매일 하루에 1~2시간씩 김홍섭 어르신은 고광민의 선생님이 되고 고광민은 김홍섭 어르신의 학생이 되어 일기를 공부하였다.

자서自序

본인은 경주 김씨로, 울주군 두서면 서하리 대정마을(옛날 경주군 외남면에 속해 있던 곳)에 살고 있는 김홍섭이란 사람입니다. 1932년생으로 자손이 귀한 한 농가의 외동아들로 태어나, 부모님의 지극한 사랑 속에 성장하였습니다. 공부하기를 좋아했으나 가정형편상 진학을 못 하고 오직 독학으로 학구열을 달랬습니다.

1950년 6·25전쟁이 일어나자 만 18세의 나이로 동족상잔의 참혹한 전쟁터에 나가 총상을 당하기도 했습니다. 만 4년 3개월의 군 생활을 마치고 돌아온 후에는 가정을 일으켜 세워야겠다는 일념으로 농사일에 전심전력 노력했지요.

그때부터 농사일지를 쓰기 시작하여 영농에 많은 도움을 받았습니다. 일기를 씀으로써 하루를 반성해 보고 자기 성찰의 기회를 갖는다는 것이 유익하다고 생각하여 계속 쓴 것이 어언 64년이란 세월이 지났네요. 내용을 살펴보면 생활사의 일부와 물가 변동, 농산물 가격, 경조사 축의금의 변화 등 시대의 변천과 추억의 기록들이지요.

본래 일기를 써서 남에게 보인다든가 세상에 알린다는 생각은 추호도 없었습니다. 우연한 기회에 울산대곡박물관을 찾은 목포대학 도서문화연구원의 연구원 고광민(高光敏) 선생님이 대곡박물관에서 나의 60여 년간의 일기장 소문을 듣고 집으로 찾아왔습니다. 일기장 일부를 사진으로 담아갔는데, 각고의 노력 끝에 이 책의 초고 편집본이 완성되어 받아보니 선생님의 노력이 감명 깊게 느껴집니다.

이 책을 통하여 지난 세월 우리 울주 지방의 농경 생활 문화의 일부나마 후세에 보전된다는 자긍심에 매우 만족하며 고 선생님의 노고에 진심으로 감사합니다.

울주군 두서면 서하리 대정마을에서 김홍섭 씀

서문序文

한반도의 땅은 동쪽은 높고 서쪽은 낮다. 그 분계선은 백두대간(白頭大幹)이다. 원초 경제사회 때, 백두대간을 기점으로 동(東)과 서(西)의 삶의 모습은 어떠하였을까. 이러한 궁금증이 나로 하여금 백두대간 동쪽 여행을 떠나게 만들었다. 2016년 9월에는 여행 준비를 하였다. 그 당시 울산대곡박물관에서는《울산 역사 속의 제주민-두무악·해녀 울산에 오다》라는 이름으로 기획특별전이 열리고 있었다. 2009년 울산대곡박물관 개관 기념으로 전시하였던《나의 살던 고향은…》에는 울주 김홍섭 어르신의 일기 사진 한 장이 들어 있었다. 캡션은 "1955년부터 지금까지 하루도 빠짐없이 농사 일기를 써서 보관하고 있다." 였다.

특별기획 실무를 맡은 박미연 선생은《나의 살던 고향은…》에서 김홍섭 어르신과 일기에 대하여 다음과 같은 글을 남겼다.

> 김홍섭 어르신은 4년 4개월의 군복무기간을 마치고 24살 때인 1955년 12월에 제대했다. 휴전 이후에도 일정 병력을 유지하느라 제대가 보류되어 복무기간이 길었다.

고향에 돌아와 농사에 전념했다. 25살에 농촌지도소의 농촌자원지도자가 되었다. 농업과 관련된 각종 교육을 받고, 마을 사람들에게 다시 그 내용을 교육하는 일이었다. 20여 년간 이 일을 계속했고, '농학박사'라는 별명도 얻었다. 집안이 어려워서 초등학교만 졸업했지만 공부하기를 좋아하고 책 읽기를 게을리하지 않았다. 수산대학을 다니던 이웃 마을 손수일에게서 영어와 수학을 배웠다. 한문은 혼자서 《통신강의록》이란 책을 보면서 공부했다. 농사와 공부를 병행하면서 24살 때부터 농사일지를 꾸준히 썼다. 45살이 되면서 농촌자원지도자를 그만두고 농사일에만 전념하였다. 슬하에 2남 4녀가 있고 모두 결혼했다.

- 《나의 살던 고향은…》, 67쪽.

2016년 10월 9일부터 1개월 동안 백두대간 동쪽 지역 주유(周遊) 일정이 시작되었다. 10월 12일, 울주군 두서면 서하리에서 김홍섭 어르신을 만났다. 일기 일부를 카메라에 담았다. 김홍섭 어르신의 원래 고향은 울주군 두동면 하삼정리였다. 2005년 대곡댐이 준공되면서 하삼정리를 비롯한 이웃 마을 상삼정마을, 방리마을, 양수정마을, 구석골마을 180여 가호가 수몰되는 바람에 김홍섭 어르신은 지금의 두서면 서하리로 옮겨 살고 있었다.

김홍섭 어르신의 일기는 다른 사람에게 내용을 전할 목적이 아니었다. 일기는 자신의 기억을 돕기 위하여 짤막하게 글로 남긴 비망록이나 다름없었다. 몇 개를 예로 든다.

1962년 음력 1월 24일 오전, 김홍섭 어르신은 인보시장(仁甫市場)으로 갔다. 인보시장은 울주군 두서면 소재지 인보리에서 3일과 8일에 서는 오일상이나. 인보시장에서 땔나무와 백미를 팔았던 내용의 기록이다.

◎소갑 5束 賣[每束~140 = 700 收]

◎白米 2升(360환式 = 720환 收)

'소갑'은 땔나무 솔가지다. 소갑 5단[束]을 1단에 140환씩 해서 팔아 700환을 받았다[收]는 것이다. 그리고 백미(白米)를 1되에 360환씩[式] 해서 2되[升]를 팔아 720환을 받았다[收]는 것이다. 쌀을 가지고 시장에 팔러 가는 일을 '쌀 내려 간다'고도 하였다.

1962년 음력 1월 13일 식전, 김홍섭 어르신은 일기에 "精米[나락 6斗叺 3叺 卽 20.1 - 1.8 = 18.3]"라고 기록하였다. 6말[斗]들이 가마니[叺] 3개의 나락을 정미(精米)하였다는 것이다. 나락뒤주의 20섬 1말 중에서, 오늘 6말들이 3가마니, 즉 1섬 8말을 정미하였으니, 지금 나락뒤주에는 18섬 3말이 남았다는 것이다.

1962년 음력 9월 24일 식전, 김홍섭 어르신은 일기에 "밥먹는도가리 마자 비고 고물콩, 배밀콩 꺾음."이라고 기록하였다. 김홍섭 어르신은 논배미를 '도가리'라고 하였다. '밥먹는도가리'는 김홍섭 어르신 소유 '새논'에 있는 논배미 이름이다. '고물콩'과 '배밀콩'은 무슨 콩일까. 김홍섭 어르신은 '고물콩'은 떡고물을 만들 때 쓰는 콩이고, '배밀콩'은 밥에 섞는 콩이라고 했다. 또한 못자리를 '못강', 수수를 '수끼', 논두렁을 '논두룸'이라고 하였다. 한반도 백두대간 동쪽에서 오랫동안 전승되다가 지금은 잃어버린 말들이다. 김홍섭 어르신의 일기는 백두대간 동쪽 원초 경제사회 생활사를 들여다볼 수 있는 열쇠라 하겠다. 더욱이 한국의 문화는 철저하게 정치, 경제, 사회, 문화의 중심 도시인 서울이 위치한 백두대간 서쪽에 쏠림으로써 절름발이 현상을 나타내고 있는데, 이를 극복할 수 있는 훌륭한 자료이다.

김홍섭 어르신 일기를 모두 들여다보는 것은 역부족이다. 그중에 기록이 충실하고 오래된 내용으로 1962년 1년 동안의 일기 내용만 집중적으로 들여다보았다. 2017년 1월 13일부터 2017년 3월 25일까지, 72일 동안은 거의 매일 하루에 1~2시간씩 김홍섭 어르신은 나의 선생님이 되고 나는 김홍섭 어르신의 학생이 되어 일기를 공부하였다. 그리고 그 이외 기간에도 띄엄띄엄 가르침을 받았다. 공부가 끝날 때마다 그 내용을 A4용지에 차곡차곡 적어놓았다. 이를 바탕으로 《고개만당에서 하늘을 보다》라는 이름의 원고를 집필하였다. 이 책 《고개만당에서 하늘을 보다》는 크게 세 부분으로 구성된다.

1장은 〈울주 김홍섭 어르신 일기의 주석과 해설〉이다.

울주 김홍섭 어르신 일기의 주석과 해설을 붙이기 위하여 일기의 내용을 타이핑하였다. 송정희 선생(사단법인 한국아동국악교육협회 제주지부장)의 도움을 받았다. 그리고 김홍섭 어르신의 가르침을 바탕으로 주석과 해설을 붙였다. 일기 속에서 김홍섭 어르신의 거동(擧動)의 내용마다 '*'를 표시하였다. 김홍섭 어르신께서 스스로 일부 거동 내용을 '◎, ○, ※'로 표시한 경우에는 그대로 따랐다. 띄어쓰기의 원칙대로 따르려고 하였다. 일기 속의 약자(略字)는 정자(正字)로 고쳐 썼다.

예를 들면 '円'을 '圓'으로 고쳐 썼다. 그리고 일기에 등장하는 일부의 생활도구는 화상(사진과 그림) 자료와 함께 해설문을 붙였다.

2장은 〈울주 김홍섭 어르신 일기의 소론〉이다.

일기의 내용을 중심으로 김홍섭 어르신에게 가르침 받은 내용을 바탕으로 몇 개의 소론(小論)을 만들었다. 소론의 내용은 필자가 백두대간 동쪽 주유(周遊) 결과를 집필한 《동의 생활사》라는 글에 일부 중복되는 것도 있다.

'땔나무의 1년'에서는 김홍섭 어르신의 일기 속에서 1962년 1년 동안 땔나무에 관한 내용을 추적하여 보았다. 원초 경제사회 때의 땔나무는 부의 상징이기도 했다. 땔나무는 채취시기에 따라 '겨울나무'와 '여름나무'로 구분했고, 겨울나무와 여름나무의 땔나무 종류도 서로 대조를 이루고 있다.

'소의 일생'에서는 김홍섭 어르신의 일기 속에서 소의 1년, 소의 소작 등을 들여다보았다. 원초 경제사회 때 '천석꾼도 소가 반쪽'이라는 말이 전승되었듯이, 일소 한 마리를 소유한다는 것은 쉽지 않은 일이었다.

'논거름의 1년'에서는 김홍섭 어르신의 일기 속에서 논거름은 언제 어떻게 마련하였으며, 언제 어떤 방법으로 거름을 주었는지를 들여다보았다.

'밭거름의 1년'에서는 김홍섭 어르신의 일기 속에서 밭거름의 종류와 목적에 대해서 들여다보았다.

김홍섭 어르신은 빗물에 의해서만 벼를 생산하는 논을 '천봉답(天奉

畓)'이라고 하였다. '고개만당'은 천봉답이다. 김홍섭 어르신의 일기 속에서 '고개만당의 운명'을 추적하였다. 천봉답의 논농사는 고생이 많았다. 천봉답의 농민은 왜 밭농사를 짓지 않고 논농사를 고집하였을까. 숙명적으로 천봉답이 될 수밖에 없는 배경을 들여다보았다.

논농사를 짓기 위하여 일정한 마을 단위로 공동 조직을 만드는 경우가 있었는데, 울주 지역에서는 이를 '두레'라고 하였다. 김홍섭 어르신의 일기 속에서 '두레'의 속내를 추적하여보았다.

1962년 음력 1월 13일(양력 2월 17일), 김홍섭 어르신은 어머니 제사상(祭祀床)에 올릴 물고기를 사려고 언양 오일장으로 갔다. 언양장에서 여러 가지 물고기를 사서 어머니 제사상에 올렸다. '언양장에 나타난 바닷물고기 추적'에서는 울산 지역 갯마을을 찾아다니면서 바닷물고기의 출처를 찾아내고, 그 어법(漁法) 등을 들여다보았다.

1962년 음력 정월 보름날 김홍섭 어르신 마을에서는 콩쿨대회가 벌어졌다. 이때 김홍섭 어르신은 300환을 희사(喜捨)하였다. '콩쿨대회 이전'에서 콩쿨대회 이전에 전승되었던 이 마을의 민속행사를 들여다보았다.

마지막으로 〈울주 김홍섭 어르신 일기의 원본〉을 실었다.

김홍섭 어르신의 일기 중에서 1962년도 부분을 원본 그대로 소개한다. 김홍섭 어르신 일기는 울산박물관에 기증 약속을 주고받았다고 한다.

제1장

울주 김홍섭 어르신 일기의 주석(註釋)과 해설

일러두기

① 일기 속에서 거동(擧動)의 내용마다 '*' 표시한다. 김홍섭 어르신께서 스스로 거동의 내용을 '◎, ○, ※'로 표시한 경우에는 그대로 따른다.

② 일기에 줄 따위를 그어 삭제한 경우 등, 꼭 불필요한 내용은 뺀다.

③ 띄어쓰기에 따른다.

④ 약자(略字)는 정자(正字)로 고쳐 쓴다(예, 円 → 圓).

1월

울주 김홍섭 어르신 일기의
주석(註釋)과 해설

1962(壬寅年) 正月 初一日

一月一日 新正

*上三政 祖父母 山所 参拜하고 옴[1]

*金面長 宅 賻儀 300환

---

1) 김홍섭 어르신은 정월 초하룻날 차례(茶禮)를 지내고 나서 조상 산소에 참배(參拜)와 망배(望拜)하였다. '상삼정(上三政)'은 이웃 마을 이름이다. 김홍섭 어르신은 상삼정마을 '노루목'이라는 곳에 있는 증조부(曾祖父) 산소와 '초장골'에 있는 할아버지[祖父]와 아버지 산소를 참배하였고, 집으로 돌아오는 길에 '아래뒷골'에 있는 어머니 산소를 참배하였다. 그리고 비교적 멀리 떨어진 곳에 있는 '먼당골'의 증조모(曾祖母) 산소는 망배(望拜)하였다.

1/2 晴 前 *休息하고 어른들 歲拜 드리고 옴

后 *休息하고 어른들 歲拜 드리고 옴

*錢邑 甥任 來家[2)]

1/3 晴 前 *別 意味없이 놀았음

后 *錢邑 甥任 歸家

*고기 잡는 求見하고 조금 놀다 옴[3)]

*金丁守氏 40,000 貸與 入金

1/4 晴 *休息

前 *고기 잡고

---

2) '전읍(錢邑)'은 두서면 전읍리 마을 이름이다. 김홍섭 어르신의 누님은 전읍리 연안 이씨(延安李氏) 댁에 시집갔다. 김홍섭 어르신 누님의 아들[甥姪]이 세배 왔다.

3) 고기 잡는 구경[求見]하고 조금 놀다가 왔다는 것이다. 이 마을 사람들은 대곡천(大谷川)을 '큰거랑'이라고 하였다. 큰거랑은 민물고기가 많다. 계절에 따라 어법(漁法)도 다양하다. 삼동(三冬) 때는 큰거랑이 언다. 이때는 충격어법(衝擊漁法)으로 물고기를 잡았다. 메로 바위를 내려치면, 물속 바위틈에 숨어 있는 물고기들은 충격으로 정신을 잃는다. 충격어법으로 송어, '중태기(중고기)', '쇠치미' 따위를 잡았다.

后 *徐炳澤氏 집에서 놀았음[4)]

1/5 晴 *저녁 때 銀片 갔음[5)]

1/6 曇雨[6)] *終日 나림[7)]

*妻家에서 놀았음

1/7 曇 前 *歸家할여다 点食 먹고 斗東面事務所에서 일 보고 寫眞 撮影해 놓고 도라 옴[8)]

◎尙秀 銀片 왔음[車費 條로 100환][9)]

1/8 晴 前 *斗東所在地까지 갔음[10)]

---

4) 서병택(徐炳澤) 씨 집에는 사랑채가 있었다. 사랑채는 사랑방과 골방으로 구성되었다. 사랑방은 손님을 접대하는 공간, 골방은 곡간이나 다름없었다. 이 마을 사람들이 사랑방이 있는 서 씨네 집에 모여 노는 경우가 많았다.

5) '은편(銀片)'은 두동면 은편리(銀片里) 마을 이름이다. 김 씨 어르신 처가댁이 있는 마을이다.

6) '담(曇)'은 흐림의 의미를 갖는 일본어 '쿠모리(曇)'이다. 그러니 '담우(曇雨)'는 흐리고 나서 비가 왔다는 것이다.

7) 종일(終日) 비가 내린다는 것이다.

8) 귀가(歸家)하려다 점심[点食] 먹고 두동면사무소(斗東面事務所)에서 일 보고 사진 촬영(寫眞撮影)해 놓고 돌아왔다는 것이다.

9) 상수(尙秀)가 은편(銀片)에 왔는데, 차비[車費] 조로 100환을 주었다는 것이다. 상수(尙秀)는 김홍섭 어르신의 큰아들 이름이다.

后 ⋆歸家함~在鄕軍人參事履歷書 提出次 印章도 맞기 놓고 옴[11)]

1/9 晴 식전 ⋆늦게까지 잠

前 ⋆둥거리 1짐 함[12)]

后 ⋆물거리 1짐 함[13)]

---

10) 두동면사무소(斗東面事務所) 소재지(所在地)까지 갔다는 것이다.

11) 귀가(歸家)하면서 재향군인(在鄕軍人) 참사(參事) 이력서(履歷書) 제출차(提出次) 인장(印章)도 '맞기(맡겨)' 놓고 왔다는 것이다.

12) '둥거리'를 1짐 했다는 것이다. 둥거리는 장작을 만들 소나무 또는 참나무의 통나무다. 소나무나 참나무 따위를 도끼로 찍고 톱으로 켜 넘어뜨린다. 길이는 250㎝ 정도로 켠다. 지게에 지고 집으로 와서 '보탕자리'에 내려놓는다. 보탕자리는 나무를 패거나 자를 때에 받쳐놓는 '보탕(모탕)'이 있는 자리다. 톱으로 둥거리를 세 토막 낸다. 둥거리 토막을 도끼로 쪼갠다. 둥거리는 겨울철에 수분이 없는 상태라서 도끼로 잘 깨진다. 장작은 군불 땔감, 시장으로 내다 파는 상품, 상갓집의 화톳불 땔나무로 두루 쓰인다.

13) '물거리'를 1짐 했다는 것이다. 물거리는 싸리나무, 진달래나무 등 땔감용 낙엽 관목을 말한다. 음력설 이후에 채취하는 경우가 많다. 음력설 이전의 낙엽 관목은 물기가 말라 있으니, 이 무렵의 물거리는 거칠어 낫으로 베어내기가 쉽지 않다. 음력설이 지나 입춘(2월 4일경) 무렵이면 나무에 물기가 오르기 시작하여, 물거리가 비교적 부드러워 낫으로 잘 베어진다. 물거리 3단이 지게 한 짐이다.

◎白米 5升 360환式 = 1,800[14]

◎바늘 20

*其他 20[40[15]]

◎兪光植氏 宅에서 회채한 하기 값 250환 支[16]

1/10 晴 前 *물거리 1짐 함

后 *물거리(싸리) 1짐 함

1/11 晴 식전 *德巨里 道溝침[17]

前 *물거리 1짐

后 * 〃 1짐

---

14) 백미(白米) 5되[升]를 한 되당 360환씩[式] 팔아 1,800환을 받았다는 것이다.

15) 40환은 바늘(20원)과 기타(20원)를 합친 값이다.

16) 유광식(兪光植) 씨 댁(宅)에서 '회채(모꼬지)'한 '하기' 값 250환을 지출(支-)하였다는 것이다. 이 마을 사람들은 놀이나 잔치 또는 그 밖의 일로 여러 사람이 모여서 돈을 모아 별난 음식 따위를 마련하여 서로 나누어먹는 일을 '회채한다'고 한다. 예를 들어 '홍시'를 사다 나누어 먹는 일을 '홍시회채', 상어를 사서 회를 떠서 먹는 일을 '상어회채'라고 한다. '하기'는 '회채(모꼬지)' 때 나누어 부담하는 분담금(分擔金)이다.

17) 덕거리(德巨里) 밭의 도구(道溝)를 쳤다는 것이다. '도구친다'는 물을 빼기 위하여 물골을 만드는 일이다. 비가 많이 올 때는 도랑물이 덕거리 밭으로 흘러들었다. 그럴 때마다 덕거리 밭에 토사(土砂)가 덮치는 경우가 많다. 그러면 토사를 걷어내어야 한다.

1/12 晴 前 ⋆물거리 1짐

后 ⋆물거리 1짐

1/13 晴 식전 ⋆精米[나락 6斗 叺 3叺 卽 20.1 − 1.8 = 18.3][18]

◎白米 18斗

⋆白米 6升 賣 370 = 2,200 收[19]

⋆彦陽 祭祀場 보러 감[20]

⋆배 50환

⋆능금 3個 90환

⋆밤 대조 30환[21]

⋆꼬감 3個 60환[22]

---

18) 6말[斗]들이 가마니[叺] 3개를 정미(精米)하였다는 것이다. 지금 나락 뒤주에는 20섬 1말 중에서 1섬 8말을 정미하였으니 18섬 3말이 남았다는 것이다.

19) 백미(白米) 1되[升]에 370환씩 해서 6되를 팔아 2,200환을 받았다[收]는 것이다.

20) 언양장(彦陽場)에 제사장(祭祀場)을 보러 갔다는 것이다. 제사장은 제사 때에 쓸 제물을 마련하기 위하여 보는 장이다.

21) 밤[栗] '대조(대추)' 30환.

22) '꼬감(곶감)' 3개(個) 60환.

*포 80환[23]

*이까 2匹 80환[소계 390환]

*정괴이 3匹 500환[24]

*민어 1匹 300환

*상어 2匹 250환

*대구새끼 200환

*까지메기[25] 200환[소계 1,450환]

*술잔 2個 100환

*午料 80환[26]

*생메러치 1升 200환[27][기타 소계 380환]

◎물거리 9짐 36束

---

23) 포(脯) 80환. 포(脯)는 명태포, 문어포, 오징어포가 있다. 눈이 빠져 있는 명태포는 제상에 올리지 않았다. 제상(祭床)을 차릴 때 명태포 위에 문어포를 올려놓는 경우가 많았다.

24) '정괴이(전갱이)' 3마리[匹] 500환.

25) '까지메기(가자미)' 200환.

26) 점심값[午料] 80환.

27) 생(生) '매러치(멸치)' 1되[升] 200환. 생멸치는 된장을 풀어놓고 조린 음식을 만들어 먹는 경우가 많았다.

28) 제분(製粉) 5되[升] 값으로 150환을 지불하였다는 것이다. 이틀 후에는 김홍섭 어르신 어머니 제삿날[入祭]이다. 시루떡을 만들 멥쌀 5되를 기계방아에서 빻았다.

1/14 晴 ⋆나무 2짐 함(終日)

⋆製粉 5升 150환[28]

1/15 晴 ⋆休息

⋆音樂 콩쿨大會에 參席~300 賻儀[29]

⋆九巖宅 酒代 前 것 100[30]

1/16[2/20][31] 晴 母親 入祭

⋆休息

1/17 晴 祭祀 파재로서 어런들과 親友들을 뫼시고 놀았음[32]

---

29) 부의(賻儀)는 찬조금(贊助金)의 오기(誤記)이다.

30) 구암댁(九岩宅)에 전(前) 술값[酒代] 100환을 갚았다는 것이다. 구암댁은 부잣집이라, 술을 담아두는 일이 많았다. 더러 담았던 술을 이웃에 팔아주는 경우도 있었다. 김홍섭 어르신은 아마 어머님 제사상에 올릴 술을 사러 구암댁에 갔다가 술 외상값 100환을 갚았던 모양이다.

31) 양력으로 2월 20일이다. 김홍섭 어르신은 일기에 가끔 양력을 표시하였다.

32) 김홍섭 어르신은 어머님 제사를 마치고[罷祭] 나서 이웃 어른들과 친우들을 모시고 놀았다는 것이다. 이럴 때 윷놀이를 하는 경우가 많았다. 이 마을 남자들은 보통 마당에서 밤윷(밤을 쪼갠 조각처럼 잘고 뭉툭하게 만든 윷짝)으로 놀았고, 여자들은 실내에서 가락윷(곧고 둥글둥글하며 가는 나무토막 두 개를 각각 반으로 쪼개어 네 개의 가락으로 만든 윷짝)으로 놀았다.

1/18 晴 식전 *오줌 1장구이[33] [도1-1] 장구이

前 * 〃 2장구이

后 *김종근 김응태와 本人 3人이 잠방골 白蓮亭子 앞에서 고기 잡음[34]

1/19 晴 식전 *오줌 1장구이 침

前 *錢邑 問喪 갔음[賻儀 300환]

*오줌 1장구이 침[小計 5장구이 침][35]

*擔保 예금(20) 2,000 發[36]

◎過去 酒代~1,400환 支拂

---

33) 오줌 1'장구이(장군)'. '오줌'은 인분 거름에 오줌을 섞은 것이다. '장구이(장군)'는 '오줌'을 담아 나르는 나무로 된 그릇이다.

34) 김종근, 김응태, 본인(本人) 3인(人)이 '잠방골' 백련정자(白蓮亭子) 앞에서 고기를 잡았다는 것이다. '잠방골'은 울주군 두동면 천전리에 있다. '큰고랑[대곡천]' 음지쪽에는 얼음이 얼어 있었지만, 양지쪽에는 얼음이 얼지 않는 경우가 많았다. 메로 음지쪽의 얼음장을 깨면서 물고기를 한쪽으로 몰아넣은 후에 반두(양쪽 끝에 가늘고 긴 막대로 손잡이를 만든 그물)로 떠 잡았다.

35) 어제(음력 1월 18일) 3장구이, 오늘 2장구이까지 5장구이 오줌[人糞] 거름을 쳤다는 것이다.

36) 담보예금 2,000환에서 20환의 이자가 발생했다는 것이다.

[도1-1] 장구이

'장구이'는 인분(人糞) 거름을 담아 나르는 나무로 된 그릇인 '장군'이라는 말이다. 장구이를 만드는 사람을 '장구이쟁이'라고 하였다. 장구이는 사용자의 주문에 따라 크기가 달랐다. 가장 큰 것은 3말 반들이, 중간 정도의 것은 3말들이, 그리고 가장 작은 것은 2말들이였다.

장구이의 주둥이를 '아구리'라고 하였다. 장구이에 인분 거름을 담고 지게에 지어 나를 때 출렁이면서 바깥으로 튀어나오지 않게 볏짚 뭉치 따위로 막는 물건을 '장구이마개'라고 하였다. "목아지 빼서 장구이마개 해버리겠다!"는 욕설도 전승되었다.

장구이 몸통에 붙이는 가늘게 쪼갠 나무토막을 '장구이살'이라고 하였다. 장구이살은 음지쪽 소나무로 만들었다. 그래야 비틀어지지 않아서 좋았다. 장구이 몸통을 둘러맨 줄을 '장구이테' 라고 하었다. 상구이테는 왕대나무 대오리로 만들었다. 장구이 좌우 면을 '장구이모떼이'라고 하였다. '모떼이'는 모퉁이라는 말이다.

인분 거름을 장구이에 떠 담거나 인분 거름을 장구이에서 퍼 담아 밭 여기저기에 옮아가며 주는 그릇을 '오줌바가지'라고 하였다. 원래는 바가지에 자루를 붙여 만들었다. 군대에서 방탄 헬멧 속에 붙이는 것을 '화이바'라고 하였다. 바가지 대신 화이바에 자루를 붙여 오줌바가지를 만들기도 하였다. 5·16군사혁명 이후에는 경찰들이 화이바로 만든 오줌바가지 사용을 단속하는 바람에, 화이바 오줌바가지를 사용하는 농민들이 파출소에 끌려가 곤욕을 치르기도 하였다.

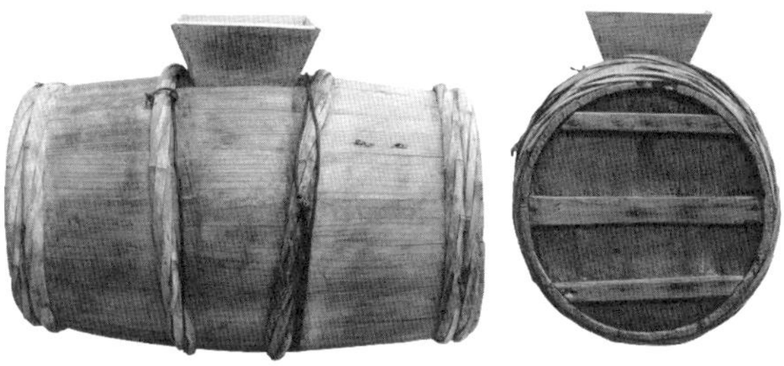

장구이

관동대학교 박물관에서 소장하고 있는 것이다(가로 58.5㎝, 세로 32.4㎝, 높이 33.0㎝).

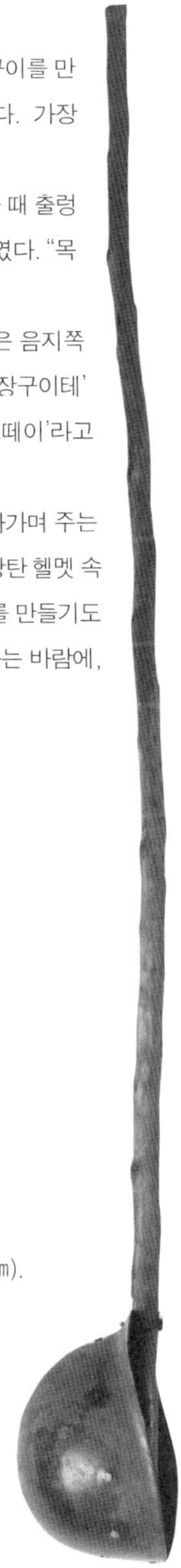

오줌 바가지

이것은 비금도(전남 신안군 비금면) 광대리 박근한 씨(1929년생, 남) 집에서 쓰던 것이다(길이 171.0㎝). 박 씨는 이것을 '쪽박'이라고 하였다.

*贊助金 300환[靑年會][37]

后 *歸家함

*今日 2,000환

1/20 晴 식전 *오줌 1장구이 침

前 *오줌 4장구이 침

◎마늘밭 오줌 2장구이 침

后 *오줌 1장구이 치고 休息

◎회채 650환[38]

1/21 晴 식전 *늦잠이 덤[39]

前 *늦잠자고 깨서 훌정 한말리 만듬[40] [도1-2] 훌정

后 *오줌 구덩에 물 4장구이 져다 부엄[41]

*비가 몇 방울 나림

---

37) 정월 보름날 이 마을 청년회 주관으로 열었던 음악 콩쿨대회 때 낸 찬조금(贊助金) 300환이다.

38) '회채(모꼬지)'한 값이 650환이라는 것이다.

39) 식전에 늦잠이 '덜어(들어)' 아무 일도 하지 못했던 모양이다.

40) '훌정(훌칭이)' '한말리(한마루)'를 만들었다는 것이다. 훌정은 목수가 만든다. 김홍섭 어르신이 '한말리'를 만들고 다른 재료와 함께 목수에게 들고 가면 그만큼 훌정 만드는 값을 절약할 수 있었다.

41) 칙간 오줌 구덩이에 물 4'장구이(장군)'를 지어다 부었다는 것이다.

[도1-2] 훌정

'훌정'은 논이나 밭을 가는 '훌칭이(극젱이)'라는 말이다. 김홍섭 어르신은 1962년 음력 1월 21일 일기에서, '훌정(훌칭이)' '한말리(한마루)'를 만들었다고 하였다. 훌정은 목수가 만드는 것이다. 김홍섭 어르신이 '한말리'를 만들고 다른 재료와 함께 가지고 목수에게 가면 그만큼 훌정 만드는 값을 절약할 수 있기에 손수 한말리를 만들었던 것이다.

김홍섭 어르신은 1962년 음력 1월 22일 일기에서, '뒷산'에서 훌정 술 베어왔다고 하였다. 술은 훌정 몸 아래로 비스듬하게 뻗어나간 나무다. 그해 음력 1월 25일 일기에서, 술에 기름찌꺼기[退油]를 발랐다고 하였다. 술의 부식(腐蝕)을 막기 위함이었다. 끝에 보습을 끼웠다. 김홍섭 어르신은 보습을 '훌정쇠'라고 하였다. 훌정쇠는 시장에서 구입하였다. 훌정쇠는 좌우 대칭이다. 훌정쇠를 고정시키는 갈고리 보양의 쇳조각을 '까막쇠'라고 하였다. 술의 윗머리에 뒤 끝을 맞추고 앞으로 길게 뻗어나간 나무를 성에라고 하였다. 성에는 버드나무로 만든 것을 선호하였다. 물이 안 타고 가벼웠기 때문이었다. 버드나무를 구하기 어려우면 소나무나 밤나무로 대신하였다.

김홍섭 어르신은 그해 음력 1월 28일 일기에서, '훌정 修理(수리)'라고 기록하였다. 김홍섭 어르신 스스로 훌정을 수리하였던 것이다.

훌칭이

경북 의성군 옥산면 실업1리 김정숙 씨(1945년생, 남)가 쓰던 것이다.

1/22 晴 近來 溫和한 날씨가 繼續되더니 今日은 어림이 다시 얼고 재법 추운 날씨임[42)]

前 *둥거리 1짐

后 *쉬여서 뒷山에서 훌정 술 비고 끝다리 1단 줍고 2束 묶음[43)]

◎소갑 83束[44)]

1/23[2/26] 晴

前 *뒷山에 가서 물거리 1짐(3束) 소갑 85束

*소갑 2束 함

后 *뒷山 도래솔 附近에서 깔비 1짐 꺼러옴[45)]

1/24 晴 前 *仁甫市場[46)]

---

42) 근래(近來) 온화(溫化)한 날씨가 계속(繼續)되더니 금일(今日)은 '어럼(얼음)'이 다시 얼고 '재법(제법)' 추운 날씨라는 것이다.

43) 쉬었다가 '뒷산(-山)'에서 '훌정(훌칭이)' 술 '비고(베고)' '끝다리(우수리)' 1단 줍고 2단[束]을 묶었다는 것이다. '뒷산'은 김홍섭 어르신 소유 갓(나무나 풀 따위를 생산하는 밭)이다.

44) '소갑(솔가지)' 83단[束].

45) '뒷山' 도래솔(무덤가에 죽 둘러선 소나무) 부근에서 '깔비(솔가리)' 1짐을 끌고왔다는 것이다.

46) 인보시장(仁甫市場)은 울주군 두서면 소재지 인보리에서 3일과 8일에 서는 오일장이다.

◎소갑 5束 賣[每束~140 = 700 收][47]

◎白米 2升(360환式 = 720환 收)[48] [도1-3] 말다래끼

*1,420환(前殘 1,300)

*外上 550 支出

*지게고리 230환[49]

*물감 其他 30환

*정괴이 250[50]

*대구새끼 100

*까지매 100[51]

*매러치 100[52]

*상어 100

*實果 180

*담배 50[1,700]

---

47) '소갑(솔가지)' 5단[束]을 1단당 140환씩 해서 700환을 받고[收] 팔았다는 것이다.

48) 백미(白米) 1되에 360환씩[式] 해서 2되[升]를 팔아 720환을 받았다[收]는 것이다. 쌀을 가지고 시장에 팔러 가는 일을 '쌀 내러 간다'고 하였다.

49) '지게고리(탕갯줄)' 230환.

50) '정괴이(전갱이)' 250환.

51) '까지매(가자미)' 100환.

52) '매러치(멸치)' 100환.

[도1-3] 말다래끼

'말[斗]' 쌀을 담고 다니는 '다래끼'라는 말이다. 왕대나무 대오리로 만든 직사각형 바구니다. 원초경제사회 사람들은 이것에 쌀을 담아 어깨에 메고 오일장으로 가서 팔고, 다시 생필품을 사고 이것에 담아오는 경우가 많았다.

김홍섭 어르신에게 있어 쌀을 비롯한 보리, 콩 등의 양식은 현금이나 다름없었다. 시장에 갈 때마다 양식을 말다래끼에 담고 가서 팔아 생필품을 사왔으니 말이다. 이 마을 사람들은 쌀을 비롯한 양식을 가지고 시장에 가는 일을 "쌀 내러 간다!"고 하였다.

말다래끼 [국립민속박물관(2008), 《향수, 1936년 울산 달리》에서]
남정네들이 이것에 쌀을 담고 오일장을 오가는 경우가 많았으니, 이것은 남정네들의 운반구인 셈이다. 말다래끼는 전문 죽세공들이 만들었다(가로 46.1㎝, 세로 28.2㎝, 높이 27.6㎝).

		*尙秀 나무 1짐 해 옴[53)]
	後	*범골[54)] 가서 나무 1짐 함
1/25 晴	식전	*마닥 거럼 1짐 져다놓고 옴[55)]
	前	*고개만당 2斗只 及 머리도가리 논 整地함[56)]
	后	*훌정 나무에 退油 (술)에 칠함[57)]

---

53) 상수(尙秀)가 나무 1짐을 해왔다는 것이다. 상수(尙秀)는 김홍섭 어르신의 큰아들 이름이다.

54) 국유지 산야(山野)의 지명이다.

55) 마닥 '거럼(거름)' 1짐 져다놓고 왔다는 것이다. '마닥'은 봄, 여름, 가을 따뜻한 날 마당 한 구석에 소를 매어두는 공간이다. 여기에서 나오는 거름을 '마닥 거름'이라고 한다.

56) 고개만당 논 '2두지(斗只)'와 '머리도가리' 논을 정지(整地)하였다는 것이다. 고개만당 논은 원래 열일곱 '도가리(논배미)'였다. 모두 아홉 마지기(1마지기 200평)였다. 그중 서 마지기는 어느 조상 때 밭을 논으로 만들었다. 그래서 '새논[新畓]'이라고 하였다. 고개만당 논은 하늘만 바라보면서 물을 받아 논농사를 짓는 천봉답(天奉畓)이었다. 고개만당 논의 '구답(舊畓)'은 논농사만 짓는 1년 1작 지대, 고개만당의 새논은 나락 농사와 보리농사를 짓는 1년 2작 지대였다. 이 마을 사람들은 1년 1작 지대 논을 '민갈이논', 1년 2작 지대 논을 '보리논'이라고 한다. 고개만당 논은 대물림받은 논이다.

57) '훌정(훌칭이)' 나무인 '술'에 퇴유(退油)를 발랐다는 것이다. 이는 술의 부식(腐蝕)을 막기 위함이다.

*漆(옷)나무 껍질 빼기서 수탉 잡어서 옷닭함

夜間 *雪(눈이 조금 옴)

1/26[3/2] 晴 開始[58]

前 *몸이 疲困하였으나 참고 큰 2斗只 논 조금 갈었음[일찍 가는 셈임][59]

后 *조금 갈고 훌지이가 너무 벋어서 조금 갈다가 도라와서 훌징이 옥구로 고침[60]

◎伯父任 入祭일임

1/27[3/3] 晴

終日 *논 감[2斗只 다 갈고 머리도가리 4분의 1 可量 가러 놓고 옴][61]

---

58) 논갈이를 개시(開始)하였다는 것이다.

59) 몸이 피곤(疲困)하였으나 참고 큰 2마지기[斗只] 논 조금 갈았음. 2마지기는 고개만당 논 '윗서마지기' 중 '두마지기' 논이다. 두마지기 논배미는 고개만당 논 중에서 '아래서마지기'의 '머리도가리'와 함께 물을 받아두는 논배미다. 첫 번째 논갈이를 '아시갈이'라고 한다.

60) 논을 조금 갈았는데, '훌지이(훌칭이)'가 너무 벋어서 조금 갈다가 돌아와서 훌칭이를 '옥구(옥자귀)'로 고쳤다는 것이다.

61) 2마지기[斗只] 다 갈고 머리도가리 4분의 1가량(可量) '가러(갈아)' 놓고 옴. 2마지기는 고개만당 논에 있는 윗서마지기 중 두마지기 논배미다. 머리도가리는 고개만당 논 '윗서마지기' 중 맨 위쪽에 있는 '머릿도가리'라는 논배미 이름이다. 달리 '한마지기'라고도 한다.

◎早春耕은 秋深耕에 못지않다 함[62]

*회채 값~650[63]

1/28 晴 식전 *훌정 修理[64]

前 *昨日 갈던 머리도가리 完了함[3日재임][65]

后 *밑 3斗只 中의 1斗只 갈었음[66]

1/29 晴 曇後晴[67]

---

62) '조춘경(早春耕)'을 '아시갈이', '추심경(秋深耕)'을 '가을갈이'라고 한다. 가을갈이는 나락을 거두어들이고 나서 곧바로 이루어지는 논갈이다. 가을갈이를 하면, 겨울 동안에 땅이 얼고 녹기를 반복하는 동안에 제충(除蟲) 효과도 뛰어났고 논흙이 부드러워져서 나락뿌리가 잘 뻗을 수 있었다는 것이다.

63) '회채(모꼬지)' 한 값으로 650환을 냈다는 것이다.

64) 김홍섭 어르신 스스로 훌정을 수리(修理)하였던 것이다. 훌정 만드는 일을 '훌정 맞춘다'고 하였다.

65) 어제[昨日] 갈던 '머리도가리' 완료(完了)하였는데, 오늘까지 3일째 논갈이라는 것이다. 머리도가리는 고개만당 논 윗서마지기 중 맨 위쪽에 있는 논배미 이름이다.

66) 고개만당 논 '3두지(斗只, 아래서마지기)' 중 1마지기(斗只) 갈았다는 것이다. 1마지기 논배미는 '머리도가리'다.

67) 흐림[曇] 후에 맑음[晴].

식전 *普通보다 일찍 이리나서 콩깍지 2짐 져다놓고 옴[68)]

前 *공긱지 1짐 지고 가서 믿 3도가리[卽 2斗只] 午後까지 갈어서 6斗只 春耕 完了함[69)]

---

68) 보통(普通)보다 일찍 '이리나서(일어나서)' 콩깍지 2짐 져다놓고 왔다는 것이다. 김홍섭 어르신은 콩깍지를 세 갈래(콩대, 잔가지, 콩 껍질)로 구분하였다. 각각 쓰임도 달랐다. 콩대가 뻣센 것은 땔감으로 삼았다. 잔가지는 논밭 밑거름으로 주었다. 그리고 콩 껍질은 소에게 여물로 주었다. 고개만당 논에 있는 어느 논배미와 창건너 논 '못강(못자리)' 논배미는 '갈(갈풀)'이 많았다. 갈은 볏과의 여러해살이풀이다. 갈은 번식률이 좋아 놀라울 정도로 무성하게 번졌다. 갈은 2모작 논보다 1모작 논에서 더욱 많았다. 이 마을에서는 갈을 소재로 한 속담도 전승되었다. "갈은 하루 저녁에 고손자까지 본다."는 것이다. 갈은 땅속 깊이 뿌리를 내렸다. '훌칭이(극젱이)'로 논을 갈아보아도 뿌리 3분의 2 정도는 땅속에 남아 있을 정도로 깊숙이 들어가 있었다. 그러니 갈 뿌리는 맨손으로 뽑아낼 도리밖에 없었다. 논바닥 속으로 들어간 콩깍지와 보릿짚은 썩어들면서 가스를 발생시켰다. 그럴 때마다 논흙은 보드랍게 되었다. 그러면 팔을 논바닥 속으로 밀어 넣고 갈 뿌리를 캐어내기 좋았다. 갈 뿌리를 손쉽게 뽑아낼 목적으로 논에 콩깍지와 보릿짚을 거름으로 주었던 것이다. 김홍섭 어르신이 창건너 논 '못강(못자리)' 논배미의 갈을 없애는 데는 3년이나 걸렸다.

◎尙秀 册代 970환 支拂함

◎今日 4日째 가랐음[70]

69) '콩각지(콩깍지)' 1짐 지고 가서 밑 3도가리[즉(卽) 2마지기[斗只]] 오후(午後)까지 '갈어서(갈아서)' 6마지기[斗只] 춘경(春耕) 완료(完了)하였다는 것이다. '밑 3도가리(논배미)'는 고개만당 논 '밑(아랫서마지기)' 중 '머릿도가리'를 뺀 3도가리('못강', '못강밑도가리', '맨아랫도가리')다. 6마지기는 고개만당 논이다.

70) 오늘[今日] 4일째 논을 갈았다는 것이다.

2월

울주 김홍섭 어르신 일기의
주석(註釋)과 해설

2/1 晴 식전 *콩깍지 1짐 지고 가서 창건너 모강에 넣고[71]

*논두룸 몇 군데 손질해 놓고 옴[72]

前 *班田宅에서 놀았음

---

71) 콩깍지 1짐 지고 가서 창건너 '못강(못자리)'에 넣고. 창건너 논은 '창건너못'이라는 저수지 물로 논농사를 지었다. 그래서 '못답'이라고 하였다. 농부 23명 정도가 창건너못 저수지 물로 논농사를 지었는데, 이들은 하나의 영농 공동체를 이루고 창건너못을 공동으로 관리하였다. 정이월 달에 논에 콩깍지나 보릿짚을 깔아준 것은 거름의 효과와 함께 유다른 목적도 있었다.

72) '논두룸(논두렁)' 몇 군데 손질해 놓고 왔다는 것이다. '논두룸(논두렁)' 손질하는 일을 '방천(防川)한다'고 하였다. 방천은 '말목방천'과 '돌멩이방천' 두 가지가 있었다. 말목방천은 방천할 곳에 띄엄띄엄 말뚝을 박아놓고, 다시 그 안쪽에 섶을 붙이고, 다시 그 안쪽에 흙을 담는 것이다. 돌멩이방천은 돌멩이를 쌓아 올리는 족족 그 안에 흙을 담는 것이다.

后　*마을에서 놀았음[73]

2/2 晴　식전　*콩깍지 조금 져다 놓고 방천함[창건너][74]

前　*큰도가리 거의 다 감[卽 1斗只 2대지기쯤 감][75]

后　*큰도가리 남은 것 가라 놓고 더가는머리도가리[76] 감[約 1斗只半 强[77]]

◎貞淑 册代 700환 支拂함

2/3[3/3] 晴

식전　*보리집 1짐 져다 놓고 옴[창건너][78]

---

73) 마을에서 놀았다는 것은 마을 전체가 놀았다는 것이나 다름없다. 음력 2월에는 남풍과 북풍이 교차하였다. 이날은 '영등할매'가 오는 날이었다. 영등할매는 1년 동안 풍재(風災)를 막아준다고 믿었다. 그리고 이날은 농부들이 노는 날로 믿었다.

74) 창건너 논에 콩깍지 조금 져다놓고 방천(防川)하였다는 것이다. 방천은 논이나 밭에 냇물이 넘쳐 들어오는 것을 막는 것이다.

75) '큰도가리' 거의 다 감[즉(卽) 1마지기[斗只] 2대지기(되지기)쯤 갊]. '큰도가리'는 창건너 논에 있는 논배미 이름이다. 1.5마지기로 약 300평 정도다. '1마지기[斗只] 2대지기(되지기)' 1.2마지기 정도라는 것이다.

76) 창건너 논에 있는 '들어가는머리도가리'라는 말이다.

77) 한 마지기 반은 더[强] 갈았다는 것이다.

78) 창건너 논에 '보리집(보릿짚)' 1짐 져다 놓고 왔다는 것이다.

前　*休息~회채[무너] 190환[79)]

*妻 仁甫市場 白米 2升 350 = 700환[80)]

*고기~100

*메러치~100

*담배~50

*鉛筆 ~60

*藥價 200[510환[81)]]

后　*休息

*논에 거럼 1짐 져다 놓고 옴

2/4 晴　식전　*거럼 지고 논에 갈여다 精米機 修理하는 데서 놀았음[82)]

前　*창건너 논 나머지 마자 갈고 옴

后　*회채 두부~100 떠냉길내기~400환[83)]

---

79) '회채(모꼬지)' '무너(문어)' 190환. 문어 먹기 모꼬지 값으로 190환을 냈다는 것이다.

80) 처(妻)가 인보시장(仁甫市場)에서 백미(白米) 1되에 350환씩 해서 2되[升]를 팔아 700환을 받았다는 것이다.

81) 고기(100환), 메러치(100환), 담배(50환), 연필(鉛筆, 60환), 약가(藥價, 200환)를 합친 값이다.

82) '거럼(거름)' 지고 논에 '갈여다(가려다)' 정미기(精米機) 수리(修理)하는 데서 놀았다는 것이다.

2/5 晴 식전 *몸이 疲困해서 늦게 이러남[84]

前 *93年度에 貸與했든 새 영개(5마람)을 金石道로부터 받아서 영계 엮어 갖이고 뒷비알에 새워 保管함[85]

◎아침부터 貞淑이 感氣에 神經을 쓰고 "노바킹" 200환分을 尙秀가 사와서 먹임

后 *몸이 大端히 疲困하고 頭痛이 생기니 流行性 感氣나 않인가 極情이 됨[86]

◎柳春化氏에게 10,000환 貸付함[그 집 큰 따님이 갖고 감][87]

---

83) 두부 먹기 '회채'를 했는데, 한 사람 분담금(分擔金)은 100원이다. '떠냉길 내기'는 화투 놀이에서 진 사람이 네 사람 몫을 모두 떠맡게 되어 400환이 되었다는 것이다.

84) 몸이 피곤(疲困)해서 늦게 일어났다는 것이다.

85) 단기 4293년(1960)에 대여(貸與)하였던 '새(억새)' '영개(이엉)' 5'마람(마름)'을 김석도(金石道)로부터 받아서 영개 엮어가지고 '뒷비알'에 세워 보관하였다는 것이다. 뒷비알은 김홍섭 어르신 땔나무 밭인 뒷산에 있는 한 지명이다. '비알'은 비탈을 말한다. 새 영개를 세우고 영개로 두르고 위를 덮는다. 이렇게 저장한 것을 '새벳가리'라고 한다.

86) 몸이 대단(大端)히 피곤(疲困)해서 두통(頭痛)이 생기니 유행성 감기(流行性感氣)나 '않인가(아닌가)' 걱정[極情]이 된다는 것이다.

87) 유춘화(柳春化) 씨에게 10,000환을 대부(貸付)하였는데, 그 집 큰 딸이 가지고 갔다는 것이다.

2/6 晴 식전 *道溝침(德巨里) 사라号 颱風 以來의 방천 할 것 今日 早朝에 마침[88]

前 *洞會에 參席치 않코 少靑年들과 더부러 고지평보 밑에 고기 잡음[89]

后 *兪洸植氏 집에서 仁甫 面職員들과 같이 消日

*錢邑 누님 송아지 몰고 감

2/7 晴 식전 *개똥 주웠음[90]

前 *모처럼 龍山(慶州) 고기 잡을 갈여다[91]

---

88) 사라호 태풍 이래로 덕거리(德巨里) 밭의 논두렁을 단단히 쌓아 놓았던 것을 오늘 풀어 배수했다는 것이다. 사라호 태풍은 1959년 9월에 왔다.

89) 동회(洞會)에 참석하지 않고 소청년(少靑年)들과 더불어 고지평보 밑에서 고기를 잡았다는 것이다.

90) 개똥을 주웠다는 것이다. 원초 경제사회 때 사람들은 개똥을 소중하게 여겼다. 개똥을 줍는 도구까지 전승되었던 것도 이 때문이었다. 호미 날을 긴 자루에 끼워 만들었다. 이를 '개똥호미'라고 하였다. 어깨에 망태기를 메었다. 이를 '개똥망태'라고 하였다. 길가에 나뒹구는 개똥을 개똥호미로 뜨고 개똥망태에 주워 담았다. 개똥은 먼저 본 사람이 임자였으니, 이른 아침에 경쟁적으로 개똥을 주우려고 집을 나섰다. 노름꾼들 사이에서 다음과 같은 이야기가 전승된다. 노름꾼들은 밤을 새우면서 노름을 하곤 하는데, 돈을 딴 사람이 노름판을 깨려고 꾀를 부릴 때 쓰는 말로, "개똥망태가 얼찡거리고 있으니 노름을 끝내자."고 한다.

后　*기백듬에서 愉快히 잘 놈[92)]

*今日 하기 400환[93)]

2/8[3/13] 晴

식전　*집안 설거지[집배가리 옮김][94)]

즉 개똥을 아침 일찍 주우러 가야 하니 노름판을 끝내자는 것으로 그만큼 개똥 줍는 일이 중요했다는 것이다. 김홍섭 어르신은 음력 2월 7일과 3월 18일 식전에 개똥을 주워다가 칙간에 넣었다. 인분거름을 조금이라도 더 늘리려고 개똥을 주워다가 칙간 구덩이에 넣었던 것이다.

91) 오늘 오전에는 모처럼 경주(慶州) 용산에 고기 잡으러 가려고 마음먹고 있었다는 것이다.

92) '기백듬'은 이 마을 동산(洞山)이 있는 곳이다. 이 마을 사람들은 공동으로 이곳 동산을 소유하였다. 옛날 이 마을은 화마(火魔)에 시달리는 경우가 잦았다. 그 까닭은 기백듬 바위산 때문이라고 믿었다. 이 마을 사람들은 기백듬 주변에 1.5정보의 동산을 공동으로 마련하고 참나무를 키웠다. 참나무는 울창하게 자라면서 기백듬의 바위산을 가려 막았다. 그 뒤로 이 마을은 화마에 시달리지 않게 되었다.

93) 오늘[今日] 하기 400환. '하기'는 '회채(모꼬지: 놀이나 잔치 또는 그 밖의 일로 여러 사람이 모이는 일)' 때 서로 나누어 부담하는 금액이다. '기백듬'에서 놀면서 '회채(모꼬지)'하였던 모양이다.

94) 짚 볏가리를 옮기는 등 집안 설거지를 하였다는 것이다.

前　⋆고구마 溫床 만듬[堆구비 約 2尺에 흙 2짐 모래 1짐][95]

※그리고 뒷山 묵은 소갑 38束 옮겨 가림[96]

⋆仁甫市場

◎白米 3升 360환式~1,080환[97]

⋆공책 3卷~40

⋆藥價~400

⋆고기~100

⋆妻家 고기~200[98][700환[99]]

※고구마 무덤[짱지 박음][100]

---

95) 김홍섭 어르신은 하천 둑에 고구마 온상(溫床)을 만들었다고 한다. 볏짚 '영개(이엉)'로 울타리 치고, 그 안에 퇴구비(퇴비 덜 썩은 것) 2자[尺] 넣고, 그 위에 흙 2짐과 모래 1짐을 깔고 고구마 모종을 심었다. 그리고 지붕을 덮었다.

96) 그리고 '뒷산' 묵은 소갑 38단[束]을 옮겨 가렸다는 것이다. '가리다'는 곡식이나 땔나무 따위의 단을 차곡차곡 쌓아올려 더미 짓는 일이다.

97) 백미(白米) 1되에 360환씩 해서 3되[升] 팔아 1,080환을 받았다는 것이다.

98) 처가(妻家)에 보낼 고깃값이 200환이라는 것이다.

99) 공책(40환), 약가(藥價, 400환), 고기(100환), 처가 고기(200환)를 합친 값이다.

	后	*소암 가서 나무 1짐 해 옴[101]
2/9 晴	식전	*논에 거럼 1짐 져다 놓고 德巨里밭 도구치고 옴
	前	*斗東所在地 肥料 찾어옴(尿素~3俵)
	后	*뒷山 소갑 가랐음[現在 76束 가림][102]
2/10 晴	식전	*德巨里 감자밭 거럼 1짐[103]
	前	* 〃 〃 〃 4짐
	后	* 〃 무밭 고추밭 감자 심울라고 가러놓았음[104]
		◎鏡美 藥 及 注射代 400환
		*雪糖 半升 150환[105]
		*공 2個 60

---

100) 고구마 온상에 고구마 묻는 것을 "고구마 짱다리 박는다!"고 하였다. 그래서 '짱지 박음'이라고 했던 모양이다.

101) '소암'에 가서 나무 1짐 해왔다는 것이다. '소암'은 하삼정마을에서 4㎞ 떨어진 곳에 있는 산야의 지명이다. '둥거리'라는 생나무를 지고 오기에는 먼 곳이니, 마른 나무를 지고 왔을 가능성이 높다.

102) '뒷산(-山)'에 '소갑(솔가지)' 76단[束]을 가렸다는 것이다. '가리다'는 곡식이나 땔나무 따위의 단을 차곡차곡 쌓아올려 더미 짓는 일이다.

103) 덕거리(德巨里) 감자밭 '거럼(거름)' 1짐을 지고 갔다는 것이다.

104) 덕거리(德巨里) 무와 고추 심었던 자리에 감자 심으려고 밭을 갈아 놓았다는 것이다.

105) 설탕(雪糖) 반 되[半升] 150환.

2/11[3/16] 晴

식전 *配合肥料受配(尿素~12K5, 硫安~18K, 加里~5K)[106)]

前 *肥料 갈러 놓고 愉快히 놀았음

后 *잘 놈

*日夕時 거럼 1짐 져다 놓고 옴

2/12 晴 식전 *보리 及 시나낫파에 오줌 1장구이 침[107)]

前 *방천 함[돌 5짐 져다가 밭 방천함][108)]

后 *2斗只 及 고개만대이 논에 數個 處 방천함[109)]

*尙秀 공책代~180환

2/13 晴 식전 *오줌 1장구이

※감자밭 肥料[硫安~5合 過石~8合 卽 1升3][110)]

---

106) 요소 12.5kg, 질소 18kg, 칼륨 5kg 등 배합비료를 배급받았다는 것이다.

107) 보리와 '시나낫파(油菜)'에 오줌 1'장구이(장군)'를 쳤다는 것이다.

108) 돌 5짐 져다가 밭 방천하였다는 것이다. 방천(防川)은 논이나 밭에 냇물이 넘쳐 들어오는 것을 막는 것이다. 논이나 밭에 냇물이 들어오는 모양을 '방천 났다'고도 하였다. 논으로 들어오는 냇물을 막는 것을 '논 방천', 밭으로 들어오는 냇물을 막는 것을 '밭 방천'이라고 했다.

109) 2마지기[斗只]와 '고개만대이(고개만당)' 논 여러 곳[數個處]에 방천하였다는 것이다. '만대이'는 꼭대기다. 고개만당 논은 언덕 꼭대기에 있는 것이다. 2마지기는 고개만당 논 윗서마지기 중 '두마지기' 논배미다.

前 *오줌 1장구이 치고 나무 1짐[물거리 소갑 4束]

*仁甫市場

◎白米 1升 360[111)]

◎소갑 2束~260환[112)]

◎大根~400환[113)]

◎감자 씨~2升 270 = 即[150 + 120][114)]

*메러치~100

*담배~50

*其他

2/14 曇 식전 *거럼 감자밭에 2짐 져냄

---

110) 감자는 기온에 민감한 농작물이다. 날씨가 추운 겨울과 날씨가 무더운 여름에는 생장을 멈춘다. 그래서 김홍섭 어르신은 감자를 속성시키려고 감자밭에 웃거름으로 비료를 주었다.

111) 백미(白米) 1되[升]를 360환에 팔았다는 것이다.

112) '소갑(솔가지)' 2단[束]을 팔아 260환을 받았다는 것이다.

113) 무[大根]를 팔아 400환을 받았다는 것이다. '대근(大根)'은 무의 일본어다.

114) 감자 씨 2되[升] 270환어치를 샀다는 것이다. 감자 씨는 각각 1되에 150환짜리와 120환짜리다. 감자는 퇴화하는 농작물이다. 그러니 감자 씨를 구입하는 경우가 많았다. 울주군 상북면 소호리는 감자 씨 생산지로 유명하다.

*昨日 심우다 남은 감자 마자 감[115)]

前 *제너머 소갑(1束) 1짐 함

后 * 〃 〃 1짐 함

◎現在 總合 肥料量(硫安 1俵 36K 尿素 12.5K)

받을 것 貸與 30, 卽 硫安~6K[116)]

◎夜間에 비가 조금식 오기 始作함

2/15[3/20] 雨曇

前 *施肥[尿素 12.5K中 約 11K 可量으로서 德巨里밭 보리에 치고 殘 1.5K는 큰밭에 보태 침][117)]

---

115) 어제[昨日] 심다 남은 감자를 마저 갈았다는 것이다. 감자는 1년 중 맨 먼저 파종하는 농작물이다. 그 과정은 다음과 같다. 밭에 거름을 흩는다. 훌칭이로 간다. 골을 내면서 두둑을 만든다. 두둑의 폭은 45㎝ 정도다. 씨감자를 재거름에 버무린다. 골에 15㎝ 간격으로 놓고 맨손으로 흙밥을 뜨면서 묻는다. 감자는 춘분(3월 21일경) 무렵에 파종하고 하지(6월 21일경) 무렵에 거두어들인다.

116) 현재 총 비료량은 유안 1포[俵] 36kg, 요소 12.5kg이 있는데, 유안 30kg을 빌려주어서[貸與] 받아야 하고, 실제로는 6kg이 있다는 것이다.

117) 요소(尿素) 12.5kg 중 약 11kg가량(可量)은 덕거리(德巨里) 밭보리에 치고 나머지[殘] 1.5kg은 큰밭에 보태어 쳤다는 것이다. 큰밭은 10마지기(1마지기 80평) 밭이다. 고개만당 논과 붙어 있다. 흙과 자갈 함량이 절반씩 뒤섞인 '반자갈' 밭이라 배수(排水)가 양호하다.

◎硫安 36K 卽 8分俵로서 큰밭 5.5/10 可量 침

后　*비가 제법 많이 오므로 삼밭 방천하러 갔다가 도라옴[118)]

2/16 曇 春分

前　*고개만당 큰밭에 施肥[硫安 1俵로서 1/4 可量 남구고 다침][119)]

◎新畓 보리는 늦게 가러서 씨가 없으므로 施肥치 않음

后　*德巨里 밭 남은데 감자 갈고 고개만당 밥먹는도가리에 감자 심움[거럼 2짐 져다가][120)]

2/17 晴 식전　*창건너 苗강에 거럼 1짐 져다놓고 옴

前　*德巨里 밭에 윗돔 3짐 져다놓고 옴[깔았음][121)]

---

118) 삼밭 방천하러 갔다가 비가 많이 와서 돌아왔다는 것이다. 삼밭은 서마지기 덕거리 밭 중에서 60평 정도의 밭이다. 덕거리 밭 중에서도 습기가 많은 곳이다.

119) 고개만당 '큰밭'에 비료 쳤는데[施肥], 유안(硫安) 1포[俵]로서 4분의 1가량(可量) 남기고 다 쳤다는 것이다.

120) 덕거리(德巨里) 밭 남은 데와 '고개만당 밥먹는도가리'에 '거럼(거름)' 2짐 지고 가서 감자를 심었다는 것이다. '고개만당 밥먹는도가리'는 큰밭에 속한 80평 정도의 밭이다.

121) 덕거리(德巨里) 밭에 '윗돔' 3짐 져다가 깔아놓고 왔다는 것이다. '윗돔'은 퇴비 위에 덮여 있어 부식(腐蝕)이 덜 된 거름이다. 거름 1짐이면 4~5평 정도에 감자를 심을 수 있었다.

后 *거럼 1짐 져다 깔고 돌 1짐 져내고 와서 뒷山 소갑 1짐 함

◎白米 4升 360환~1,440 보리쌀 2升 320 = 640[2,080환][122)]

*메러치 100

*비누~100

*借用~500환

*감자 代~300

※家屋稅~314환[區長][123)]

◎德巨里 보리밭 멤[完了][124)]

2/18 晴 식전 *苗강 거럼 1짐 져다놓고 옴[125)]

前 *나무 1짐[소갑][126)]

后 *쉬여서 거럼 2짐 짐(苗강)

---

122) 백미(白米) 1되에 360환씩 해서 4되[升] 팔아 1,440환을 받고, 보리쌀 1되에 320환씩 해서 2되[升] 팔아 640환을 받았는데, 합친 금액은 2,080환이라는 것이다.

123) 가옥세(家屋稅) 314환을 '구장(區長, 이장)'에게 주었다는 것이다.

124) 보리밭 매기는 2, 3회에 걸쳐 이루어졌다. 보리밭 잡초는 '독새풀', '명화주', '비듬(나물비듬)', '구수뎅이' 등이었다.

125) '못강(苗강, 못자리)'에 '거럼(거름)' 1짐 져다놓고 왔다는 것이다.

126) '소갑(솔가지)' 나무 1짐 해왔다는 것이다.

2/19 晴 前 *나무 1짐

后 *苗강 거럼 냄

2/20 晴後曇雪[127)]

식전 *6斗只 苗강 거럼 1짐 져다놓고 옴[128)]

后 *놉 2人이 큰밭 김멤

*놉 1人 해서 밭 10분의 4 可量 멤

*거럼 1짐 져다 놓고 밭 멤

◎協同組合에 印章 주고 돈 남은 것 70환 支拂함

2/21 晴 前 *추워서 休息함

后 *북골 가서 물거리 1짐 해 옴

◎英雨 母 1日 半 멤[밭멤][129)]

2/22[3/27] 晴

식전 *兒童敎育

前 *북골 가서 소갑 1짐 함

---

127) 맑음[晴] 후에 흐렸다가 눈이 왔다[曇雪]는 것이다.

128) 6마지기[斗只] 못강(苗강, 못자리) '거럼(거름)' 1짐 져다놓고 옴. 6마지기는 고개만당 논이다. 고개만당 논은 '윗서마지기'와 '아래서마지기'로 구성되었다. 그중 아래서마지기에 '못강(못자리)'이 있다. 못강은 7되지기 논배미다. 이 정도 못강에 못자리를 앉히면 고개만당 논과 '새논(3마지기)'에 심을 볏모를 생산할 수 있다.

129) 이영우(李英雨) 모친께서 1일 반 동안 밭을 매었다는 것이다.

后　*보리 찌검(精麥) 3叺 1石8斗[보리쌀 77升 7合][130)]

◎今日도 제법 추운 날씨임

※밭 멤

2/23 晴　前　*斗東所在地 거처서 銀片 갔다 옴

*담배 50환

*주봉 代 850

*妻 仁甫市場 단여 와서 밭 마자 멤[131)]

◎白米 10.5升 = 3,800환[132)]

*타오루~2枚 200

*메리야쓰~550환

后　*銀片에서 議論함

*農資金 10,000환 貸代 받음

*肥料代~3,926 今般 유안~645 = 4,570환

◎꼬추장 풀거리~4升[133)]

---

130) 보리 3가마니[叺] 1섬[石] 8말[斗]을 찧었더니 보리쌀 77되[升] 7홉[合]이 나왔다는 것이다.

131) 처(妻)는 인보시장(仁甫市場) 다녀와서 밭을 마저 매었다는 것이다.

132) 백미(白米) 10되 반을 팔아 3,800환을 받았다는 것이다.

133) '꼬추장(고추장)' '풀거리' 4되를 빻았다는 것이다. 풀거리는 고추장 만들 때 들어가는 찹쌀가루다.

2/24 **晴** 前 *歸家함

*妻 고춧가루(5升 半) 製粉代 220환[134]

后 *소갑 1짐 함

*尙秀 全科 800환

2/25 **晴** 식전 *오줌 1장구이 침

前 *나무 1짐

后 *오줌 3장구이 침(큰밭)

2/26 **晴** 식전 *오줌 1장구이

前 *나무 1짐 함[물거리][135]

后 *銀片 갚음(15,000환 寄贈)

*李英雨 돈 6,000환 借用

2/27 **晴** 前 *歸家하다가 上里 道路 夫役

后 *놀다가 와서 오줌 2장구이 침[보리][136]

*夜間부터 苦待하든 비가 옴

2/28 **雨** 식전 *큰밭 오줌 1장구이 침

---

134) 처(妻)는 고춧가루 5되[升] 반(半)을 제분(製粉)하고 대금 220환을 주었다는 것이다.

135) 물거리 나무 1짐 했다는 것이다. 물거리는 싸리나무, 진달래나무 등 낙엽 관목이다.

136) 놀다가 와서 보리밭에 오줌 2'장구이(장군)'를 쳤다는 것이다.

前 *비가 옴으로 班田宅에서 禮장지 쓰고 놀다옴[137]

后 *班 肥料 가림 15K(硫安) 그리고 銀片 갔음[138]

2/29 晴 *凡西 尺果 相基 妻家에 봉채 갖고 갔다 옴[139]

[도1-4] 옷고리

后 *歸家함

*담배 값~50환

2/30 晴 大端히 추운 날씨임

前 *일찍 歸家함

*오줌 1장구이 감자밭에 쳐놓고 斗西校 夫役 갔다옴

后 *물거리 1짐 함

---

137) 비가 오므로 반전댁(班田宅)에서 예장지(禮狀紙) 쓰고 놀다 왔다는 것이다. 예장지는 경상북도 울진군에서 혼례 전 신랑집에서 신붓집으로 보내는 서간을 말한다. 이를 초단이라 한다. 청혼의 의사를 담은 초단을 받으면 신붓집에서는 승낙하는 내용의 허혼서를 보냈다.

138) 반(班)에서 배당받은 비료를 서로 갈랐다는 것이다. 집집마다 유안(硫安) 15kg을 배당받았다. 그리고 은편(銀片)으로 갔다는 것이다. 두동면 은편리 마을 이름이다. 김 씨 어르신 처가댁이 있는 마을이다.

139) 범서면(凡西面) 척과리(尺果里) '상기(相基)' 처가(妻家)에 봉채(封采) 가지고 갔다 왔다는 것이다. 상기는 처남이다. 봉채는 혼인 전에 신랑 측에서 신붓집으로 채단과 예장을 보내는 물건을 말한다.

[도1-4] 옷고리

1962년 음력 2월 29일, 김홍섭 어르신은 처남을 장가보내려고 신부 댁에 봉채를 다녀왔다. 봉채(封采)는 혼인 전에 신랑 집에서 신부 집으로 신부의 치마, 저고리, 꽃버선, 꽃신 등과 예장(禮狀)을 보내는 일이다. '옷고리'에 채단과 예장을 넣고 보자기에 싸서 멜빵에 지고 신부 댁으로 갔다. 이를 '봉채 간다'고 하였다. 혼주(婚主)인 신부 아버지는 백지를 깐 소반을 들고 나와 봉채를 받았다. 봉채를 담고 갔던 옷고리는 신부가 평생 옷가지를 담아두는 그릇으로 썼다.

울주 지역의 옷고리

옷고리는 버들가지로 엮어서 바구니처럼 만든 그릇이다. 아래짝과 위짝으로 이루어졌다. 아래짝과 위짝 테두리에 솔비나무 판자를 대고 솔뿌리로 감았다. 울주 지역의 옷고리는 비교적 타원형에 가깝다. 아래짝 속에는 창호지로 발랐던 흔적이 남아 있다. 울주 지역의 옷고리는 경북 김천 지역에서 만들어졌을 가능성이 높아 보인다(*아래짝/가로 55.0㎝, 세로 52.5㎝, 높이 18.5㎝ *위짝/가로 60.5㎝, 세로 55.0㎝, 21.5㎝).

3월

울주 김홍섭 어르신 일기의
주석(註釋)과 해설

3/1 晴　식전　*오줌 침(2장구이)
　　　　前　*물거리 1짐 함
　　　　后　*뒷山에 가서 나무 1짐 함
　　　　　　*구더기에 물 져다 부움[140]

3/2　　식전　*창건너 거럼 1짐 져다 놓고 옴
　　　　前　*창건너 논에 整地함
　　　　　　◎때때로 비가 옴

140) 측간(厠間) '구더기(구덩이)'에 물을 지어다가 부었다는 것이다.

141) 큰밭에 유안(硫安) 먼저 친 곳 10분의 4가량에 약 17kg가량을 추가로 증비(增肥)하였다는 것이다.

142) 김두만(金斗萬) 집에서 친목계(親睦契) 계원(契員)들과 같이 하루를 즐겼다는 것이다. 이 친목계는 '상포계(喪布契)'라고 하였다. 상포계에는 계장(契長) 1명과 유사(有司) 1명을 두었다. 상포계 계원들이 모이는 일을 '계중(契中)한다'고 하였다.

後 ⋆물거리 1짐 함

3/3 雨 식전 ⋆큰밭에 윗돔 1짐 져다 깔고

前 ⋆硫安 큰밭 먼저 친 곳 4/10 可量에 約 17K 可量 追 增肥 함[141]

後 ⋆金斗滿 집에서 親睦契 契員들과 같이 하로를 즐김[142]

⋆夜間에 비가 제법 많이 옴

3/4[4/8] 曇 細雨 後 개임

식전 ⋆개홈에 물이 내려오기에 논에 물 잡어려고 갔다가 물이 少量임으로 넣치 않고 왔드니, 큰밭 뒷도구 물은 日夕 時까지 나려 오는 것을 볼 때 물만 넣었시며 充分히 2斗只 도가리는 물 잡을번 했음[143]

前 ◎仁甫市場에 소갑 4束 지고 가서 팔았음[每단 150환式

---

143) '개홈'에 물이 내려오기에 논에 물을 잡으려고 갔지만, 물이 소량(少量)이므로 잡지 못하고 왔더니, '큰밭' 뒷도구물은 저녁 때[日夕時]까지 내려오는 것을 볼 때 물만 잡았으면 충분히 '두마지기[2斗只]' 도가리는 물을 잡을 뻔했을 것이다. 개홈은 이 마을 앞산에서 발원(發源)한 실개천 이름이다. 비가 80㎜ 이상 내릴 때만 빗물이 흘렀다. 이 정도의 물로는 천봉답이 물을 잡지 못했다. 천봉답이 개홈의 물을 잡으려면 최소한 100㎜ 이상 빗물이 내려야 했다. 두마지기 도가리는 천봉답 윗서마지기 중에서 '외도가리' 물 받는 논이다. 조금만 더 비가 내렸더라면 '윗서마지기' 물 받는 논은 물을 받을 뻔했다는 것이다.

600환][144)]

◎白米 5升 380환 = 1,900[145)]

◎삿갓(農笠) 1枚 330환[146)]

*메러치~100

*廣木 外上 代~1,100

*성냥 其他 160

*本人이 250

后 *쉬여서 고개만당 방천함(新畓 뒷구석)

3/5 晴 식전 *논에 둘러 옴

*도구에 물이 나려오는가 싶허 가보았드니 徐炳喆氏 밭 도구에 물은 아직 昨日과 같히 如前히 나려옴[147)]

前 *물거리 1짐 함(몸이 大端히 不平함)

后 *쉬여서 감접(柿接木) 뒷山에 2株함

---

144) 인보시장(仁甫市場)에 소갑 4단[束]을 지고 가서 1단에 150환씩 해서 600환을 받았다는 것이다.

145) 백미(白米) 1되에 380환씩 해서 5되를 팔아 1,900환을 받았다는 것이다.

146) '삿갓[農笠]' 한 잎[枚]을 330환에 샀다는 것이다. 삿갓은 언양(彥陽) 죽세공들이 만들었다.

147) 도구 물이 내려오는가 싶어 가보았더니 서병철 씨(徐炳喆氏) 밭 도구의 물은 아직 어제[昨日]와 같이 여전(如前)히 내려온다는 것이다.

3/6 晴 식전 *祝辭 1枚 씀

前 *斗東所在地 出

后 *銀片 갔다 옴 5,000환[相基][148]

都合 20,000환

3/7 晴 식전 *거럼 1짐 져다 놓고 옴

前 *창건너 못(池) 夫役하고 옴[149]

◎양동宅 50환

后 *물거리 1짐 함

◎肥料 代 650환 支拂(現在까지 完拂함)

3/8 晴 식전 *精米 나락 1叺 約 7斗[150]

◎白米 小斗 7斗[151]

前 *창건너 논 고름

后 *물거리 1짐 함

3/9 晴 식전 *道路夫役 上里

前 *仁甫市場

---

148) 은편(銀片)에 가서 처남 상기(相基)에게 5,000환을 주고 왔다는 것이다. 그 당시 처남은 혼사 준비를 서두르고 있을 때였다.

149) 창건너 못[池] 부역(負役)하고 왔다는 것이다.

150) 나락 1가마니[叺] 약 7말[斗]을 정미(精米)하였다는 것이다.

151) 나락 1가마니를 정미하였더니 백미(白米) 소두(小斗) 7말[斗]이 나왔다는 것이다.

◎白米 28升 4合~390환式 11,080환[152]

*前에 借用한 것 6000

*妻 借用 600

*채소 賣代~340 入[153]

*祭祀場

*海魚 200

*實果 270환

*메러치~100

*까지메기 100

*대구새끼 100

*김~70

后 *구시골 못물이 내려와서 창건너 못멜게가 넘어므로 黃물을 利用하여 큰 도가리 앞, 뒤, 뒤로서 훌기 꺼러대 놓

---

152) 백미(白米) 1되에 390환씩[式] 해서 28되[升] 4홉[合]을 팔아 11,080환을 받았다는 것이다.

153) 채소 판 값[賣代]으로 340환을 수입(-入)하였다는 것이다. 이때 채소는 시금치일 가능성이 높다.

154) '구시골(태산준령의 한 골짜기)' 못물이 내려와서 '못밀게(못물이 둑을 넘지 못하게 만든 배수 시설)'가 넘으므로 '황물(黃-)'을 이용(利用)하여 큰도가리 앞과 뒤 '훌기고 끌어대어' 놓고 '못강(苗강)' 도가리 방천(防川) 및[及] 정지(整地)하고 늦게 돌아왔다. 훌기고 끌어대는 것은 논두렁을 단속하는

고 苗강 도가리 방천 及 整地하고 늦게 도라옴[154]

3/10 晴 식전 *논두룸 훌기고[155]

前 *일찍 苗강 훌기 놓고 初불 꺼려대고 왔음[156]

后 *銀片 妻와 같히 갔음

3/11[4/15] 晴

*銀片에서 相基 初行 채리는데 놀다가 日夕時 도라옴[157]

것이다. 논두렁 단속 과정은 다음과 같다. 천봉답의 논두렁 폭은 40㎝ 정도였다. 1962년 정월 26일과 28일 사이에 첫 논갈이가 이루어졌다. 이때의 논갈이를 '아시갈이'라고 하였다. 아시갈이 때 '훌칭이(극젱이)'로 논을 갈면서 논두렁 20㎝ 정도를 떼어냈다. 이를 '논두렁 떤다'고 하였다. 그리고 논에 물을 받았다. 훌칭이로 논두렁을 12번 정도 오가면서 논흙을 풀었다. 이를 '논두렁 흘긴다'고 하였다. 논두렁 흘긴 논흙을 삽으로 뜨면서 차곡차곡 논두렁에 붙였다. 이런 일을 '끌어댄다'고 하였다. 정이월에 맨발로 논물 속으로 들어가 끌어댔다. '장단지(종아리)'가 다리에서 떨어져나가는 것처럼 논물은 차가웠다. 어떻게든 음력 2월 보름 전까지 물 받는 논에 물을 잡아놓아야 그해 천봉답의 논농사가 안정적으로 이루어질 수 있었다.

155) '논두룸(논두렁)' '훌기고(흘기고)'.

156) 일찍 '못강(苗강, 못자리)' 흘겨 놓고 초불 끌어대고 왔다는 것이다.

157) 은편(銀片)에서 상기(相基) 초행(醮行) 차리는데 놀다가 저녁[日夕時]에 돌아왔다는 것이다. 상기(相基)는 처남 이름.

◎저녁 때 창건너 논두룸 2回채 꺼러 대놓고 옴[늦게 다 꺼러댐][158]

3/12[4/16] 晴

◎祖母任 入祭日임

식전 *창건너 논에 보리집 한 짐 져다 놓고 옴

前 *昨日 夕時 2回 꺼러대놓은 두룸 마자함[159]

后 *고기 잡고[160]

*뒷山 소갑 좀 가림[161]

---

158) 저녁때 창건너 '논두룸(논두둑)' 2회째 끌어대 놓고 늦게 왔다는 것이다.

159) 어제[昨日] 저녁때[夕時] 2회(回)째 '꺼러대(끌어대)' 놓은 '두룸(두둑)'을 남김없이 마저 했다는 것이다.

160) 해동(解凍)하고 나서, 지름쟁이, 중태기, 퉁가리 등 정착성 물고기들은 산란하려고 비교적 수심이 깊은 곳에서 수심이 얕은 여울로 활발하게 이동하였다. 냇물 하류 쪽으로 통발 아가리를 벌어지게 놓았다. 냇물을 거슬러 오르는 물고기를 잡기 위한 것이다. 이를 '오를통발'이라고 하였다. 다시 냇물 하류 쪽에는 통발 아가리를 상류 쪽으로 벌어지게 놓았다. 냇물 따라 내려가는 물고기를 잡으려는 것이다. 이를 '내릴통발'이라고 하였다.

161) '뒷산'에서 '소갑(솔가지)'을 조금 가렸다는 것이다. 가림'은 '가리다(갈기다, 날카로운 연장으로 곁가지나 줄기 따위를 단번에 매어 떨어뜨리다.)'에서 온 말이다.

3/13[4/17] 曇

식전 *馬鈴薯(감자)밭 오줌 2장구이 침[감자가 올라오기 始作함][162]

前 *재 넘어 물거리 1짐 함

后 *쉬여서 고개만당 논 整地함

◎담배 50환

3/14 晴 식전 ◎精米(16.4 − 6 = 15.8일텐대 15.1 + 차나락3 = 15.4)[163]

*白米 小斗 6斗 强

*仁甫市場

◎白米 18升 賣~400환式 7,200

*콩나물콩 1升~270환[164]

*메러치~100

*廣木 200 + 50환

*尙秀 靴 400(750환)

*폼돈 200(殘 6.520환)

前 *市場에 둘러서 논에 일 조금하고 도라옴

---

162) 감자[馬鈴薯] 밭 오줌 2장구이 쳤는데, 감자 순이 올라오기 시작(始作)했다는 것이다.

163) 나락두지에 남은 16섬 4말 나락 중에서 6말을 빼면 16섬 8말이 남았을 터인데, 15섬 4말(메나락 15섬 1말과 차나락 3말)만 남았다는 것이다.

164) '콩나물콩(나물콩)' 1되를 270환에 팔았다는 것이다.

后　*쉬어서 고개만당 논에서 논 擴充 作業함[165)]

3/15[4/19] 晴

식전　*고추밭에 밑거럼 1짐 져다놓고 도구치고 창건너 논에 둘러 옴

前　*兪光植의 國土開發隊 出征을 앞두고 送別[166)]

后　*宴을 배푸는 兼 終日을 잘 놈[167)]

*柳氏로부터 正義를 爲하여 싸우라는 말씀이 있었음

---

165) 쉬어서 고개만당, 논 확충작업(擴充作業)을 하였다는 것이다. 논 확충작업은 논을 새로 만드는 일이다. 이런 일을 '새논 친다'고 하였다.

166) 유광식(兪光植)의 국토개발대(國土開發隊) 출정(出征)을 앞두고 송별(送別)하였다는 것이다. 국토개발대는 국토건설단(國土建設團)이라는 말이다. 국토건설단(國土建設團)은 1961년에 설립된 실직자 구제 및 활용을 위한 단체이다. 당시 국무총리 장면이 미취업 대학생과 인력을 구제할 목적으로 창립했다. 국토건설본부(國土建設本部)라고도 불렀다. 고등학교 졸업생, 대학교 졸업 미취직 인력의 실업 문제가 심각하자 이를 해소하기 위해 세워졌다. 장면에 의해 창립될 당시에는 국토건설본부였으나 5·16 군사정변으로 집권한 박정희가 1961년 12월 국토건설단으로 바꿨다. 단체의 목적도 병역미필자를 대상으로 한 국토의 유기적·효과적 개발 도모와 만 28세 이상의 병역미필자에 대한 사회적 구제를 도모하기 위한 것으로 바뀌었다. 1962년 초 예비역 한국군 장교

3/16[4/20] 曇 穀雨[168)]

식전 *고추苗 밭 거럼 까러 거실러 골 지름[169)]

前 *門中 돈 借用金 5,000환 返濟(利子 630환) 計 5,630환[170)]

3,000명을 기간요원으로 해서 감독하게 하였으며, 3월 15일부터 1만 4,000여 명의 건설단원을 소집, 국토건설사업에 참여시켰다. 그러나 운영 과정에서 많은 물의를 빚어 1962년 11월 30일 정부 방침에 따라 해체되고 전원 귀향조치되었다. 1962년 12월 19일 국토건설단 설치법도 폐지되었다.

167) 송별연(宴)을 '배푸는(베푸는)' 겸(兼) 종일(終日) 잘 놀았다는 것이다.

168) 이 마을에서는 "곡우(穀雨) 때 비가 풍족하게 내려야 그 해 풍년 든다."는 말이 전승되었다.

169) 고추 모종밭 '거럼(거름)' 깔고 훌칭이로 거시리고 골 질렀다는 것이다. 곡우(穀雨, 4월 20일경) 무렵에 고추모를 파종하였다. 이를 '고추모 붓는다'고 하였다. 그 과정은 다음과 같이 전개되었다. 거름을 흩는다. 훌칭이로 간다. 이를 '거시린다'고 하였다. 괭이 또는 호미로 골 낸다. 이를 '골 지른다'고 하였다. 골과 골의 간격은 15~20㎝ 정도였다. 골에 고추씨앗을 흩고 나서 맨손으로 묻어주었다.

170) 문중(門中) 돈 차용금(借用金) 5,000환 반제(返濟). 이자(利子) 630환 계(計) 5,630환.

*4294. 음7. 30~4295(1962). 3. 15日 返[171]

*德巨里 고추밭에 골 질러 堆肥 저다 넣고 고추 苗種 부웠음[172]

*고개만당 苗강에 거럼 1짐 져다 놓고 와서 點心 먹음

◎相基 來家(慶州行 中)

后 *쉬여서 뒷山에서 윗덮히 소갑 7束 해놓고 고개만당 苗강 거럼 1짐 져다놓고 옴[173]

◎봄날이 甚히 가무러 極情이 됨

3/17[4/21] 晴

식전 *苗강(창건너)에 거럼 1짐 져다 놓고 옴

前 *재너머 가서 둥거리(주질겁지) 1짐 해 옴[174]

---

171) 문중 돈 차용 기간은 1961년(단기 4294) 음력 7월 30일부터 1962년(단기 4295) 3월 15일까지이다.

172) 덕거리(德巨里) 고추밭에 골 질러 퇴비(堆肥) 져다 넣고 고추 모종(苗種) 부었음. '부었음'의 '붓다'는 모종을 내기 위하여 씨앗을 많이 뿌렸다는 말이다.

173) 쉬고서 '뒷산'에서 윗덮히 '소갑(솔가지)' 7단[束] 해놓고 고개만당 '못강(苗강, 못자리)' '거럼(거름)' 1짐 져다놓고 옴. '윗덮히 소갑'은 땔나무 위에 덮는 소갑이다.

174) '재너머' 가서 둥거리(주질겁지) 1짐 해 왔다는 것이다. 주질겁지는 껍질이 벗겨진 마른 통나무라는 말이다.

後 *뒷山에서 윗덮히 소갑 3束 해 놓고 논에 거럼 1짐 져다 놓고 옴

3/18[4/22] 晴 ◎손갱자리[175] 開始

식전 *개똥 주워서 돌가리 구덩이에 넣음[176]

前 *논에 거럼 1짐 져다 놓고 갱자리 조금 케 옴[177]

後 *쉬여서 고개만당 6斗只 苗강 거시리고 其 위 1斗只 거

175) '손갱자리'는 손으로 채취한 '갱자리'이다. 갱자리는 '못강(못자리)' 거름 들풀이다. 보통 땅바닥에 붙어 있는 들풀을 낫으로 따는 경우가 많다. 이때 갱자리를 캐려고 들에 가봐야 아직 갱자리가 많지 않을 때다. 일꾼들은 갱자리를 많이 캐어왔다는 시늉을 내려고 주인에게 꾀를 부리는 경우도 있었다. 바지게 안에 돌멩이 한 덩어리를 넣고 그 위에 갱자리를 덮는다. 이것을 지고 와서 집마당 한 구석에 붓는다. 돌멩이가 떨어지는 소리가 나기 마련이다. 그러면 주인은 "오늘도 갱자리를 많이 따왔구나!" 하고 믿게 된다는 것이다.

176) 개똥 주워서 '돌가리' 구덩이에 넣음. '돌가리'는 돌가루라는 말로 곧 시멘트라는 말. '돌가리 구덩이'는 측간(廁間)에 있는 인분 구덩이다.

177) 논에 '거럼(거름)' 1짐 져다놓고 '갱자리' 조금 캐 옴. 갱자리는 못자리에 주는 마른 풀 거름이다.

시리 놓고 창건너 물 좀 대 놓고 어두워서 도라옴[178)]

*班田宅 신 니락 八紘 2斗 갖다 놓음(交換) 집앞 5斗只 것임[179)]

*妻 尙秀와 같이 괘숙 떠더옴[水亭內][180)]

3/19 晴后曇 雨氣가 있음(大端히 무더운 날씨임)

식전 *早起하여 창건너 논에 물 대러 갔다 옴[181)]

*거럼 3짐 짐

---

178) 쉬어서 고개만당 6마지기[6斗只] 못강[苗강: 고개만당 논 '아래서마지기' 중에 있는 7되지기 논배미] 거시리고 그[其] 위 1마지기[1斗只: 고개만당 논 '웟서마지기' 중에 있는 한마지기 논배미] 거시려놓고 창건너 논 물 좀 대놓고 어두워서 돌아왔다.

179) 반전댁(班田宅)에서 새로운[新] 나락 품종 팔굉(八紘) 2말[斗]을 교환(交換)하여 가져다놓았다는 것이다. 그 나락 종자는 '집앞'이라는 5마지기[斗只] 논에서 생산된 것이다. 그 당시 팔굉 나락 품종은 한발(旱魃)에도 강하였을 뿐만 아니라 수확량도 우수하여 10여 년 동안 장수 품종으로 인기를 누렸다.

180) 처(妻)는 상수(尙秀)와 같이 '괘숙(산떡쑥)' 뜯어옴[水亭內]. '수정내(水亭內)'는 두서면 수정리에 있는 한 지명이다.

181) 일찍 일어나[早起하여] 창건너 논에 물 대러 갔다 왔다는 것이다. 창건너 논은 '못돌(못 물로 논농사를 짓는 논이 모여 있는 논들)'이다. 분수도감(分水都監)의 허가를 받고 논에 물을 대어야 한다.

前　*仁甫市場

*소갑 4束~560환[182)]

*보리쌀 2升~390 = 780환[183)]

*메러치~200

*김 ~50

*미나리~50

*이리꼬 100[184)]

*其他 110

*布木~179환式 5尺 半[185)]

*本人 靴 修繕~200

后　*問喪 300환(日夕 時 집에 도라옴)

3/20[4/24] 曇 壬辰 午后 비가 조금 옴(해질 무렵)

식전　*거럼 1짐 苗강

前　*둥거리 1짐

---

182) '소갑(솔가지)' 4단[束]을 560환에 팔았다는 것이다. 소갑 4단은 지게로 한 짐이다.

183) 보리쌀 1되에 390환씩 해서 2되[升]를 팔아 780환을 받았다는 것이다.

184) '이리꼬[마른멸치]' 100환. '이리꼬(いりこ)'는 마른멸치라는 의미의 일본어이다.

185) 포목(布木) 1자에 179환씩[式] 해서 5자[尺] 반(半)을 샀다는 것이다.

后 *精米~15.4 − 1.0 = 14.4[186)]

*白米 小斗 8斗[메나락--8斗 차나락 約 2斗][187)]

*現實數~두지에 13.9斗

3/21 雨 苦待하든 비任이 오기 始作함

終日 조금 왔으나 보리는 求하였지만 고개만당 논에 물은 못 잡음

*吳援根[188)]~300

◎보다 많은 비任이 오시기 祝願함

3/22[4/26] 曇 開始[189)]

식전 *논에 물 잡을 물 대는가 싫허서 갔다가 물이 적으서 못 잡음

◎창건너 물 넣어 놓고 옴

186) 15섬 4말 나락 중에서 1섬을 정미(精米)하니 지금 나락뒤주에는 14섬 4말이 남았다는 것이다.

187) 백미(白米) 소두(小斗) 8말[斗]. '메나락(메벼)' 8말[斗]과 '차나락(찰벼)' 2말[斗]을 정미(精米)한 결과라는 것이다.

188) 오원근(吳援根)은 이웃집 사람이다. 농림전수학교를 졸업하고 공무원이 되었다. 300은 300환이다.

189) '개시(開始)'는 '갱자리풀' 채취가 개시되었다는 것이다. 갱자리풀은 '못강(못자리)'에 거름으로 주는 풀이다.

前　*창건너 멘 위 도가리 물 잡고[190)]

*논두룸 初블 꺼러 대놓고 옴[191)]

后　*재넘어 가서 갱자리 1짐 캐옴[切草][192)]

3/23[4/27] 曇 日夕時 비가 조금 오다가 개임

식전　*창건너 논에 昨日 잡은 논두룸 2回째 꺼러대놓고 苗강 물 빼놓고 옴[193)]

---

190) 창건너 맨 위 '도가리(논배미)' 물 잡고. 논배미가 물 받은 것을 '잡다'라고도 한다.

191) '논두룸(논두렁)' 초불 '꺼러대' 놓고 왔다는 것이다. 논두렁 꺼러대는 과정은 다음과 같다. 아시갈이 때 '훌칭이(극젱이)'로 논을 갈면서 논두렁 20㎝ 정도를 떼어낸다. 이를 '논두렁 떤다'고 한다. 그리고 논에 물을 댄다. 훌칭이로 논두렁을 12번 정도 오가면서 논흙을 푼다. 이를 '논두렁 흘긴다'고 한다. 논두렁 흘긴 논흙을 삽으로 뜨면서 차곡차곡 논두렁에 붙인다. 이런 일을 '끌어댄다'고 한다.

192) '재넘어' 가서 갱자리 1짐 캐어[切草] 왔다는 것이다. 갱자리는 '못강(못자리)' 거름 들풀이다. 갱자리는 바지게로 지어 나른다. 이때의 바지게를 '갱자리바지게'라고도 한다.

193) 창건너 논에 어제[昨日] 잡은 '논두룸(논두렁)' 2회(回)째 끌어대 놓고 '못강[苗강, 못자리]' 물 빼놓고 왔다는 것이다.

前 *창건너 3斗只 쥔苗함[194)]

*基肥(硫安 평2升, 過石 平1升, 加里 約 2合)

后 *쉬여서 갱자리 케러 갔다 비가 옴으로 苗강 물대 놓고 옴[195)]

*金容宇 17升 平[두지에 나락으로 바꾸어줌][196)]

◎今日도 몸이 大端히 疲困함

---

194) 창건너 3마지기[斗只]에 '쥔모했다'는 것이다. '쥔모한다'는 것은 못자리를 만든다는 것이다. 그 과정은 다음과 같이 전개된다. 훌칭이로 논바닥을 거시린다. 써레로 써린다. 못줄 놓고 가늠하면서 '만골'을 만든다. 만골은 모판이라는 말이다. 만골의 폭은 4자 정도다. 고랑을 '도랑'이라고 한다. 도랑의 흙밥을 만골 위로 올려놓는다. 이를 '만골 친다'고 한다. 만골을 고른다. 이를 '매만진다'고 한다. 만골을 말린다. 씨 나락이 만골 바닥 깊이 들어가지 못하게 하려는 것이다. "씨나락 깊이 들어가면 모 찌기 사납다."라는 말이 전승되는 것도 바로 이 때문이다. 물을 댄다. 씨나락 흩뿌린다. 이를 '허친다'고 한다.

195) 쉬어서 '갱자리' 캐러 갔다가 비가 오므로 '못강(苗강, 못자리)' 물대 놓고 왔다는 것이다. '갱자리'는 못자리에 밑거름으로 주는 풀 말린 것이다.

196) 김용우(金容宇)에게 나락뒤주의 나락 17되[升]를 깨끼[平]로 바꾸어 주었다는 것이다.

◎種粗나락 浸種 6斗只 것 17升[高升][197]

3/24[4/28] 晴

식전 ⋆논에 둘러옴

前 ⋆仁甫市場

⋆소갑 4束 150 = 600환[198]

⋆白米 5升 420 = 2,100[199]

⋆보리쌀 1升 400[200]

⋆고기 200

⋆玉 靴 250[201]

⋆담배 100

⋆미나리 50

⋆김 40

---

197) 씨나락[種粗나락] 침종(浸種) 6마지기[斗只] 것 17되[고승(高升)]. '6마지기 것'은 고개만당 논의 씨나락이다.

198) '소갑(솔가지)' 1단에 150원씩 해서 4단[束]을 팔아 600환을 받았다는 것이다.

199) 백미(白米) 1되에 420원씩 해서 5되[升]를 팔아 2,100환을 받았다는 것이다.

200) 보리쌀 1되[升]를 팔아 400환을 받았다는 것이다.

201) 정옥(-玉)이 신[靴]을 250환에 샀다는 것이다. 정옥은 김홍섭 어르신의 둘째딸 이름이다.

*미역 100

*공책 필통 100

◎本人은 재넘어 쥔苗풀 1짐 빔[202)]

3/25 晴曇 夜間 南西 東北 間 검은 화때구룸이 줄줄이 섬[203)]

식전 *苗강 거럼(새논) 2짐 냄[204)]

前 *苗강 乾苗 불나고 거시리서 골 질러 놓고 행여 비가 올 여나 싶혀 나둠[기다림][205)]

---

202) 본인(本人)은 '재넘어'에서 '쥔모풀' 1짐 베었다는 것이다. '쥔모'는 '못자리 만듦'이라는 것이다. 그러니 '쥔모풀'은 못자리에 거름으로 주는 풀인 '갱자리풀'이라는 말이다.

203) 야간(夜間)에 남서(南西)와 동북(東北) 사이[間]에 검은 '화때구룸(활대구름)'이 줄줄이 섰다는 것이다. 이 마을에서는 "화때구룸이 서면 2~3일 내로 비 온다."라는 말이 전승되었다. 고을에 따라 천기(天氣)가 다르게 드러나기도 하는데, 이를 '골천기'라고 하였다.

204) '새논'의 '못강(苗강, 못자리)' '거럼(거름)' 2짐을 내었다는 것이다. 여기에서 '새논'은 1961년에 새로 매입한 논인 창건너 논인 셈이다.

205) '못강[苗강: 못자리논]'에 건모[乾苗] 부으려고 거시려서 골 질러 놓고 행여 비가 오려나 싶어 놓아두고 비를 기다렸다는 것이다. 가뭄으로 볏모 키우기가 불안하여 건모 부으려고 훌칭이로 거시리고 호미 또는 괭이 따위로 골을 질렀다. 골과 골 간격은 7~8㎝ 정도다. 씨나락을 뿌리고 호미 따위로 흙밥을 긁어 골로 밀어 넣으며 씨나락을 묻었다.

后　*고지평 뚝다리 목 고기 애아서 잡엄[約 2그릇][206]

*尙秀 갱자리 2짐 캠[207]

3/26[4/30] 晴 30回 生日임

식전　*창건너 苗강에 種粗 나락 침[208]

前　*새논 3斗只 苗강 乾苗 붐[209]

◎골 질러 놓은데 덩거리 꺼서 망두든 만들고 混合한 肥料 中 約 2升 强치고 씨앗 뿌리고 覆土함[고랑 흙으로][210]

*硫安2 + 過石1 平 3升 加里 2合

後　*송충골서 갱자리 1짐 해옴

---

206) 고지평 '뚝다리목'에서 물을 에워 막아서 고기 약 2그릇 정도 잡았다는 것이다. 고지평은 두동면 하삼정리에 있는 외딴 동네 이름이다.

207) 상수(尙秀)가 '갱자리' 2짐을 캐었다는 것이다. 갱자리는 '못강(못자리)'에 밑거름으로 주는 풀이다.

208) 창건너 '못강[苗강]'에 씨나락[種粗]을 쳤다는 것이다.

209) 새논 3마지기[斗只]의 못강[苗강: 못자리]에 건모[乾苗]를 부었다는 것이다.

210) 골 질러 놓은 데 '덩거러(덩어리)' '꺼서(깨서)' '망두둔(만골두둑)' 만들고 혼합(混合)한 비료(肥料) 중 약 2되[升] 남짓[强] 치고 씨앗 뿌리고 고랑의 흙으로 복토(覆土)하였다는 것이다. 곧 건모 못자리를 앉혔다는 것이다.

3/27 **晴** 식전 *보리집과 집(稾) 져다가 乾苗강 被覆[211]

前 *갱사리 1짐 켐

后 *쉬여서 갱자리 及 팥깍지 써러서 창건너 논에 갔다 넣고 옴[212]

◎前에 것~풀 1짐~손겡자리[213] 1짐[本人 3짐 尙秀 3짐]

3/28[5/2] 晴后曇 져녁에 새로 變動이 있다가 夜 2時너머 비가 제법 옴

*終日 해물을 애웠다가 夕時에 해물이 삭고 구름이 끼며 져녁 해는 구름에 쌓임[214]

前 *창건너 苗강을 할여고(6斗只) 갱자리 3짐 져다 놓음[215]

后 *창건너 苗강에 갱자리 1짐 져다 놓고 져녁 때 정간 만듬[216]

---

211) '보리집(보릿짚)'과 볏짚[稾] 져다가 '건못강(마른못자리)'에 덮었다[被覆]는 것이다.

212) 쉬고 나서 '갱자리'와 '팥깍지' 썰어서 창건너 논에 가져다 넣고 왔다는 것이다.

213) '손갱자리'는 손으로 채취한 '갱자리(못자리 거름풀)'.

214) 종일(終日) '해물(해무리)'이 에웠다가 저녁[夕時]에 '해물(해무리)'이 삭고 구름이 끼며 저녁 해는 구름에 싸였다는 것이다.

215) 창건너 6마지기[斗只, 고개만당 논]에 심을 '못강(못자리)'에 갱자리 3짐 지어다 놓고 왔다는 것이다. 갱자리는 못강에 주는 마른 풀 거름이다.

216) 창건너 못강(苗강, 못자리)에 '갱자리' 1짐 져다 놓고 정간 만듦. '정간'은 논과 못강의 경계를 삼는 논둑이다. 정간을 놓는 일을 '정간 맨다' 또는 '정간 만든다'고 한다.

*銀片에서 貴賓이 오셔섬[217)]

◎찰떡 1升 半

3/29[5/3] 雨(細雨)

식전 *창건너 논에 거럼 깜[물 빼고 옴]

前 *손님 보내놓고 6斗只 苗강 창건너에 쥔苗함[218)]

*李英雨가 와서 도와줌

后 *苗강이 젹어므로 고개만당에 乾苗 한 광 더 부워놈[219)]

*肥料는 今日안 침

◎메만질려다가 너무 물러서 그냥 두고 옴[220)]

---

217) 은편(銀片)에서 귀빈(貴賓)이 오셨다는 것이다.

218) 손님을 보내 놓고 6마지기[斗只] 창건너 논에 심을 못자리를 만들었다는 것이다.

219) '못강[苗강: 못자리]'이 적으므로 고개만당에 건모[乾苗] 한 '광' 더 부었다는 것이다. 즉, 만골두둑 하나를 더 만들었다는 것이다.

220) '만골(모판)'을 손으로 문지르려다가 너무 물러서 그냥 두고 왔다는 것이다. '못강(못자리)' 앉히기 과정은 다음과 같다. 훌칭이로 못강을 거시리고 써레로 골라서 줄을 놓았다. 모판을 '만골', 골을 '도랑'이라고 했다. 만골의 폭은 4자, 도랑의 폭은 1자 정도였다. 삽으로 도랑의 흙밥을 만골로 올려놓았다. 이런 일을 '만골친다'고 하였다. 만골을 손으로 문지르면서 고르고 물을 빼고 말렸다. 씨나락(볍씨)이 만골 깊이 들어가면 모찌기가 힘들기 때문이다. 다시 물을 대고 씨나락을 흩뿌렸다. 이를 '허친다'고 했다.

*비는 繼續的으로 옴

*물끼를 믹지 않안 것이 極情인[221)]

◎夜間 비가 옴 그러나 물 잡얼 비는 不足됨[222)]

221) '물끼(물꼬)'를 막지 않은 것이 걱정[極情]이 된다는 것이다.

222) 야간(夜間)에 비가 왔지만 논에 물을 잡을 정도의 비는 부족하다는 것이다.

4월

울주 김홍섭 어르신 일기의
주석(註釋)과 해설

4/1[5/4] 曇

식전 *昨日 창건너 쥔苗해 놓은 것 메문지러고

◎基肥 硫安 4升, 過石 4升(平斗) 갖고 가서 上記 配合한 것 約 6升 침

前 *쉬여서 물거리 가리고[223)]

*무림宅 홈 파주고 點心 먹고 옴[224)]

后 *재너머 둥거리 1짐 해놓고

223) 쉬고 나서 물거리를 가렸다는 것이다. 물거리는 싸리나무, 진달래나무 등 낙엽 관목으로 설 이후에 채취하는 땔나무이다. '가리다'는 곡식이나 땔나무 따위의 단을 차곡차곡 쌓아올려 더미 짓는 일이다.

224) 무림댁에서 '홈(홈통)' 파주고 점심(點心) 먹고 왔다는 것이다. 홈통은 논물이 흐르거나 타고 흐르도록 소나무로 오목하게 골을 낸 물건이다. 소나무를 도끼로 다듬고 나서 호비칼로 깎아 만들었다.

*거럼 지고 논에 갔다 비가 오가 싶허 물끼 걸치놓고 옴[225)]

◎큰밭 보리도 피기 始作함

◎德巨里밭 보리는 제법 많이 핌

◎고추 苗를 파 보니 싹이 다 터있음[地上에는 아직 않 올라옴][226)]

◎땅오줌 준 곳은 約 5日前 핌[227)]

4/2 晴 식전 *창건너 苗강에 물 빼러갔다 옴(거럼 1짐 지고)

前 *고지평에 黃土 房 고칠라고 6짐 짐

后 *논에 물 대놓고 거럼 1짐 져다 놓고 上里 問喪 갔다 옴

◎몸이 大端히 疲困함

---

225) '거럼(거름)' 지고 논에 갔다 비가 오는가 싶어 '물끼(물꼬)' 걸쳐놓고 왔다는 것이다. '걸치다'는 물끼에 푸나무 따위로 엉성하게 가로로 놓는 것이다. 논물이 많았을 때는 넘치게 하고, 논물이 부족하였을 때는 막으려는 목적이다.

226) 고추 모종[苗]을 파 보니 싹이 텄으나 지상에는 아직 아니 올라왔다는 것이다.

227) '땅오줌' 준 곳은 약 5일 전(日前)에 보리이삭이 팼다는 것이다. '땅오줌'이란 보리 파종 일주일 전에 밑거름으로 준 인분거름이다. 보리 파종 때 곧바로 인분거름을 밑거름으로 주면 보리씨앗이 썩을 우려가 있기 때문에 일주일 전에 인분거름을 밑거름으로 준 것이다.

4/3[5/6] 晴

식전 *창건너 6斗只 苗강에 種粗 나락 침[늦게까지][228]

前 *쉬여서 오줌 2장구이 침[감자]

后 *4장구이 침[고추苗밭]

4/4[5/7] 晴

식전 *오줌 1장구이 침

終日 *彦陽市場 갔음

◎白米 3升 420 = 1,260환[229]

*집에 돈 利子 받은 것 2,200환 ◎計 3,460환

*주봉(夏服) 각기복 1,500[230]

*上衣 800

*그릇 1個 160 5個 800

*라이타돌 심지 40

*午料 150

*과자 20

---

228) 창건너 6마지기[斗只, 고개만당 논]에 심으려고 만든 '못강(苗강, 못자리) 씨[種粗]나락을 늦게까지 쳤다는 것이다.

229) 백미(백미) 1되에 420환씩 해서 3되를 팔아 1,260환을 받았다는 것이다.

230) 여름 바지[夏服, 주봉] '각기복'을 1,500환에 샀다는 것이다. 각기복은 미군 군복이다.

4/5[5/8] 晴

식전 *감자밭 오줌 1장구이 침

前 *金鍾根 일 도와주고 구들장 2짐 띠옴[231]

后 *구덜장 2짐 지고[232]

*소갑 위덮히 1짐 해놓고 옴

*仁甫市場

◎보리쌀 2升 380 = 760[233]

◎精米 13.9 – 5.3 = 13.4[234]

*음 3月 20日 精米 8斗 – 今日 約 4~5升(白米 殘)

*靴 3足 本人~外上 妻 貞淑~外上[235]

---

231) 김종근(金鍾根) 씨 도움으로 구들장 2짐을 '띠어(떼어)'왔다는 것이다. 구들장은 방고래 위에 깔아 방바닥을 만드는 얇고 넓은 돌이다. 구들장 생산지는 이 마을 '앞냇가'였다. 끌, 정, 지렛대, 망치 등으로 구들장을 띠어냈다.

232) '구덜장(구들장)' 2짐 지고 왔다는 것이다.

233) 보리쌀 1되에 380환씩 해서 2되[升]를 팔았더니 수입이 760환이라는 것이다.

234) 나락뒤주에 13섬 9말이 있었는데, 오늘 5말 3되를 정미(精米)하고 나니 13섬 4말이 남았다는 것이다.

235) 본인(本人), 처(妻), 정숙(貞淑)의 신[靴] 3켤레[足]를 외상(外上)으로 샀다는 것이다.

⋆고기~200

⋆김 50

⋆其他 90

4/6 晴 식전 ⋆창건너 苗강(3斗只) 初불 거룸[236)]

◎今日부터 소풀 재핌[237)]

◎괴돌 1짐 짐[238)]

前 ⋆괴돌 1짐 져다 놓고 쉬여서 윗덮히 1짐 해 덮험

后 ⋆바구니(싸리) 1個 엮다가[239)] [도1-5] 싸리바구니

⋆풀(숨기풀) 1짐 떠덤

---

236) 창건너 '못강[苗강: 못자리]' 3마지기(斗只) 초불 거루었다는 것이다. 창건너 논은 3마지기다. 창건너 논에 심을 못강의 볏모를 초불 거루었다는 것이다. '거루다'는 볏모의 근력을 키우려고 못강의 물을 빼주는 일이다. 볏모는 물을 먹으려고 힘차게 뿌리를 뻗는다. 그럴수록 볏모의 뿌리는 튼튼하게 되는 것이다.

237) 오늘[今日]부터 '소풀(꼴)'이 잡혔다는 말이다. 소가 소풀을 먹기 시작하면 서리가 내리는 음력 9월 중순이나 하순까지 지속된다.

238) '괴돌'은 구들장을 떠받치는 돌멩이다.

239) 싸리바구니 하나[1個]를 엮었다는 것이다.

[도1-5] 싸리바구니

1962년 음력 4월 6일, 김홍섭 어르신은 싸리바구니 1개를 엮었다. 싸리나무로 만든 바구니를 싸리바구니라고 하였다. 싸리바구니의 재료는 싸리나무의 움돋이였다. 싸리나무의 움돋이는 여름에 채취하는 것을 꺼렸다. 여름에 채취한 싸리나무 움돋이로 바구니를 만들면 좀먹는 경우가 많았기 때문이다. 그래서 바구니를 만들 싸리나무는 음력 7월 하순에 채취하였다. 그 당시에는 해마다 땔나무를 베어냈기 때문이 산야에 싸리나무 움돋이가 무성하였다. 지금은 싸리나무를 땔나무로 이용하는 경우가 없기에 싸리나무 움돋이도 없고, 싸리바구니도 만들 수 없게 되었다.

싸리바구니 [국립민속박물관(2008), 《향수, 1936년 울산 달리》에서]
김홍섭 어르신이 일기에서 엮었다고 하는 싸리바구니는 지금 일본 민족학박물관에 소장되어 있다(직경 49.6㎝, 높이 25.3㎝).

◎숨기풀 開始[240)]

*班돈 잠종 代 300 + 210 計 510[241)]

4/7[5/10] 晴

식전 *早起하여 창건너 논에 물대 놓은데 가서 손 보아놓고 옴

*와서 머리房 고칠 準備하다가 徐元相氏가 와서 일에 着手하여 終日함

*燒酒 半升~350환

4/8 晴后曇

식전 *구덜메 1짐 지고 갔다가 창건너 논에 둘러옴[242)]

---

240) '숨기풀' 채취가 개시(開始)되었다는 것이다. 논의 거름풀을 '숨기풀'이라고 하였다. 숨기풀은 '숨다[植]'와 풀로 이루어진 말이다. 동해안 지역 사람들은 '심다'를 '숨다'라고 발화하는 경우가 많으니, 숨기풀은 모를 심을 때 주는 논 거름풀이라는 말이다.

241) 반돈(班-) 300환과 누에씨[蠶種] 값 210환, 합계 510환을 지불하였다는 것이다. 이 마을은 4개 반(하삼정마을은 3개 반, 고지평마을은 1개 반)으로 구성되었다.

242) '구덜메(구들미)' 1짐 지고 갔다가 창건너 논 둘러보고 왔다는 것이다. 이 마을 사람들은 방구들에서 긁어내는 재거름을 '구덜메(구들미)'라고 하는데, '밀개(고무래)'로 구덜메를 긁어내는 일을 '후벼낸다'고 하였다. 구덜메 거름은 기운이 독하여 일반 밭작물의 거름으로 주기를 꺼렸지만, 삼은 비교적 거름독에 강한 농작물이었다.

前 *뒷山으로 가서 풀 1짐 비 옴

后 *쉬여서 숨기풀 1짐 비 놓고 뒷골로 둘러옴(現 3짐)

4/9[5/12] 晴

식전 *집안 설거지하고 놈

前 ◎白米 4升 갖고 彦陽市場 갔음[420환式 = 1,680환][243]

◎正午頃 소낙비 式으로 조금 옴

后 *각기服 上衣 交換하고

*고기 100

*午料 200[244]

*낫 고치는데 200[245]

*車費 130환

*菓子~30

◎殘金 1,000환

---

243) 백미(白米) 4되[升] 가지고 언양시장(彦陽市場)으로 가서 백미 1되에 420환씩 팔아 1,680환을 받았다는 것이다.

244) 점심값[午料]이 200환이라는 것이다.

245) 낫 고치는 값으로 200환을 주었다는 것이다. 여기에서 고친다는 것은 벼린다는 것이다. 성양간(대장간)의 대장장이를 '편수'라고 하였다. 가까운 인보시장(仁甫市場)의 성양간 편수가 사망하는 바람에 비교적 멀리 떨어진 언양시장(彦陽市場)에서 낫을 벼렸던 것이다.

4/10[5/13] 晴

식전 *거럼 지고 논에 둘러옴

前 *풀 1짐 빔[풀 計 5짐][246]

*仁甫市場

◎담보 2叺 찾음(18升 1.5合式 36升 3合)

◎利益金 1,800환 420환式

*밀가루 300환

*메러치 100

*어린 것 여럼 두디기 540환[247]

*其他 40환

后 *풀 1짐 빔

4/11[5/14] 曇后雨

식전 *미끈 딸고[248]

---

246) '숨기풀' 1짐을 베었다는 것이다. 숨기풀은 모두 5짐이 되었다. 베어낸 숨기풀은 산야에 널어 어느 정도 말렸다.

247) 어린아이 '여럼 두디기(여름 포대기)'를 540환에 샀다는 것이다.

248) '미끈(밀삐: 지게에 매여 있는, 지게를 지는 끈)'을 땋았다는 것이다.

⋆방 구들메 1짐 져다놓고 옴[249)]

前 ⋆풀 1짐 떠덤

后 ⋆비가 옴으로 妻男과 같히 놀았음

4/12[5/15] 晴

식전 ⋆창건너 苗강(6斗只) 늦지마는 初불 거룸[250)]

前 ⋆방송정비알 풀 1짐[251)]

后 ⋆ 〃 풀 1짐[풀 8짐 빔]

---

249) 방 '구들메(구들미)' 1짐을 삼[麻]밭에 져다놓고 왔다는 것이다. 구들메는 방구들을 뜯어고칠 때 나오는 흙과 재다. 구들메를 잿간에 넣어도 좋겠지만, 거름 기운이 독하기 때문에 삼밭에 띄엄띄엄 뿌려주는 경우가 많았다.

250) 창건너 논 '못강[苗강, 못자리]'에 6마지기[斗只]에 심을 볏모 초불을 거루었다는 것이다. '6마지기'는 고개만당 논이다. 그러니 고개만당 6마지기 논에 심을 볏모를 창건너 '못강'에 심었는데, 첫 번째로 거루었다는 것이다. '거루다'는 볏모의 근력을 키우려고 '못강'의 물을 빼주는 일이다. 볏모는 물을 먹으려고 힘차게 뿌리를 뻗는다. 그럴수록 볏모의 뿌리는 튼튼하게 되는 것이다.

251) '방송정비알'이라는 곳에서 풀 1짐을 뜯었다는 것이다. 방송정비알은 하삼정마을 뒷산에 있는 한 지명이다. 이곳은 경주 이씨 산소가 많이 모여 있는 곳이기도 하다.

4/13[5/16] 曇

식전 ⋆東天이 붉에 물덜어 있음[252]

◎풀 1짐(半)

前 ⋆풀 1짐 떵고[253]

⋆苗강에 물 대놓고 옴

后 ⋆풀 1짐 비고 苗강에 물이 젹으므로 물 대 놓고 옴

⋆풀 11짐

◎石油 4合 100환 買入

4/14[5/17] 晴

식전 ⋆풀 4뽀오 비 놓고 옴[254]

前 ⋆腹痛으로 彦陽가서 M.T.B~2,700환

⋆車費~100

⋆其他 30 = 2,830환

后 ⋆歸家해서 休息함

---

252) 동쪽 하늘[東天]이 붉게 물들어 있다는 것이다.

253) 숨기풀 1짐을 뜯었다는 것이다.

254) 풀 4뽀오 베어 놓고 왔다는 것이다. '뽀오'는 두 팔을 둥글게 모아 만든 둘레 안에 들 만한 분량을 세는 단위인 '아름'에 해당하는 말이다. 풀이나 '갈비(솔가리)'는 '뽀오', 콩이나 팥 따위는 '아름'이라고 한다. 6뽀오가 한 짐이다.

◎米商(彦) 2,000 借用 返濟[255]

4/15[5/18] 晴

前 ⋆몸(腹痛)이 앞아서 仁甫 가서 담보나락 덩계 찾아 지고 옴[256]

后 ⋆풀 1짐 빔

◎白米 2升 410 = 820환[257]

⋆메러치~200

⋆멍텅구리~100[258]

⋆雪糖 半升~140환

⋆박산~30[259]

⋆치마 감 外上~2,500환

---

255) 언양 사람 쌀 상인[米商]에게 차용(借用)하였던 돈 2,000환을 갚았다[返濟]는 것이다.

256) 복통(腹痛) 중에도 인보(仁甫) 가서 담보나락 '덩겨(등겨)' 찾아 지고 왔다는 것이다. '인보'는 울주군 두서면 소재지이다. 담보나락은 정부에 담보한 나락이다. 거기에서 나온 등겨를 찾아온 것은 소에게 주려는 것이었다.

257) 백미(白米) 1되에 410환씩 해서 2되를 팔아 820환을 받았다는 것이다.

258) '멍텅구리'는 도칫과의 바닷물고기다. 그것을 200환에 샀다는 것이다.

259) '박산(튀밥)' 30환.

4/16[5/19] 晴

식전 *늦게 논에 둘러옴

*거럼 1짐

◎乾苗가 제법 많이 났음[約 18日間 걸임][260)]

前 *아리뒷골 便에서 풀1짐 빔

后 *풀 1짐 빔

◎풀 14짐 빔[261)]

4/17 晴 식전 *논에 둘러옴

前 *풀 1짐 빔

后 *풀 1짐 빔(풀 16짐)

4/18[5/21] 晴

*今日이 小滿임[262)]

*몸이 不平함으로 일을 못하고

午前 *풀 半짐 可量 비 놓고[아릿뒤골][263)]

后 *腹痛으로 일을 못함

---

260) 건모(乾苗) 제법 많이 났음. 건모 씨앗을 붓고 약 18일이 걸렸다는 것이다.

261) 지금까지 숨기풀 14짐을 베었다는 것이다.

262) 이 마을에서는 "소만(5월 21일경)에 마른 풀짐이 나온다."라는 말이 전승되었다. '풀짐'은 논에 밑거름으로 주는 '숨기풀'의 마른 것이다.

263) '아릿뒤골'에 풀 반 짐가량 베어 놓았다는 것이다.

4/19 晴后曇 大端히 무더운 날씨임

*濟州島 蜜蜂‥8合[1升][264]

*今日 식전 닭 1匹 옷(漆)닭함[265]

4/20[5/23] 晴

식전 *精米[粇 13.4 − 1.2 = 12.2][266]

◎白米 小斗 12斗(現在庫 12.2)

*今日 仁甫市場

◎白米 小斗 4斗 卽 20升 賣[267]

*姜大坤氏 宅에서 15升 賣~410환式 = 6,150환 受領[268]

*前借用 彦陽 米商人에게 8,000 返[269]

---

264) 제주도 꿀벌[蜜蜂] 1되[升]를 샀다는 것이다. 그 당시 꿀벌 장사꾼들은 제주도에서 온 꿀벌 장사꾼으로 거짓 위장하고 팔러 다니는 경우가 있었다고 한다.

265) 오늘[今日] 식전에 닭 1마리[匹]로 '옷닭(옻닭)'을 하였다는 것이다. 옻닭은 닭 요리의 하나로, 털을 뽑은 닭과 옻나무 껍질 따위를 함께 삶아 요리한 것이다.

266) 나락뒤주에 있는 나락[粇] 13섬 4말 중에서 1섬 2말을 덜어내어 정미(精米)하였다. 이제 12섬 2말이 남았다는 것이다.

267) 백미(白米) 소두(小斗)로 4말[斗], 즉 20되[升]를 팔았다는 것이다.

268) 강대곤(姜大坤) 씨 댁에서 백미 1되에 410환씩 15되[升]를 팔아 6,150환을 수령(受領)하였다는 것이다.

⋆白米 5升 410 = 2,050[270)]

⋆實果 180

⋆고기 550

⋆酒 200

⋆메러치 100

⋆今日 借用金 1,000환

◎相基 明日 出征하는데 2,000[271)]

⋆妻 送別 次 갔음

⋆殘 2,150

4/21 晴 식전 ⋆복통으로 休息

◎祖父任 入祭日

前 ⋆논에 둘러서 正午 무렵에 入口 가서 相基 送別하고 옴

后 ⋆도라와서 돌 5짐 짐[담칠돌][272)]

---

269) 언양 쌀 상인(商人)에게 차용(借用)하였던 8,000환을 갚았다[返濟]는 것이다.

270) 백미(白米) 1되에 410환씩 5되[升]를 팔아 2,050환을 받았다는 것이다.

271) 처남 상기(相基)가 명일(明日) 출정(出征)하는데 노자로 2,000환을 주었다는 것이다.

272) 처남 상기(相基)의 출정을 송별(送別)하러 갔다가 돌아와서 '담칠돌' 5짐을 지었다는 것이다. 담칠돌은 울담을 둘러서 세우거나 쌓는 돌이다.

4/22 晴 식전 *울 撤去[273)]

前 *담 基礎 짬[274)]

后 *조금 침

*肥料 代 5,280

4/23[5/26] 晴

식전 *흙 5짐 짐

前后 *몸이 大端히 앞허서도 담을 침[275)]

---

273) '울(울타리: 풀이나 나무 따위를 얽거나 엮어서 담 대신에 경계를 지어 막는 물건)'을 철거하고 그 자리에 돌담 기초를 짰다는 것이다. 이 마을 사람들은 울타리를 만드는 데 쓰는 섶나무를 '울섶'이라고 하였다. 울섶은 '돌밤나무(바위산 따위에 붙어 자라는 밤나무)'가 좋았다. 돌밤나무는 습기에 강하였기 때문이다. 보통 음력 9월 초순에 울섶을 채취하였다. 그리고 울섶 단을 차곡차곡 쌓아놓고 무거운 돌멩이를 올려놓았다. 이런 일을 '울섶 잠 재운다'고 하였다. 울타리 자리에 울섶단을 세웠다. 이를 '울섶 꼽는다'고 하였다. 울섶 꼽아 놓은 것에 가로 나무를 댔다. '울띠'라고 하였다. 울띠를 칡넝쿨 따위로 얽어맸다. 울담을 칠 예정이라서 울섶을 철거(撤去)하였다는 것이다.

274) 울담 앉힐 자리를 어느 정도 파내고 돌멩이를 깔았다는 것이다. 이를 '돌 짠다' 또는 '기초(基礎) 놓는다'고 하였다. 돌 한 '돌금[層]' 놓았다. 이를 돌로 '돌금 친다'고 하였다. 다시 그 위에 흙과 볏짚 이긴 것으로 한 돌금 쳤다. 이렇게 돌과 흙 이긴 것을 번갈아가면서 돌금을 쳤다.

275) 몸이 대단(大端)히 아파도 담을 쳤다는 말이다.

◎8割 可量

4/24[5/27] 雨

前 ⋆비가 옴으로 乾苗강 집 덮흔 것 벼낌[276)]

后 腹痛이 大端히 甚함

⋆머리房 再새함[徐兄 1日 半 놉한 셈][277)]

4/25 晴 식전 ⋆精米 12.2 − 6 = 11.6[278)]

◎白米 小斗 6斗 賣[25升][279)]

⋆仁甫市場 410환式~10,250환[借用 4,000환 返][280)]

◎白紙~3卷 540[281)]

---

276) 비가 오므로 건모(乾苗) '못강(못자리)'에 짚 덮은 것을 벗겼다는 말이다.

277) '머리방(머리房)' 재새[再새]하였는데, 서형(徐兄)이 1일 반 놉으로 일한 셈이라는 말이다. '재새'는 흙을 발랐다는 것이다.

278) 나락두지에 나락 12섬 2말 중에서 6말을 정미(精米)하였더니 지금 11섬 6말이 남았다는 말이다.

279) 백미(白米) 소두(小斗)로 6말[斗]을 팔았다는 것이다. 소두 1말은 4되 2홉이고, 대두 한 말은 8되 4홉이다. 그러니 소두 6말은 25되[升]가 되는 것이다.

280) 인보시장(仁甫市場)에서 1되에 410환씩[式] 25되를 팔아 10,250환을 받았다. 그리고 차용(借用)했던 돈 4,000환을 갚았다[返濟]는 것이다.

281) 백지(白紙) 3권(卷)을 540환에 샀다. 백지는 머릿방을 바르는 데 쓸 것이다.

*비누 50

*고기·-100

*雪糖~140

*파리약~200

*진수 신~150[282]

*其他 20

4/26[5/29] 晴

식전 *上里 가서 肥料 受領 해옴(硫安) 無償[283]

前 *창건너 논에 풀 깔고 옴

后 *上里 李氏(응용) 問喪 300환

*도라와서 담 용마람 1卷 텀[284]

4/27[5/30] 晴

식전 *仁甫 肥料 受領해옴[本人은 加里 1俵 尿素~重過石지고 옴]

---

282) 진수가 신을 신발을 150환에 샀다는 것이다. 진수는 김홍섭 어르신의 세 번째 딸 이름이다.

283) 상리(上里, 상삼정리)에 가서 유안(硫安) 비료를 무상(無償)으로 수령(受領)해 왔다는 것이다.

284) (문상하고) 돌아와서 울담 용마람을 1'마람(마름)' 틀었다는 말이다.

285) 풀 베러 갔다가 몸이 아파서 2아람 베어 가지고 내려왔다는 말이다. 이때의 풀은 '숨기풀'이다. 숨기풀이란 볏모를 심을 논에 거름으로 주는 나뭇잎이나 풀이다.

前 ⋆풀 비러 갔다가 몸이 앞아서 2아람 비 가지고 내리옴[285]

◎머리房 初장판 2回채 바림[286]

后 ⋆머리房 마자 바리고 풀 半짐 可量 비움[287]

4/28[5/31] 晴

식전 ⋆담 이길 흙 2짐 짐

前 ⋆慶州藥業社에 藥 지울려고 감[288]

⋆車費 500

⋆大東藥局~1,000(調製)

⋆경주약업소 반비목사이드 1,800(100T)

⋆이드린~100T

⋆藥房 3가지~3,850[289]

⋆재트리 200[290] 기타 100 + 500

后 ⋆歸家해서 창건너 못(池) 물대고

286) 머릿방 초장판 2회째 발랐다는 말이다.

287) 머릿방을 마저 바르고 풀 반(半) 짐가량(可量) 베어왔다는 말이다. 이때의 '풀'은 '숨기풀'이다.

288) 경주약업사(慶州藥業社)에 약(藥) 지으려고 갔다는 말이다. 경주약업사는 경주에 있는 대동약국(大東藥局)이다.

289) 약방(藥房)에서 산 3가지 약값이 3,850환이라는 것이다.

290) '재트리(재떨이)' 200환.

◎창건너 苗강 追肥[3斗 모강][291]

*平 2升로서 3合 可量 남굼[292]

4/29[6/1] 晴后曇夜間雨[苦待하든 비任][293]

前 *담이기 놓고 몸이 疲困하여 休息하고

*삽작 서장나무 3 비옴[294]

*(울)담 덮흠

后 *黃南植 20,000 入金[利子 10,000환에 對한 것만 받고 300환 치움][295]

◎풀 1짐 빔[풀 18짐]

---

291) 창건너 논 '못강(못자리)'에 추비(追肥)하였다는 것이다. 창건너 논은 서마지기 논이다. '3두[斗] 모강'은 창건너 서마지기 논에 심을 '못강(못자리)'이라는 말이다.

292) 추비(追肥)로 화학비료를 평으로 2되[升] 정도를 주고 3홉[合]가량(可量)은 남겼다는 것이다.

293) 맑은 후에 구름이 끼었고 야간(夜間)에는 고대하던 비가 왔다는 것이다.

294) '삽작문(사립문)'의 '서장나무' 3개 베어왔다는 말이다. 서장나무는 삽작문에 가로로 대는 4개의 나무다.

295) 황남식(黃南植) 씨가 20,000환을 입금(入金)하였다. 이자(利子) 10,000환에 대한 것만 받고 300환은 치웠다는 것이다. 300환을 치웠다는 것은 받지 않았다는 말이다. 그 당시 1년 이자는 5할이었다.

5월

울주 김홍섭 어르신 일기의
주석(註釋)과 해설

5/1[6/2] 雨

식전 *논에 둘러 옴

前 *休息하다가 새끼 조금 꿈[296)]

◎누에 막잠 자고 밥 받음[297)]

296) 휴식하고 나서 새끼를 조금 꼬았다는 것이다.

297) 누에는 다 자랄 때까지 모두 네 번 자는데 잘 때마다 껍질을 벗으며 뽕을 먹지 않는다. 첫 번째 잠을 '초참' 또는 '애기잠'이라고 한다. 두 번째 잠을 '두불잠', 세 번째 잠을 '세불잠', 그리고 네 번째 잠을 '네불잠' 또는 '막잠'이라고 한다. 누에가 막잠을 자고 나서 밥을 받았다는 것은 누에가 먹을 뽕잎을 주었다는 것이다. 이 마을 사람들은 누에채반(누에를 치는 데 쓰는 채반)을 '누에잠배기'라고 하였다. 싸리나 대나무 따위로 엮어서 긴 네모꼴로 만든다.

298) '쓰래(써레)' 1개(個)를 매입(買入)하였다. '台機(태기)'는 울주군 언양읍 태기리라는 말이다. 그 마을에는 써레를 만들어 파는 사람이 살고 있었다. 김홍섭 어르신은 그 사람에게 '쓰래(써레)' 하나를 샀다.

后 *쉬여서 소 먹여서 옴

◎쓰래 1個 買入(台機)[298] [도1-6] 써레

*月山宅 일꾼으로부터 1,000환[殘 500환][299]

5/2 曇 午後 細雨

*소구리 1枚 始作함[300] [도1-7] 소구리

前 *肥料 가림[301]

后 *肥料 갈러놓고 풀 1짐 비서 창건너 갔다 놓고 옴[302]

◎白米 3升 420~1,260[303]

*보리쌀 3升 350 = 1,050

---

299) 월산댁(月山宅) 일꾼으로부터 1,000환을 받았다. 나머지[殘]는 500환이다. 김홍섭 어르신은 이 마을 일꾼들과 친분이 두터웠다. 이 마을 일꾼들은 김홍섭 어르신에게 있어 농사일을 가르쳐주는 선생이나 다름없었기 때문이었다.

300) '소구리(소쿠리)' 1매[枚] 만들기를 시작하였다는 것이다.

301) 비료(肥料) 가름이라는 말이다.

302) 비료(肥料) 갈라다놓고 풀 1짐 베어서 창건너 논에 갖다 놓고 왔다는 것이다. 이때의 풀은 '숨기풀'이다. 숨기풀은 '숨다[植]'와 풀로 이루어진 말이다. 동해안 쪽 사람들은 '심다'를 '숨다'라고 발화하는 경우가 많으니, 숨기풀은 모를 심을 때 주는 논 거름풀이라는 말이다.

303) 백미(白米) 1되에 420환씩 해서 3되[升]를 팔아 1,260환을 받았다는 것이다.

[도1-6] 쓰래(써레)

써레는 논바닥을 고르는 도구다. 김홍섭 어르신은 써레를 만들 줄 몰랐다. 울주군 언양읍 태기리에는 써레 만드는 소문난 기술자가 살고 있었다. 1962년 음력 5월 1일, 김홍섭 어르신은 좋은 써레로 논을 써릴 욕심으로 이웃 마을까지 가서 매입(買入)하였다. 1962년 음력 6월 16일, 김홍섭 어르신은 '쓰래(써레)' 값으로 전에 지불한 100원에 더해 50원을 지불하였다. 그 당시 써레 값은 150원이었던 모양이다.

써레

이것은 경북 의성군 단촌면 장림2리 김복남 씨(1933년생, 남)가 쓰던 것이다. 김 씨는 이것을 의성문화원에 기증하였다. 써레 몸통은 '공이(옹이)'가 많이 박힌 소나무 토막이다. 이를 '써레밑'이라고 하였다(직경 8.3㎝, 길이 102.0㎝). 써레밑 전면 좌우에 구멍을 뚫었다. 여기에 막대기를 끼웠다(길이 86.0㎝). 이를 '날장'이라고 한다. 날장에 멍엣줄을 묶었다. 그리고 써레밑 아래쪽에 8개의 써렛발을 박았다(길이 25.0㎝). 몸통 위에 기둥을 세웠다(길이 46.5㎝). 기둥에 소나무 손잡이를 붙였다(직경 4.0㎝, 길이 80.0㎝).

[도1-7] 소구리

1962년 음력 5월 2일, 김홍섭 어르신은 '소구리(소쿠리)' 하나를 만들기 시작하였다. 소구리는 퇴비 따위를 담아 나르는 그릇이다. 김홍섭 어르신은 소구리 만들기를 이 마을에 머슴살이하러 온 심 씨에게 배웠다. 김홍섭 어르신의 기억 속에서, 심 씨는 마음씨가 곱고, 정직하고, 의리가 있고, 정직한 사람이었다. 그리고 심 씨 일꾼은 김홍섭 어르신의 농사일 선생이었다. 김홍섭 어르신에게 소구리 만드는 방법도 가르쳐주었으니 말이다. 소구리 테는 속소리나무나 다래나무로 만들 것, 퇴비를 많이 담을 수 있게 소구리 엉덩이가 툭 튀어나오게 만들 것 등 많은 것을 가르쳐 주었다.

소구리
소구리는 퇴비 따위를 담아 나르는 도구다. 이것은 경북 의성군 단촌면 관덕3리 이복규 씨(1939년생, 남)가 쓰던 것이다(가로 62.0㎝, 세로 47.0㎝, 높이 23.0㎝).

*고기 200

*성냥 60환

*담배 50

*紙物 代~840환[304]

*1,150[305]

5/3 晴 식전 *막거불 좀 비 옴[306]

前 *풀 1짐

*尙秀 貯金 50환[307]

后 *풀 1짐

◎고추苗 施肥함

5/4[6/5] 晴 *斗東面事務所 出頭 住民居住表 整理 終日

后 *늦게 歸家함

---

304) 머릿방 벽에 바를 지물(紙物) 대금(代金)으로 840환을 지불하였다는 것이다.

305) 1,150환은 고기(200환), 성냥(60환), 담배(50환), 지물(紙物, 840환) 대금 합계이다.

306) 막거불은 '막거풀'이라고도 한다. 막거불(막거풀) 1짐을 베어왔다는 것이다. 막거불은 소 밟히기 잡초임과 동시에 퇴비 생산 목적의 잡초이다.

307) 상수(尙秀) 저금(貯金) 돈 50환을 주었다는 것이다. '상수'는 김홍섭 어르신의 큰아들 이름이다.

◎肥料 발이 남[창][308]

5/5 晴 芒種 端午節

식전 *막거불 1짐 함

前 *肥料 찾어옴[斗東][309]

后 *풀 조금 비고 창건너 논에 풀 1짐 져다 놓고 옴

◎德巨里 보리 비기 始作(開始)[310]

5/6 曇后雨(소낙비)

前 *德巨里 보리 빔

后 *쉬여서 新畓 苗강 肥料(3斗只) 施肥(高斗 1升 弱)

5/7 曇 식전 *精米[11.6 − 4强 = 11.2[311]]

*兪宗植氏 初喪

前 *仁甫市場

---

308) 비료를 준 효과가 났다는 것이다. '창'은 창건너 논이다. 음력 4월 28일 창건너 '못강(못자리)'에 추비(追肥)하였었다.

309) 두동면(斗東面) 소재지에 가서 비료(肥料)를 찾아왔다는 것이다.

310) 덕거리(德巨里) 밭에서 보리 베기를 시작[開始]하였다. '망종 보리'라는 말이 전승되었다. 보리를 늦게 베면 목이 떨어져 성가시게 구는 경우가 많았다. 덜 익은 보리라도 베어내어 말리는 것이 좋았다.

311) 나락두지의 나락 11섬 6말 중에서 4말을 정미(精米)하였으니 지금 11섬 2말이 남았다는 말이다.

◎백미 17升~7,055[312)]

*前借 6,000 返[313)]

*殘 1,050환

◎고기 350

*조개~50

*미역~140

*적쇠 100[314)]

*其他 20

*란닝구 3枚 550환[315)](합계 1,210)

*本人 것 300 外上

◎肥料 12斗只(硫~46K+10.3K, 重過~21.6K, 요소 11.3)

5/8[6/9] 曇

식전 *막거불 1짐 빔

前 *斗西 仁甫 南中里 獸醫師任 오신다기에 注射 맞추러 갔다가 相面 못하고 漢藥 嘈잡증에 對한 약 10첩 3,000환

---

312) 백미 17되[升]를 팔아 7,055환을 받았다는 것이다.

313) 전에 차용[前借]하였던 6,000환을 반제(返濟)하였다.

314) '적쇠(석쇠)'를 100환에 샀다는 것이다. 적쇠는 고기나 굳은 떡 조각 따위를 굽는 도구다. 네모지거나 둥근 쇠 테두리에 철사나 구리 선 따위로 잘게 그물처럼 엮어 만든다.

315) '란닝구(러닝셔츠)' 3매(枚)를 550환에 샀다는 것이다.

(5日分) 지아 옴[316]

后 *삽작[317] 고침

*德巨里 보리 비기 完了하고 큰밭 밑에부터 비기 始作함[318]

5/9[6/10] 晴

식전 *班肥料 手配[319]

*큰밭 보리 開始[320]

*終日 3人이 큰밭 보리 빔

316) 두서면(斗西面) 인보리(仁甫里) 남중마을[南中里]에 수의사(獸醫師) 님[任]이 오신다기에 주사(注射) 맞히러 갔다가 상면(相面)하지 못하였고, 한약(漢藥) 조잡증(嘈雜症)에 대한 약 10첩 5일분을 3,000환에 지어 왔다는 것이다. 한약은 김홍섭 어르신이 먹을 것이다.

317) '삽작'은 '삽작문(사립문)'이다.

318) '덕거리밭' 보리 베기 완료(完了)하고 '큰밭' 밑에서부터 보리 베기 시작(始作)하였다는 것이다. '덕거리밭'은 양달 밭이니 보리를 먼저 베기 시작하였고, '큰밭'은 반음달 밭이니 나중에 보리를 베었다.

319) 반비료(班肥料) 배급을 받았다[手配]는 것이다. 그 당시 마을에 할당된 비료는 반별로 나누어 가르는 경우가 많았다. 이 마을은 4개 반으로 구성되었다.

320) '큰밭'에서 보리 베기를 개시(開始)하였다는 것이다.

◎1962. 6. 10日을 期해 貨폐 10:1 比率로 交換[321)]

◎昨日 藥代 3,000환 返

5/10[6/11] 晴后曇

식전 *아릿뒷골 便 풀 1짐 비 놓은 것 머리 1斗只에 져다 넣고 옴[322)]

前 *큰밭 보리 비는데 腹痛이 甚해서 苦痛이 大端함

后 *보리 비다가 仁甫協同組合에 가서 집에 돈 舊貨 17,400환 私門中 돈 17,100 計 34,500환 交換해 옴

◎今日은 雨氣가 있드니 다시 개임

---

321) 1962년 6월 10일을 기해 화폐를 10:1 비율(比率)로 교환(交換)하였다는 것이다. 소위 1962년의 화폐개혁이다. 1962년의 화폐개혁은 높은 인플레이션 등으로 침체된 경제를 활성화하기 위해 실시되었다. 환(圜) 표시의 화폐를 원(圓) 표시로 변경(10환→1원)하고 환의 유통과 거래를 금지하였다. 또한 구권과 구권으로 표시된 각종 지급수단을 6월 17일까지 금융기관에 예입하도록 하고 후속조치로 금융기관의 신규예금은 물론 기존예금에 대해서도 봉쇄계정에 동결하도록 하였다.

322) '아릿뒷골' 쪽[便]에서 풀 1짐 베어 놓았던 것을 '머리 1마지기[斗只]'에 져다 놓고 왔다는 것이다. 이때의 풀은 '숨기풀'이다. 숨기풀은 '숨다[植]'와 풀로 이루어진 말이다. 동해안 쪽 사람들은 '심다'를 '숨다'라고 발화하는 경우가 많으니, 숨기풀은 모를 심을 때 주는 논 거름풀이라는 말이다. '머리 1마지기[斗只]'는 고개만당 논 '윗서마지기' 중 머릿도가리 한마지기(200평) 논이다.

5/11[6/12] 曇后 初夜에 비방울 떰[323]

◎O.P注液~40환

前 *本人 혼자서 큰밭 보리 비고 妻는 德巨里밭 보리 거덤[324]

后 *德巨里밭 보리 걷고 동가리 2個[325]

*고개만당에 보리 조금 걷고 동가리 2個 쳐 놓고 옴[326]

*延 2, 3日間 粥을 먹었드니 今日은 조금 腹部가 便함

5/12 曇細雨

식전 ◎精米[11.2 − 9 = 10.3][327]

---

323) 흐림[曇] 후 초야(初夜)에 빗방울 떨어짐.

324) 본인(本人)은 혼자서 '큰밭'의 보리를 베었고, 처(妻)는 덕거리(德巨里) 밭에서 보리를 걷었다는 것이다. 보리를 걷었다는 것은 보리 다발을 묶었다는 것이다. 보리 다발 묶는 것을 '보리매끼'라고 하였다. 보리매끼는 볏짚을 추려내고 물에 적셔두었던 것이다.

325) 덕거리(德巨里) 밭의 보릿단을 걷어 모아 동가리 2개(個)를 만들었다는 것이다.

326) 고개만당 밭의 보리 조금 걷어 단을 묶고 동가리 2개(個)를 쳐 놓고 왔다는 것이다. 고개만당 밭은 '큰밭'이다. 큰밭은 고개만당 논 가까운 데 있다.

327) 나락 11섬 2말 중에서 9말을 정미(精米)하였더니, 지금 나락뒤주에 나락 10섬 3말이 남았다는 것이다.

◎白米 小斗 9斗 强[328)]

◎白米 40환式 1升[329)]

前 ◎仁甫市場

⋆洋말(夏) 1足 本人 것 700환 卽 70환[330)]

⋆메러치~10환

⋆당원 3원

⋆揮發油~10환

⋆미수가리 10원[製粉][331)]

後 ⋆上里에서 도라 와서 큰밭 보리 비기 完了

328) 정미(精米)하였더니 백미(白米) 소두(小斗) 9말[斗]이 넉넉하였다[强]는 것이다.

329) 백미(白米) 1되에 40환씩 1되[升]를 팔았다는 것이다. 40환은 40원의 오기인 듯하다. 6월 10일(음력 5월 9일), 화폐가 '환'에서 '원'으로 개혁되었기 때문이다.

330) 여름 양말 본인 것을 화폐개혁(1962년 6월 10일) 이전 값으로는 700환, 현재 값으로는 70원에 샀다는 것이다.

331) '미수가리(미숫가루)'를 10원 주고 제분(製粉)하였다는 것이다.

5/13[6/14] 曇 午前은 大端히 무더운 날씨였음

前 *尙秀와 本人 妻 3人이 新畓 보리 비고 큰밭 보리 조금 걷고 옴[332]

后 *本人은 上里 갔다 늦게 오고 尙秀 母子 큰밭 보리 걷기 完了한 셈

◎큰밭 보리 3日間 刈[333]

*上里 洪相祚氏에게 "胃밍" 購入해 달라고 300환 新貨 막임[334]

5/14[6/15] 曇夕時晴[335]

식전 *보리 가려놓고 上里 올라가서 일봄

*終日 일 보고 옴[336]

---

332) 상수(尙秀), 본인(本人), 처(妻), 3명[人]이 '새논[新畓]'의 논보리를 베고, 큰밭의 밭보리를 조금 걷어 왔다는 것이다. 상수는 김홍섭 어르신의 큰아들이다. 걷었다는 것은 보릿단을 묶었다는 것이다. 새논은 모두 3마지기이다. 그중 2마지기는 '보리논'이고 1마지기는 무논이었다. 무논을 '민가리논'이라고 하였다.

333) 큰밭 보리를 3일간(日間) 베었다[刈]는 것이다.

334) 상리(上里) 홍상조(洪相祚) 씨에게 위장약 '위밍'을 사다[購入] 달라고 300환 신화(新貨)를 맡겼다. 상리는 이웃 두동면 상삼정리다.

335) 흐렸는데[曇] 저녁때[夕時]는 맑았다[晴]는 것이다.

336) 종일(終日) 문중(門中) 일을 보고 왔다는 것이다.

午後 *妻 고개만당 보리 조금 남은 것 걷고 밀 빔[337)]

◎賻儀 500환(新貨)

◎金鍾根 30환 貸與해 줌

5/15 晴 식전 *뒷골 무룩메 半짐 빔[338)]

前 *창건너 苗강 稷 及 雜草 除去함[339)]

后 *밀 비기 完了하고 新畓 보리 걷음

*밀 尙秀 1짐

*보리(本人 1짐, 尙秀 1짐)

*妻와 尙秀는 밀 빔(今日 빔)

5/16[6/17] 晴

식전 *풀 1짐 져다 놓고 옴

前 *彦陽 가서 噴霧器 펌푸 鎔接하고

---

337) 처(妻)는 고개만당 곧 '큰밭' 보리 조금 남은 것을 걷고, 또 밀[小麥]을 베었다는 것이다. 보리를 걷었다는 것은 보릿단을 걷어 묶었다는 것이다.

338) '뒷골'에서 '무룩메' 반 짐을 베었다는 것이다. 무룩메는 음지에서 자라는 1년생의 잡초로 '음달풀'이라고도 하였다. 숨기풀을 깔아준 위에 띄엄띄엄 무룩메를 깔아주었다. 무룩메는 음지에서 자란 풀이라서 비교적 잘 썩었고 숨기풀을 썩게 만드는 촉진제 구실을 하였다.

339) 창건너 '못강(苗강, 못자리)'에서 피[稷]와 잡초(雜草)를 뽑았다[除去]는 것이다.

*"워밍"~十二指腸藥과 花蛇 原素 사옴

*今日 藥代(花蛇 原素 100T~290원, 十二脂腸藥~ 40T~55원)

*米商人 借用 220원(支佛~20원, 午料 其他 7원)

◎妻 鍾根 苗 심움

◎尙秀 小麥 걷음[340)]

◎歸家하며 各 2짐式 짐[341)]

*本人 持參金 155원 + 借用金 220 = 375

※今日도 大端히 무더웠으나 비는 오지 않음

5/17[6/18] 曇 바람이 굉장히 새개 붐[342)]

식전 *거럼 1짐 져다 놓고 밀 한 짐 지고 옴

前 *창건너 苗강에 農藥(메다시톡스)[343)] 撒布함

*徐炳喆 苗 심움[344)]

---

340) 상수(尙秀)는 밀[小麥]을 걷었다는 것이다. 걷었다는 것은 걷어 묶었다는 것이다.

341) 귀가(歸家)하며 각자(各-) 2짐씩[式] 짐. 이때 2짐은 2단이었던 모양이다.

342) 바람이 굉장히 세게 불었다는 것이다.

343) 농약 '메다시톡스'를 말한다. 이 농약의 원산지는 독일이다. 진딧물 등 여러 가지 살충제(殺蟲劑)로 인기가 높았다.

◎올 때 밀 1짐 지고 옴

*仁甫市場 出

*메러치~100

*우물 더레박 줄 3발 240환[345)]

*까지메기~100[346)]

*과자 10

*집에서 持參金 120 - 45원 = 75殘

后 *밀 마자 걷고 1짐 지고 옴

*日暮 後 보리 1짐

*올밀(早熟小麥) 計 밀 6짐과 尙秀 3짐

6/19[5/18] 晴

식전 *풀(막거불) 2짐 져다 놓고 보리 1짐 지고 옴

344) 처[妻]는 서병철(徐炳喆) 씨네 모[苗]를 심었다는 것이다. 김홍섭 어르신은 써레질이 서툴렀지만, 서 씨는 써레질이 능숙하였다. 처가 서 씨네 모심기를 1일 해주면 서 씨가 김홍섭 어르신네 논을 반나절 써리는 것으로 노동 교환하는 경우가 많았다.

345) 우물 '더레박줄(두레박줄)' 3발을 240환에 샀다는 것이다.

346) '까지메기(가자미)'를 100원에 샀다.

前　*머리도가리 풀 까러서 거시림[347]

*腹痛이 甚하여 겨우 마쳐놓고 일찍 내려옴

*妻 金石道 집 苗 심움

后　*2斗只도가리 거시림[풀 넣어서][348]

*石油 4合 11원(110환)

5/19 曇　正午부터 비任이 몇 방울 나림

식전　*거럼 1짐 져다놓고 밀 조금 걷어 지고 옴

*김화석 苗 심움

前　*창건너 基肥(調合肥料 平 9升 + 鹽安 平 8升 = 17升)으로서 3斗只 苗강 及 6斗只 苗강 한 도가리 外 민가리[349] 다 쳐놓고 밀 조금 걷어 지고 옴

---

347) 머리도가리에 풀 깔아서 거시렸다. '머리도가리'는 고개만당 논 윗서마지기 중 맨 위쪽에 있는 '도가리(논배미)'다. 달리 '한마지기'라고도 한다. '풀'은 '숨기풀'이다. 숨기풀은 '숨다[植]'와 풀로 이루어진 말이다. 동해안 쪽 사람들은 '심다'를 '숨다'라고 발화하는 경우가 많으니, 숨기풀은 모를 심을 때 주는 논 거름풀이다. '거시린다'는 것은 두 번째 논갈이를 이르는 말이다. 거시릴 때는 보통 논밭에 물을 받아놓지만, 김홍섭 어르신은 물을 받아놓지 않고 고개만당을 거시린 셈이다.

348) 2마지기[斗只]에 숨기풀을 넣고 거시렸다는 것이다. 2마지기 '도가리(논배미)'는 고개만당 윗서마지기 중 '외도가리'다. 물을 받는 '도가리(논배미)'이기도 하다.

349) '민가리'는 보리를 갈 수 없는 무논이다.

后 *前葉의 繰越[350]

*밥을 조금 먹었드니 腹痛보다 가슴이 쓰리고 아파서 밀 설거지(집안) 해 놓고 苦痛이 甚함

*休息

*午後부터 비가 제법 많이 옴

5/20[6/21] 曇后晴后曇[351]

식전 *놉 하러 갔다가 休息

*徐炳喆氏 함[352]

前 *本人은 苦痛을 참고 논두룸 깍고 몸이(속이) 알아서 일 못 함

*徐兄은 新畓 밑 내상구 다 갈고 머리 2도가리 논두룸 띠 놓고 點心 먹음[353]

---

350) 앞 장[前葉]에서 넘어왔다[繰越]는 것이다. 일기와는 무관한 내용이다.

351) 흐리고 나서 맑았다가 다시 흐렸다는 것이다.

352) 놉을 빌리러 갔다가 휴식(休息)하였는데, 놉은 서병철(徐炳喆) 씨로 결정되었다는 것이다.

353) 서형(徐兄)은 '새논[新畓]' 밑내상구를 다 갈고 고개만당 논 윗서마지기 중 '윗머릿도가리'와 '외도가리'의 '논두룸(논두렁)'을 띠 놓고 점심을 먹었다는 것이다. '논두룸 띤다'는 것은, '훌칭이(극젱이)'로 논을 갈면서 논두렁을 20㎝ 정도 떼어내는 것을 말한다. 논두렁을 띠고 나서 논에 물을 받고 훌칭이로 논두렁을 12번 정도 오가면서 논흙을 풀었다.

后 *머리도가리 (2도가리) 가러 놓고 위 1斗只 두룸 띠 놓고 쉬여서 참 먹고 창건너 큰도가리 2도가리 다 물가리함[354)]

※ 今日 고기반찬

*칼치포~320 外上[355)]

*메러치~100

*담배 50

*本人 이짐약~400[356)]

*貞玉 〃 ~200[357)]

*총액 1,070[358)]

이를 '논두렁 흘긴다'고 했다. 논두렁 흘긴 논흙을 삽으로 뜨면서 차곡차곡 논두렁에 붙였다. 이런 일을 '끌어댄다'고 했다.

354) 고개만당 논 윗서마지기 2도가리('윗머릿도가리'와 '외도가리') 논을 갈면서 '두룸(둑)' 띠 놓고 쉬고 나서 참 먹고 창건너 '큰도가리'를 비롯한 2개의 '도가리(논배미)'를 물갈이하였다는 것이다. '물갈이'는 논에 물을 대고 훌칭이로 논을 가는 일이다.

355) '칼치(갈치)' 포(脯) 320원어치를 외상(外上)에 샀다는 것이다.

356) 본인(本人) '이짐약(이질약)'을 400원에 샀다는 것이다.

357) 정옥(貞玉)이 먹을 이질약을 200원에 샀다는 것이다. 정옥은 김홍섭 어르신의 둘째 딸 이름이다.

358) 갈치포(320), 멸치(100), 담배(50), 본인 이질약(400), 정옥 이질약(200)을 합친 금액이다.

※新畓 苗강에(3斗只) 鹽安 平1升 增肥함

5/21[6/22] 曇 夏至

⋆놉 5人(이영우 2, 金鍾根 ①, 班田宅 ①, 黃南植 1)

⋆內譯[생놉 3[359], 품아시 2[360], 未收놉 金石道 1[361]]

※일찍 다 심움(첫참)

◎참 먹고 와서 고추 苗밭 메고

◈고구마 6고랑 심움

⋆苗강 基肥(調合 1升半 + 配合 7合 可量 침)

◎밥쌀 朝 2升 + 晝 2升 半 = 4升 半[362]

5/22[6/23] 曇后晴日夕晴曇初夜에 雨

식전 ⋆今日은 胃腸이 좀 덜 했음

---

359) 생놉(품삯과 음식을 받고 일을 하는 품팔이 일꾼)이 3일(이영우 2일, 黃南植 1일)이라는 것이다.

360) '품아시(품앗이, 노동 교환 일꾼)'가 2일(金鍾根 1일, 班田宅 1일)이라는 것이다.

361) 일은 해주었지만 그 값을 받지 않은, 곧 미수(未收)의 놉 1일(金石道 1일)이라는 것이다.

362) 모심기 때 들어간 밥쌀은 아침[朝]에 2되[升], 낮[晝]에 2되 반, 합하여 4되 반이 들었다는 것이다.

*德巨里 껄깨[참깨][363] 갈고 콩기름콩 감[364]

前 *고구마 移植해 놓은데 보리집 져다 덮고 큰밭에 껄 부침[365]

*仁甫市場

◎白米 6升 半[升當 43원 = 275원 35錢][366]

---

363) '덕거리(德巨里)'는 밭 이름이다. '껄깨'는 보리그루밭에 파종하는 참깨다. 보리그루밭을 '끌' 또는 '껄'이라고 하였다. 그리고 보리그루밭에 여름농사를 짓는 일을 '끌 붙인다' 또는 '껄 붙인다'고 하였다. 참깨는 원래 소만(5월 21일경) 무렵에 파종하였다. 소만은 보리를 베어내기 훨씬 이전이었다. 그러면 참깨를 파종할 목적으로 겨울농사를 짓지 않았다. 그런 밭을 '민갈이밭'이라고 하였다. 민갈이밭은 '끌밭' 또는 '껄밭'의 반대말인 셈이었다. 민갈이밭의 참깨 파종은 다음과 같았다. 괭이로 골을 냈다. 골과 골 간격은 30~40㎝ 정도였다. 이런 일을 '골 질른다'고 하였다. 골에 참깨 씨앗을 뿌렸다. 빗자루로 쓸어주며 참깨 씨앗을 묻었다. 그리고 추분(9월 23일) 무렵에 거두어들였다. 참깨 생장기간은 120일이 되는 셈이었다. 그러나 그 무렵(1962년) 참깨 신품종이 보급되었다. 참깨 신품종 생장기간은 90일 정도였다. 보리그루밭에 파종할 수 있게 되었다. 참깨 신품종 파종은 다음과 같았다. 참깨 씨앗을 보리그루밭에 흩뿌리고 나서 쟁기로 보리그루밭을 갈면서 참깨 신품종을 묻어주는 것이었다. 그래서 참깨 신품종을 보리그루밭에 파종하는 깨라고 하여 '껄깨'라고 하였던 것이다.

*前借 280圓 中 220圓 除 殘 卽 280圓

◎고기 10圓

*尙秀 靴 37圓[367]

*박산 2圓[368]

---

364) '콩기름콩'은 나물콩이라는 말이다. 콩기름콩을 비롯한 모든 콩은 보리그루밭에 파종하였다. 보리그루밭에 파종하는 일을 '끌 붙인다'고 하였다. 보리그루밭은 '보릿골(보리를 심었던 골)'과 '놀골(보리를 심지 않았던 골)'로 구성되었다. 훌칭이로 놀골을 얕게 갈았다. 부인네는 콩 씨앗을 담은 바가지를 들고 훌칭이를 따라가면서 골에 콩 씨앗을 흩었다. 훌칭이는 놀골 한쪽을 따라 되돌아오면서 콩 씨앗을 묻어주었다.

365) 고구마 이식해 놓은 데 보릿짚 덮고 나서 '큰밭'에 '껄'을 붙였다는 것이다. 고구마는 덕거리 밭(3마지기) 중에서 비교적 습기가 많은 '마전밭' 이외의 밭에 심었다. '껄'을 붙였다는 것은 보리그루밭에 여름 농사를 지었다는 것이다. 큰밭은 10마지기 밭인데, 모두 콩을 파종하였을 가능성이 높다.

366) 백미(白米) 6되[升] 반(半)을 1되당[升當] 43원씩 275원이 되었는데, 35원은 남았다[殘]는 것이다.

367) 상수(尙秀) 신[靴]을 37원[圓] 주고 샀다. 상수는 김홍섭 어르신의 큰아들 이름이다.

368) '박산'은 튀밥이다. 2원을 주고 튀밥을 만들었다는 것이다.

*49圓 支出[369]

后 *쉬여서 껄 부치러 가서 일은 조금 했으나 가슴이 쓰리고 아파서 일을 제대로 못하고 옴[全作의 5분의 3 可量, 即 6割 强 부침][370]

5/23[6/24] 曇

식전 *고개만당 큰밭 콩 마자 감

*늦게까지 해서 겨우 맞치 놓고 들깨도 몇 고랑 今日 播種함

前 *本人은 고개만당 新畓 위 1斗只 及 물질긴도가리 耕地해놓고 고구마 被覆해 놓은 것 마자 배낌[371]

后 *보리 짐(큰밭) 3짐

5/24[6/25] *妻 고추苗 移植하고[372]

---

369) 상수 신(37원), 박산(20원)을 합쳐 49원(圓)을 지출하였다는 것이다.

370) 전작(全作) 중에서 5분의 3가량(可量), 즉 6할(割) 남짓[强] 파종하였다는 것이다.

371) 본인(本人)은 고개만당 쪽에 있는 '새논[新畓]' 위 1마지기[1斗只] 및 '물질긴도가리' 경지(耕地)해 놓고 고구마 덮었던 것[被覆] 마저 벗겼다는 것이다. '새논' 1마지기는 '밥먹는도가리'이고, '물질긴도가리'는 물이 잘 빠지지 않는 35평 정도의 '새논'에 있는 논바닥이다.

372) 하지 무렵 나락 모심기 하고 나서 두둑에 15㎝ 간격으로 고추모를 심었다.

◈마늘 켐 그리고 밭 멤

◈감자 음5/21(양6/22) 苗 심운 날부터 케서나 알이 제법 굴금[373][今日 2回, 昨日 1回, 21일[374] 1回]

5/25[6/26] 曇 梁山場[375]

*妻 밭 메고 팥(赤豆) 모두림[376]

*本人 勿禁 (和生)病院에 가서 珍察 받고 1週日 分 內服藥 지아 옴[藥代 560원][377]

*車費 45 + 30 = 75 + 午料[378] 其他(75 + 15 = 650원)

*舊貨 6,500환(十二指腸 治療와 蛔蟲藥)

---

373) 감자 음력 5월 21일(양력 6월 22일) 묘 심은 날부터 캤는데 알이 제법 굵다는 것이다.

374) 음력 5월 21일이다.

375) 오늘은 지금의 경남 양산시 물금읍에 서는 '양산장(梁山場)'이라는 것이다.

376) 처(妻)는 밭을 매고 팥[赤豆]을 모두렸다는 것이다. '모두린다'는 것은 팥이 발아하지 않은 드문 자리에 팥 씨앗을 한 방울씩 심었다는 것이다.

377) 본인(本人)은 물금(勿禁) 화생병원(和生病院)에 가서 진찰(診察)받고 1주일(週日)분(分) 내복약(內服藥)을 지어 왔는데 약값[藥代]은 560원이라는 것이다.

378) 오료(午料)는 점심값이다.

◎梁山서 7K 往復 彦陽 10K 廷 24K 出行, 梁山~彦陽 막車 7時半 近 8時에 發車하여 盤谷 오니 9時 21分

5/26[6/27] 晴 大端히 무더운 날씨였음

식전 *거럼 新畓에 1짐 져다 놓고

◎보리 1짐

前 *보리 2짐 져다 가림

后 *수박에 물 肥料 좀 주고

*창건너 6斗只 苗代地 發稗 及 除草하고 보리 1짐 지고 옴[379]

◈2, 3日 前부터 腹痛이 좀 덜함

*늦은 저녁 11時頃 밤 송아지 낳음

5/27 晴 大端히 무더운 날씨였음

식전 *十二脂腸藥 昨日 夜에 먹고 服用함[380](노란 투명한 藥

379) 창건너 논에서 6마지기[斗只]에 심을 못자리[苗垈地]에 피사리[發稗]와 제초(除草)하고 보리 1짐 지고 왔다는 것이다. 여기에서 '6마지기'는 고개만당 논이다. 창건너 논은 '못논'이니 비교적 논물이 넉넉하고, 고개만당 논은 천봉답(天奉畓)이니 논물이 비교적 넉넉하지 못하다. 그래서 고개만당 논에 심을 볏모를 창건너 논 못자리에서 키워내고 있는 중이었다.

380) 십이지장약(十二指腸藥)을 어젯밤[昨日夜]에 먹고 다시 복용(服用)하였다는 것이다.

3個 배자 단추 같은 것)

*藥을 먹은 即 현기증이 大端하여 鎭靜했음

*約 2時間 後 늦은 아침때가 되여서 下濟를 먹고 조금 后 泄瀉가 나길래 뒤를 보니 蛔虫이 1匹 낳옴[381)]

前 *어지럽길레 새끼 꼬아서 우장 1枚 만들고 休息[382)]

后 *창건너 6斗只 苗강 施肥 鹽安 約 高峰 1升 그리고 除草 좀 하다가 시장기가 甚해서 일찍 옴

5/28[6/29] 晴

식전 *막거불 1짐 비 옴[383)]

◎小麥 約 2叺 2斗[6斗式][384)]

381) 약 2시간(時間) 후 늦은 아침때가 되어서 하제(下劑, 설사 나게 하는 약)를 먹고 조금 후 설사(泄瀉)가 나기에 뒤를 보니 회충(蛔蟲) 1마리[匹]가 나왔다는 것이다.

382) 어지럽기에 새끼 꼬아서 우장(雨裝) 1매[枚] 만들고 휴식(休息)하였다는 것이다.

383) '막거불(막거풀)' 1짐을 베어 왔다는 것이다. 막거불은 소 밟히기 잡초임과 동시에 퇴비 생산 목적의 잡초이다.

384) 밀[小麥] 약 2가마니[叺] 2말[斗]인데 1가마니에 6말씩[斗式] 담았다는 것이다.

前　*밀(小麥) 打作함[385)]

后　*妻 梨花宅 苗 심움[386)]

*本人 打作함(밀 거의 完了)

◎메러치 10원

*공책 其他 3원

*13원[即 舊貨 130환][387)]

5/29[6/30] 晴

식전　*큰밭 보리 2짐 짐

前　* 〃　〃　2짐 짐

后　*밀집 가리 놓고 몸이(배가) 아파서 휴식 后 보리 2짐 짐 [今日 6짐][388)]

---

385) '밀[小麥]'을 타작(打作)하였다는 것이다. 밀은 비교적 '모가지(모개)'가 약하니 '잘개(자리개, 옭아매거나 묶는 데 쓰는, 짚으로 만든 굵은 줄)'로 타작하였다. 이를 '잘개타작'이라고 한다. 잘개타작할 때 내려치는 돌멩이를 '잘갯돌'이라고 한다.

386) 처[妻]는 이화댁(梨花宅) 논에 모를 심었다는 것이다. 이화댁 논은 봇논이었기에 물이 넉넉한 논이었다.

387) '메러치(멸치, 10원)'와 공책(3원)을 합친 것이 13원이라는 것이다. 13원은 구화(舊貨)로 130환이라는 것이다.

388) '밀집(밀짚)'을 가려 놓고 몸(배)이 아파서 휴식하고 나서 보리 2짐을 지었다는 것이다. 이것으로 오늘[今日] 모두 6짐을 지어 나른 셈이라는

*尙秀 돈 70원[389)]

*재물 [390)]

*學校 2원

*비누 3

*今日 計 7원 昨日 計 13원[391)]

◎물동이 45원~1個 買入[白米 1升로서 삼][392)]

[도1-8] 물동이

*今日 正午 조검 지나서 소낙비 몇 방울 옴

5/30[7/1] 晴

식전 *早起하여 큰밭 보리 2짐 짐

前 *큰밭 보리~2짐 짐 + 德巨里 1짐

것이다. '가려 놓고'의 '가리다'는 곡식이나 땔나무 따위의 단을 차곡차곡 쌓아올려 더미 짓는 일이다.

389) 상수(尙秀)에게 용돈으로 70원을 주었다는 것이다. 상수는 김홍섭 어르신의 큰아들 이름이다.

390) '재물(잿물)' 값이 2원이라는 것이다. 잿물은 서양에서 받아들인 것으로, 빨래하는 데 쓰이는 수산화나트륨을 이르는 말이다.

391) 오늘[今日] 잿물(2원), 학교(學校, 2원), 비누(3원) 합친 값이 7원이고, 어제[昨日] '메러치(10원)', 공책 등(3원) 합친 값이 13원이라는 것이다.

392) 물동이 1개(個)를 백미(白米) 1되[升]를 주고 샀다는 것이다. 그 당시 백미 1되 값은 45원이었다.

[도1-8] 물동이

원초 경제사회 때, 식수(食水) 마련은 여성들의 몫이었다. 원초 경제사회 여성들은 식수 마련에 게으를 겨를이 없었다. 식수는 우물이나 냇가에서 일정한 그릇에 담은 뒤 머리 위에 올려놓고 이어 날랐다. 식수를 이어 나르는 그릇을 물동이라고 하였다.

1962년 음력 5월 29일, 김홍섭 어르신은 물동이 하나를 백미 1되를 주고 샀다. 그 당시 백미 1되 값은 45원이었다. 1962년 음력 9월 19일, 김홍섭 어르신은 함석 물동이 하나를 140원을 주고 샀다. 함석 물동이 값은 옹기 물동이 값보다 무려 3배가 비쌌던 모양이다. 함석 물동이를 '양동이, 양철동이, 함석동이'라고 하였다.

양동이 (1977년 2월 27일, 경남 합천군 합천면 내곡리) 촬영 현용준
아이들이 양동이를 머리에 이고 식수를 운반하고 있다.

后　*德巨里 보리 3짐 짐

*그리고 조개웅덩이에서 고기 한때꺼리 잡었음[393)]

◎妻 보리 打作함[394)]

◎보리는 開始임

*德巨里밭 보리(關取3號)는 마자 텀[395)]

◎夕時부터 바람이 多少 變함

◎어찌며 비가 올 법도 함

◎旱魃이 極甚

---

393) 그리고 '조개웅덩이'에서 물고기 한 땟거리 잡았다는 것이다. '조개웅덩이'는 냇가 모래톱이 있는 곳으로 조개가 비교적 많은 곳이다.

394) 처(妻)는 보리를 타작하였다는 것이다. 씨앗으로 삼을 보리타작이기에 도리깨로 타작하였을 가능성이 높다.

395) '덕거리(德巨里)' 밭 새키토리[關取] 3호(號) 보리를 마저 털었다는 것이다. 보리를 털었다는 것은 도리깨로 타작하였다는 것이다. 새키토리 3호는 일본에서 수입된 보리씨앗이었다. 키는 40㎝ 정도로 작달막하였지만, 보리가 익어가더라도 쉬 쓰러지지 않았다. 작달막하기 때문에 보릿단을 묶더라도 바지게에 담아 지고 다녔고, 자리개질(자리개로 묶어서 타작하는 일) 대신 도리깨로 타작하였다.

6월

울주 김홍섭 어르신 일기의
주석(註釋)과 해설

6/1[7/2] 曇 밤에 비가 몇 방울 나림

前 *보리집 가리고 休息[396]

后 *창건너 苗강 풀 발문[397]

*彦陽市場

*콩나물콩 3升 40 120[398][借用 110 집에 돈 40]

---

396) '보리집(보릿짚)' 가리고 휴식(休息). '가리다'는 곡식이나 땔나무 따위의 단을 차곡차곡 쌓아올려 더미 짓는 일이다.

397) 창건너 '못강[苗강: 못자리논]'에 거름풀을 밟았다는 것이다. 써레로 논 써리고 나서 거름풀을 깔았다. 사람이 작대기 짚고 논 위를 걸어 다니면서 거름풀을 논바닥 속으로 우겨넣었다. 이런 일을 '풀대 밟는다.'고 하였다.

398) '콩나물콩(나물콩)' 1되에 40원씩 3되[升] 값이 120원이라는 것이다.

*합자 1접 1,300[7꼬치 900][399)]

*尙秀 주봉 55

*옹기 30

*고기 10

*요구 5[400)]

*란닝구 15

*雪糖 15

*징기미 5[401)]

6/2[7/3] 晴

식전 *精米[10.3 - 1.1 = 9.2][402)]

*白米 小斗 10斗 强[403)]

399) 합자(蛤子) 1접 값은 1,300원인데, 7꼬치를 900원에 샀다는 것이다. 합자 1접은 100마리다. 한 꼬치에 10마리씩 꽂는다. 10꼬치가 되는 셈이다. 김홍섭 어르신은 7꼬치를 900원에 샀다.

400) '요구'는 '요기(療飢)'이다. 요기는 점심값인 셈이다. 점심값 5원이라는 말이다.

401) '징기미'는 바다에 사는 민물새우 같은 것이다. 달리 '바다징기미'라고도 한다.

402) 나락뒤주에 10섬 3말이 있는데, 오늘 1섬 1말을 정미(精米)하고 나니 9섬 2말이 남았다는 것이다.

403) 백미(白米)가 소두(小斗)로 10말[斗] 남짓[强]이다.

◎白米 17升 賣[升當 代金 45원式~765원 中 10 未收][404]

*各種 外上 返濟(615원)

*담배 – 5원

*其他 1 = 6원 씀

午后 *보리 打作함[보리 진 것 3叺 即 1石 8斗[405]]

*새끼도리 3号(뀌재보리) 4叺 2斗[406]

6/3[7/4] 晴 大端히 무더운 날씨임

식전 *보리집 가리고[407]

前 *本人은 錢邑 問喪갔다 옴(賻儀 40원)

后 *보리 打作함(논에 둘러 옴)

6/4[7/5] 晴 夜細雨 昨日夕에 始作하여 비가 제법 많이 옴(아침까지)

---

404) 백미(白米) 17되[升]를 1되당 45원씩[式] 765원에 팔았는데, 10원을 미수(未收)하였다. 미수하였다는 것은 깎아 주었다는 것이다.

405) 보리를 지고 온 것 3가마니[叺], 즉 1섬[石] 8말[斗]이다.

406) 새끼도리[關取] 3호 '뀌재보리'가 4가마니[叺] 2말[斗]이다. 뀌재보리는 바람에 날려서 쭉정이 등을 날려버리지 않은 보리다.

407) 보리집(보릿짚)을 가렸다는 것이다. '가리다'는 곡식이나 땔나무 따위의 단을 차곡차곡 쌓아올려 더미 짓는 일이다.

식전 *논에 물이 되나 싶허 갔다가 비가 젹게 옴으로 물을 못 잡음[408]

前 *창건너 苗강에 풀 뽀븜

后 *창건너 논에 가서 풀 메고 오다가 九岩宅 兩洞宅 苗 심아주고 옴

*妻 金容宇氏 집 苗 심움[1日][409]

*金應泰 錢別金 50원 줌[410]

◎夜間에 細雨 若干 왔음으로 땅이 촉촉함

6/5[7/6] 曇

식전 *德巨里 고구마 被覆한 것(보리집) 배낌[411]

---

408) 논에 물을 잡을 정도가 되나 싶어 갔다가 비가 적게 오므로 물을 못 잡음. '물을 못 잡음'은 논에 물을 대지 못했다는 말이다.

409) 처(妻)는 김용우(金容宇) 씨 집의 모심기를 1일(日) 하였다는 것이다.

410) 이웃 사람 김응태(金應泰)가 입대(入隊)하는 데 전별금(錢別金) 50원을 주었다는 것이다.

411) 덕거리 밭에 심은 고구마에 보릿짚을 덮어[被覆]두었던 것을 벗겨 내었다는 것이다. 고구마 두둑에 보릿짚을 덮는 것은 고구마 뿌리가 잘 뻗게 하기 위함이다. 이때의 보릿짚은 고구마 고랑에 깔았을 가능성이 높다. 이는 거름 효과를 높이기 위함이다.

*그리고 논에 가서 새논에 숭굴 苗 조금 찜[412]

午前 *時時로 細雨기 조금 나리고 구름이 끼 있기에 乾苗 쩌서 새논 멘위도가리 及 머리 물질긴도가리 숭구고 1斗只도가리 이쪽 便 조금 숭구고 져물게 옴[413]

后 ◎例年 今日까지 即 7月6日까지는 숨기를 完了했는데 今年은 너무 旱魃이 너무 甚해서 큰 苦悶이 됨[414]

6/6[7/7] 晴曇雨[415] 日夕時부터 비任이 온다(제법) 苦待하든 비지만 充分이 오실지?

식전 *苗 찜[416]

---

412) 새논 '못강(못자리)'에 건모를 부었다. 새논에 '숭굴(심을)' 건모[苗]를 조금 쪘다. 건모를 달리 '호미모'라고도 하였다. 호미모 심기는 1구덩이 심을 때 물모는 10구덩이를 심을 만큼 속도가 느렸다. 물모인 경우, "열여덟 살 큰 애기 하루에 한마지기 심는다."라는 말이 전승될 만큼 빨랐다. 건모를 심을 때 한 구덩이에 3~4포기를 심었다.

413) 때때[時時]로 가랑비[細雨]가 조금 내리고 구름이 끼었기에 건모[乾苗] 쪄서 새논 '맨윗도가리'와 머리 '물질긴도가리' 심고 1마지기[斗只] 도가리 이쪽 편 조금 심고 저물어서 왔다는 것이다. '모 찐다'는 것은 모심기를 위하여 모판에서 모를 뽑는다는 것이다.

414) 예년(例年)은 오늘, 곧[即] 양력 7월 6일까지 심기를 완료했는데, 금년(今年)은 너무 한발(旱魃)이 심하여 큰 고민(苦悶)이 된다는 것이다.

415) 날씨가 맑았다가 구름이 끼었다가 비가 온다는 것이다.

416) 볏모[苗]를 쪘다는 것이다.

◎놉 朴맹실宅 1日 심움[417]

前 *昨日 심다 남은 1斗只 도가리 심움[其 도가리 7대지기 쯤 심움][418]

后 *機械 契中 白米 냄[45원式][419]

◎밤에 논에 물 휘 넣으려 갈여다 비가 많이 않오므로 가지 않고[420]

*彦陽市場 고기 10원어치 부치서 사옴[金容宇][421]

---

417) 놉 박맹실 댁이 모를 1일[日] 심었다는 것이다.

418) 어제[昨日] 심다 남은 1마지기[斗只] '도가리(논배미)'에 7되지기쯤 심었다는 것이다. 논 1마지기는 200평이니, 140평쯤 건모를 심은 셈이다.

419) 기계계중(機械契中)에 백미를 냈다. 그 당시 백미 1되 값인 45원씩[式] 냈다는 것이다. '기계계(機械契)'의 계원은 모두 5명이었다. 계원들은 공동으로 '족답기(足踏機, 발로 디디는 힘을 동력으로 하여 돌리며 탈곡하는 기계)'와 '풍구(風-)'를 마련하였다.

420) 밤에 논에 물을 휘 넣으려고 가려다 비가 많이 아니 오므로 가지 않았다는 것이다. 여기에서 '물 휘 넣는다'는 것은 도랑물을 막아 논으로 흘러들게 만드는 일이다.

421) 언양시장(彦陽市場)에서 고기 10원어치를 김용우(金容宇)에게 부쳐서 사왔다.

6/7[7/8] 雨

식진 ⋆비기 오므로 논에 가서나 量이 不足하므로 창건너 둘러서 도라옴 時期는 늦어가고 極情이 莫甚함[422]

⋆妻 고추 苗에 肥料 高峰 1升 갔다 주고 옴[423]

◎白米 1升 "40원"

⋆멍텅구리 30원[424]

⋆석유 1升 25

⋆성냥 7원

⋆합자 10원

⋆메러치 10

---

422) 비가 오므로 논에 갔으나 양(量)이 부족(不足)하므로 '창건너' 둘러서 돌아왔다는 것이다. 모심기 시기(時期)는 늦어가고 걱정[極情]이 막심(莫甚)하다.

423) 처(妻)는 고추 모[苗]에 비료(肥料) 고봉(高峰) 1되[升] 가지고 가서 주고 왔다.

424) '멍텅구리(도치, 도칫과의 바닷물고기)'를 30원에 샀다는 것이다.

425) 상수(尙秀)와 본인(本人)은 '새논[新畓]' 1마지기[斗只] '도가리(논배미)' 어제[昨日] 심다가 남은 것 거의 다 심음. 상수는 김홍섭 어르신의 큰아들 이름이다. 건모를 마른 논에 옮겨 심는 것이다. 물모가 한 방에 볏모 5, 6개를 심는다면, 건모는 한 방에 2, 3개를 심는다. 건모는 가뭄에 잘 견디고 분얼(分蘖)도 잘 되기 때문이다.

前 *尙秀와 本人은 新畓 1斗只 도가리 昨日 심우고 남은 것 그의 다 심움[425]

后 *쉬여서 新畓 上의 나머지 完了하고 其밑 멘머리 다음(이쪽) 도가리 半 可量 심다 옴(今日 3日째 심았음 其中 놉 1人 現在까지)

*今日 3日째 심았음[426]

6/8 曇 식전 *班田宅에서 놉 1人 보내 주마기에 成洞宅에 1사람 朝飯 먹고 와서 1日式 도와주고 감[新畓 今日 4日째][427]

◎斗東中學校 生徒 10名 約 3時間 일 도와주고 감[428]

*2斗只 길밑 조금과 新畓 밥먹는위도가리 3분의 2 可量 물 잡어봄

*워낙 물이 젹어서 제대로 못함

*궁평宅 논에 물 조금 爲用 식히줌[429]

---

426) 오늘[今日]까지 2일째 건모를 심었다는 것이다.

427) 반전댁(班田宅)에서 놉 1인(人) 보내준다기에 성동댁(成洞宅)에 1사람이 조반(朝飯) 먹고 와서 1일씩[日式] 도와주고 갔다는 것이다. '새논[新畓]'에 오늘까지 4일째 건모 심기가 계속되고 있다는 것이다.

428) 두동중학교(斗東中學校) 학생[生徒] 10명(名)이 약 3시간(時間) 일 도와주고 감. 곧 중학생들이 건모를 심어주고 갔다는 것이다.

429) 궁평댁 논의 물 조금 쓰도록[爲用] 시켜줌. 곧 궁평댁 논의 물을 김홍섭 어르신 소유의 '새논'으로 주었다는 것이다.

*今日 맨머리도가리 及 밑내상구 中 큰도가리 10분의 6 可量 심움

6/9 曇 식전 *繼續되든 새날이 삭고 今日 朝前부터는 훈훈한 바람이 붊(구름과 風向은 시마風) 오후부터 비[430]

前 *新畓 崔元浩氏 집압 苗강에 부은 苗찜[28침이][431]

◎뒤쪽의 물고인 뒤두룸 가러서 논두룸 부치고 고라서 심움[432]

*柳春化氏 따님이 와서 도와줌

◎今日 連 5日째[433]

◎点心 時間부터 비바람이 불며 비가 줄기줄기 거새게 나리기 始作함

※큰도가리 옹디 억지로 조금 하다가 멘밑도가리 물 잡음

◎도랑물 利用 좀채 물이 않펴서 日夕時까지 마침

---

430) 계속되던 '새날(샛바람)'이 삭아들고 오늘[今日] 식전[朝前]부터 훈훈한 바람이 붊[구름과 풍향(風向)은 시마풍(동남풍)]. 오후부터 비.

431) '새논[新畓]'에 심으려는 최원호(崔元浩) 씨 집앞 '못강(苗강, 못자리)'에 부은 볏모[苗] 28'침이(모춤, 볏모의 단)'를 쪘다는 것이다.

432) 새논 뒤쪽 물 고인 뒤쪽 '두룸(두렁)'을 훌칭이로 갈아서 '논두룸(논두렁)' 붙이고 흙을 골라서 볏모 심음.

433) 오늘[今日] 연(連) 5일째 건모를 심고 있다는 것이다.

后 ◎李英雨 母親 와서 도와줌

◎基肥(配合 平3升 鹽安 半升) 큰 2斗只 옹디 1升(멘밭쪽) 멘밑~1升5合新畓 심운데[가운데긴도가리 이루부터 半可量[434]]

6/10[7/11] 晴

식전 *金容宇氏 놉함[435]

*肥料 配合 40圓 1俵 지고 가서 도구 물이 빠져서나 겨우 물을 잡았음

*基肥 큰 2斗只 高升 새수대야2 平1

머리 1斗 〃 〃 1

(세수대야 위에 올은 것 4合 可量 마침)

아래 1斗只 〃 1 7合

6斗只 苗강 〃 平 1合

*昨日 걸도 1俵 中에서 침(전체 1俵 40K = 配 5K)

*新畓 물 다 잡고[436]

434) 가운데 긴도가리 이쪽부터 반가량(半可量) 심었다는 것이다.

435) 김용우(金容宇) 씨가 놉이 되어주기로 약속받았다는 말이다. 식전에 다짐받은 놉을 '식전놉'이라고도 하였다.

436) '새논[新畓]' 물 다 잡았다는 것이다.

*6斗只 맨밑 외 다 잡고[437]

*물가리[438]斗只 苗강 及 맨밑도가리 外 4斗只 7대지기 했음]

午後 *궁평宅에서 와서 일함

*班田 金生員 두룸 3[439]

6/11[7/12] 暴雨后曇曇晴[440]

◎數 個月의 旱魃이 6/9日 午後부터 나린 비로 今日 苗 심움[441]

식전 *暴雨로 因해 苗 쪄놓고 中止할여다 朝飯 後 苗나 마자 찌고 어찌 할려 生覺했는데 이른 첫참 때부터 개임으로 6斗只~新畓~창건너 苗강까지 完全히 苗내기 完了했음[442]

---

437) 6마지기[斗只] '맨밑도가리' 외 물 다 잡고. '6마지기[斗只]'는 고개만당 논이다.

438) 논에 물을 대고 홀칭이로 논갈이를 하였다는 것이다.

439) 반전댁(班田宅) 김생원(金生員)이 '새논' 논배미 3개의 '논두룸(논두렁)'을 떼고, 흘기고, 끌어대는 일을 해주었다는 것이다. 1962년 당시 새논은 모두 11'도가리(논배미)'였다.

440) 폭우(暴雨) 후에 구름이 끼었다가[曇曇] 개었다[晴]는 것이다.

441) 수개월(數個月)의 한발(旱魃) 끝에 6월 9일 오후(午後)부터 내린 비로 오늘[今日] 모를 심고 있다는 것이다.

*夏至 後 20日, 小暑 後 6日, 初伏 前 10日[初伏날까지 쳐서][443]

*基肥(配合 平5升, 硫安 4合, 重石 5合)으로서 참건너 苗강, 물질긴도가리 했고 平 2升 可量 殘

*酒代(半斗)~90원

◎白米(朝 4升3合 보리쌀 3升, 晝 5升 半)

*닭 1匹 옴밥[444]

*놉 20名(午後 부터서 28名이 됨)

*우리 권구 合해서 저녁 참 때 31名이였음[445]

---

442) 폭우(暴雨)로 인해 모[苗] 쪄놓고 모심기를 중지(中止)하려다가 조반(朝飯) 후에 모나 마저 찌고 어찌 하려고 생각했는데 이른 '첫참' 때부터 날씨가 개므로 '6마지기[斗只]', '새논[新畓]', '창건너' '못강(못자리)'까지 완전(完全)히 모내기를 완료(完了)했다는 것이다.

443) 하지(夏至) 후 20일, 소서(小暑) 후 6일, 초복(初伏) 전 10일에야 모심기를 마쳤다는 말이다. 만약 초복 때까지 비가 오지 않았다면 논에 메밀이나 파종할 수밖에 없는 상황에 이르렀던 것이다.

444) 닭 1마리[匹]로 '옴밥(온밥)'을 만들어 일꾼들에게 대접하였다는 것이다. '온밥'을 달리 '닭온밥'이라고도 한다. 닭온밥 만들기는 다음과 같다. 닭 1마리를 삶는다. 닭뼈를 발라낸다. 닭 삶을 때의 육수, 닭살, 쌀로 죽을 쑨다. 닭온밥은 닭 한 마리 온 것으로 쑨 죽이라는 것이다.

445) (모심은 인력이) 우리 권구(眷口, 식구)까지 합(合)해서 저녁 참 때에는 31명(名)까지 되었다는 것이다.

6/12 晴 식전 *논애 둘러옴

前 *昨日 苗 심운데 물끼 보고 옴[446)]

◎본인은 은편 갔음(妻家 담디 苗 심움)[447)]

◎창건너 더러가는첫머리도가리 김 멤

*妻 仁甫市場

*칼치~20

*메러치~20

*비누~10

*담배~10

*모자~15(75원)

午後 *妻 깨 苗 옴김[448)]

*妻 목화(綿花) 밭 멤[449)]

6/13 晴 終日 *銀片에서 休息함

◎追肥(고추苗에 1升)

*妻 밭멤(木花)~고추밭도 멤[450)]

---

446) 어제[昨日] 모[苗] 심은 데 '물끼(물꼬)' 보고 옴.

447) 본인은 은편(銀片)에 가서 처가(妻家) '담디' 지경에 있는 천봉답 논에서 모를 심었다는 것이다.

448) 처(妻)는 깨 모종을 옮겨 심었다는 것이다.

449) 목화는 보리밭 사이 '놀골'에 심는다. 보리를 베어내고 나서 솎아준다.

6/14 晴後曇

식전 *銀片에서 歸嫁함~10원[451]

*終日 보리 打作함(完了)

◎夜間 비가 조금 옴

6/15 曇雨(細雨)

前 *精米(9.2 - 6 = 8.6)해 놓고 집안 일[452]

◎白米 小斗 6斗 强

後 *논두룸 콩 심우고 休息[453]

*보리 5叺 묶음[454]

---

450) 처(妻)는 목화밭과 고추밭의 김을 매었다는 것이다.

451) 은편(銀片)에서 귀가하는 데 차비 10원이 들었다는 것이다.

452) 정미(精米)해놓고 집안일을 하였다는 것이다. "9.2 - 6 = 8.6"은 나락뒤주에 9섬 2말이 있었는데, 오늘 6말을 정미(精米)하고 나니 8섬 6말이 남았다는 것이다.

453) '논두룸(논두렁)'에 콩 심고 쉬었다[休息]는 것이다. 논두룸에는 나물콩을 심었다. 나물콩은 수분이 과다하여도 비교적 잘 자랐기 때문이다. 그러나 밭이 넉넉하지 못한 이는 하는 수 없이 나물콩 대신 습기에 약한 메주콩을 심었다.

454) 보리 5가마니[叺]를 묶었다는 것이다. 이는 저장의 목적이다. 바닥에 나무를 깐다. 이를 '깔개나무'라고 한다. 깔개나무에 보리가마니를 올려놓고, 다시 포개어 쌓는다. 보리가마니를 포개어 쌓는 일은 '동갠다'고 한다.

6/16[7/17] 曇

식전 *밀 製粉 15升 稅條 1割2分~1升8合[455]

*논두룸 물끼 고침[456]

前 *창건너 큰도가리 논 멤(10분의 6 可量 멤)

*멜구가 大端히 많음으로 退油 갔다 허침[457]

*妻 보리 짐[458]

◎本人은 논 멤

後 *보리 지기 完了[459]

◎今日 7叺 都合

大麥 12叺

---

455) 방앗간에서 밀 15되[升]를 갈았는데[製粉], 방아세[稅條]는 15되의 1할[割] 2푼[分]으로 1되[升] 8홉[合]을 주었다.

456) '논두룸(논두렁)'의 '물끼(물꼬)'를 고쳤다는 것이다. 논두룸 물끼는 양쪽으로 낸다. 물끼 바닥에는 납작한 돌멩이를 올려 놓고, 그 위에 뗏장을 엎어 놓는다.

457) '멜구(멸구)'가 대단(大端)히 많으므로 퇴유(退油) 가져다 흩었다는 것이다. 모래와 기름[退油] 섞은 것을 바가지 따위에 담고 다니면서 논밭에 뿌려놓고 '활대(대나무 막대기)'로 나락을 흔들면, 나락에 붙은 멜구가 떨어지면서 논물에 떠 있는 기름에 붙었다.

458) 처(妻)는 보리를 지었다는 것이다. 여기에서 '지다'는 것은 보리를 바람에 드리워 보리와 찌꺼기 따위를 분별(分別)하였다는 것이다.

459) 보리 풍선(風選)하는 일을 완료(完了)하였다는 것이다.

小麥 1石 2斗

◎쓰래 값 前 100원[今支 50원][460)]

6/17 請 식전 *보리 묶음

前 *창건너 논매기 完了하고 仁甫農協 댕기 옴

後 *新畓 追肥 塩安 1斗只에 高升 2升(멘위~머리, 옹디 즉 밑내상구의 10분의 6 可量(高升 2升半)

◎창건너 논멤

*창건너 큰도가리 及 苗강~高升 2升로서 追肥함

◎仁甫市場

*白米 2升~44원~88[461)]

*콩나물콩 3升~44원~132[462)]

---

460) '쓰래(써레)' 값으로 전에 100원을 지불했고 지금[今] 50원을 지불[支]하였다는 것이다. 김홍섭 어르신은 1962년 음력 5월 1일 써레 1개를 매입했었다.

461) 백미(白米) 1되에 44원씩 해서 2되[升]를 팔아 88원을 받았다는 말이다.

462) '콩나물콩(나물콩)' 1되에 44원씩 해서 3되[升]를 팔아 132원을 받았다는 것이다.

*집에 돈 170원 = 390[463)]

*貞淑‥貞玉‥珍銖 3 足靴 88[464)]

*메레치 고기 20원

◎치마 감 120

*尙秀 연필 5원

*란닝구~3枚 빤스~1枚 90(323)

◎農銀에서 證券 찾었음(證券No. 本28303

客 728304)

6/18[7/19] 晴

식전 *감자 堀取 4叺 켐[465)](6~1, 4~2, 5~1)

前 *2人이 午前 中에 다 켐

後 *고개만당 콩밭 조금 멤[466)]

*尙秀 冊代 57원

*貞淑 63원

---

463) 백미 판 돈(88원), 나물콩 판 돈(132원), 집에 있던 돈(170원)을 합친 값이다.

464) 큰딸 정숙(貞淑), 둘째 딸 정옥(貞玉), 셋째 딸 진수(珍銖) 신발[足靴] 값이 88원이라는 것이다.

465) 감자 4가마니[叺] 캐었다[堀取]는 것이다.

466) 고개만당 논 옆에 있는 '큰밭'의 콩밭을 조금 매었다는 것이다.

6/19 식전부터 비

식전 *큰밭 매러 갔다가 비 거닐고 옴[467)]

*雨 正午 頃까지 비가 소나귀 式으로 제법 많이 옴[468)]

前 *논에 다시 가서 물끼 손질하고 옴[469)]

後 *新畓 손질

*깨 苗種 옴김[470)]

◎精麥 開始[보리 찌검][471)]

*約 6斗 强(보리쌀 27升)

6/20[7/21] 晴 初伏

*놉 해서 큰밭(콩) 멤[472)]

---

467) '큰밭' 매러 갔다가 빗속을 걸어서 왔다는 것이다. 그 당시 큰밭에는 콩이 심겨 있었다.

468) 비[雨]는 정오(正午) 경(頃)까지 '소나귀(소나기)' 모양[式]으로 제법 많이 왔다는 것이다.

469) 논에 다시 가서 '물끼(물꼬)' 손질하고 왔다는 것이다.

470) 깨 모종(苗種)을 옮겨 심었다는 것이다.

471) 정맥(精麥) 곧 보리 찧기를 개시(開始)하였다는 것이다.

472) 놉을 빌려서 '큰밭'에 심은 콩밭을 매었다는 것이다. 초불 밭매기다. 이때는 콩의 떡잎이 붙어 있을 때이기도 하다. 밭을 매면서 콩을 솎아내기도 한다.

*錢邑 누님宅에서~1, 누님 시누이~1 + 本人 2人 과 尙秀 午後

[4人 한나즐][473]

◎큰밭 김메기 完了함

6/21[7/22] 雨

식전 *雨 休息

午前 *中 비가 내림 休息[474]

後 *논에 가서 6斗只의 도사리 기심 메고 나려와서 德巨里 밭두룸 풀 빔[475]

*妻 치마 지아 입고[476]

※고구마에 施肥

---

473) 전읍(錢邑) 누님 댁에서 온 일꾼(1명), 본인과 처(2명), 상수(尙秀)까지 4명이 '한나즐(한나절)' 콩밭을 매었다는 것이다.

474) 오전 중에 비가 내려서 쉬었다[休息]는 것이다.

475) 논에 가서 6마지기[斗只]의 '도사리 기심' 매고 내려와서 덕거리(德巨里) '밭두룸(밭두렁)' 풀을 베었다는 것이다. 6마지기는 고개만당 논이다. '도사리 기심'은 '도사리' 김이라는 말로, 모심기 이전부터 논에 났던 거친 풀이 죽지 않아 논바닥에 드러난 것이다. "도사리 기심은 황새가 논에서 고동 잡아먹듯이 맨다."라는 말도 전승된다. 도사리 김은 논 바깥으로 내던진다. '밭두룸(밭두둑)'에서 베어낸 풀을 소에게 먹인다.

476) 처(妻)는 치마 지어 입었다는 것이다. 손바느질로 만든 것이다.

◎6斗只 나락이 今日 비가 개이고 가보니 제법 검수레 하게 사람을 했음[477]

6/22[7/23] 晴 大暑

식전 *나다리 먹는 날임으로 당수나무 周圍 淸掃하러 나갔음[478]

前 *仁甫市場 出(彦陽 쌀장수에게서 700원 借用함)

◎집에돈 10원 持參(計 710원)

---

477) '6두지(斗只)' 곧 고개만당 논 나락이 오늘[今日] 비가 개이고 가보니 제법 '검수레하게(거무스레하게) 사람(살아남)'을 했다는 것이다.

478) '나다리' 먹는 날이므로 '당수나무(당나무)' 주위(周圍)에 청소(淸掃)하러 나갔다는 말이다. 나다리 먹는 날은 대서(大暑, 7월 23일) 날이었다. '나다리'는 나[出]고 듦[入]의 의미를 갖는 말이다. 나다리를 먹고 나서 두레를 결성하는 일은 이 마을 농청(農廳)에서 주관하였다. 농청에서는 올해 농사를 경영하는 동안의 여러 가지 규약을 의논하였다. 예를 들어, 일소가 남의 논의 나락을 먹었을 때 나락 몇 포기당 얼마를 변상해야 한다는 내용도 들어 있었다. 그리고 두레 조직을 결성하였다. 이 마을 18세 남성은 두레꾼이 될 수 있었다. 두레꾼들은 초불 논매기가 끝난 두불 논매기와 세불 논매기를 하였다. 그래서 이 마을 사람들은 두불 논매기와 세불 논매기를 '두레 논매기'라고도 하였다. 김홍섭 어르신은 천봉답의 초불 논매기도 아직 이루어내지 못한 상태였다. 두레 가입을 하지 않았다.

*챈빗 20[479)]

*술약(이스도)~5원

*사과 5원

*무 씨~5원

*매러치 10[約計 45원[480)]]

*妻 참깨 밭 멤

後 *나다리 먹고 休息함

◎便所뚜껑 만덤

*班돈~50원 支拂

*품돈 今日 12名分~40원式~480원 支拂[481)]

6/23[7/24] 晴

식전 *참깨밭(껄깨)에 오줌 1장구이 침[482)]

前 *논에 둘러 와서 德巨里 콩밭 김멤

479) '챈빗(참빗)' 20원. 참빗으로 '새가리(서캐)'를 잡는 경우가 많았다.

480) 참빗(20원), 술약(5원), 사과(5원), 무씨앗(5원), '매러치(멸치, 5원)'를 합친 값.

481) 품삯 돈으로 오늘[今日] 12명분(名分) 1명이 40원씩[式] 480원을 지불하였다는 것이다.

482) 참깨 밭에 오줌 1'장구이(장군)' 치고 왔다는 것이다. 참깨 밭의 오줌거름은 '놀골'에 주어야 한다. 오줌거름이 참깨에 곧바로 들어가면 참깨가 말라버릴 가능성이 높다. '껄깨'는 보리 그루밭에 심은 깨라는 말이다.

후 *쉬여서 껄깨밭 오줌 2장구이 치고 콩밭 김매기 完了함

◎今日 區長에게 夏穀土地稅 442원 中 440원 支拂함

◎6斗只 苗 심은 지가 今日 13日째 되는데 제법 검으스름 하게 사람을 하고 있음[483)]

6/24[7/25] 晴

식전 *참깨밭에 오줌 1장구이 침(小計 4장구이 침)

前 *논에 가서 손질 조금 하다가 斗西面所에 出

*土地所得稅(夏穀) 確認해보고 도라옴

◎德巨里 밭메기 完了함

後 *고추밭 멤

*本人은 고추밭 周圍의 풀 비 놓고 논에 둘러옴

6/25[7/26] 曇后晴

식전 *오줌 1장구이 침

*5장구이(깨밭 及 들깨)

前 *큰밭 콩골 섬 完[484)]

---

483) 6마지기[斗只] 모심은 지가 오늘[今日] 13일째 되는데 제법 거무스레하게 살아남을 하고 있다는 것이다. 6마지기는 고개만당 논이다.

484) 큰밭 콩 고랑 썰기를 완성(完-)하였다는 것이다. 콩 고랑 썰기는 훌칭이로 이루어내었다. 일소에 훌칭이를 메운다. 일소에 '홍어리(입마개)'를 씌운다. 아낙네는 '코꾼지(코뚜레)'를 잡고 소를 이끌고, 남정네는 뒤에서 훌칭이를 조정하며 콩 고랑을 썰어 콩 두둑으로 북돋아준다.

*그리고 메물 갈 때도 갈어 놓고 옴[485)]

後 *늦게까지 쉬여서 창건너 苗강 도사리풀 메고[486)]

*苗 남어지 져다가 매물 밭에 져다 놓고 옴[487)]

◎今日부터 兒童들 放學함

6/26[7/27] 晴 大緞히 더운 날씨임

식전 ◎精米 나락[8.6 - 7 = 7.9][488)]

◎白米 小斗 7斗

前 *彦陽市場 出

◎백미 28升7合 45원 1,290원 受[489)]

---

485) '메물(메밀)' 갈 '때(데)'도 갈아놓고 왔다는 말이다. 메밀 갈 데는 큰 밭 위쪽 '좁은사리'라는 척박한 곳이다.

486) 늦게까지 쉬고 나서 '창건너' '못강(못자리)' 도사리 풀을 매었다는 것이다. 도사리 풀은 모심기 이전부터 논에 났던 거친 풀이 죽지 않아 논바닥에 드러난 것이다.

487) 볏모 나머지 지어다가 '매물(메밀)' 밭에 지어다놓고 옴. 볏모를 메밀밭에 거름으로 주려는 것이다.

488) 나락을 정미(精米)하였다. 나락뒤주에는 8섬 6말이 남아 있었는데, 오늘 7말을 정미하였더니 지금 나락뒤주에 나락 7섬 9말이 남았다는 것이다.

489) 백미 1되에 45원씩 해서 28되[升] 7홉[合]을 팔아 1,290원을 받았다[受]는 것이다.

◎米商人 700원 返濟(590원 殘額 受領해서)

*白鐵솥(아루마이트) 280원[36cm][490]

*叺(中古品) 3枚 60원[491]

*午料 15원[492]

*車費 25원

*米商人에게 20원 借用

*라이타돌 250원 殘

◎夜間 회채 30원[493]

后 *歸家함(3時頃)

6/27[7/28] 晴 近間은 大緞히 무더움

식전 *德巨里 밭에 오줌 1장구이 침

前 *두지나락 텀[7.9일텐데 現在 庫 7.4임][494]

后 *창건너 논 메고 肥料 平 2升 追肥함

490) 알루미늄[白鐵] 솥을 280원에 샀다. 솥의 직경은 36㎝다.

491) 가마니[叺] 중고품(中古品) 3장[枚]을 60원을 주고 샀다는 것이다.

492) 점심값[午料] 15원.

493) 오늘 밤[夜間]에 '회채(모꼬지, 여럿이 모여 십시일반 돈을 모아 음식 따위를 사먹는 일)'하여 30원을 썼다는 것이다.

494) 나락뒤주의 나락을 털었더니 7섬 9말이 남았어야 할 터인데, 현재(現在) 잔고(-庫)는 7섬 4말이라는 것이다. 그러니 예상보다 5말이 부족한 결과인 셈이다.

⋆仁甫市場 콩나물콩 3升 45원式 135원[495)]

◎130원 受領해서

⋆廣木(1尺 5) – 30원[496)]

⋆공冊 10원

⋆其他 2

⋆42원 支出[497)]

6/28 晴 식전 ⋆昨日 턴 나락 묶음[498)]

前 ⋆李億萬氏 宅에서 쉬여서 논에 가서 논 조금 매다 옴

◎尙秀 受驗工夫하는데 300원 支拂

後 ⋆창건너 논 메고 옴[모강 及 더러가는첫도가리 昨日과 今日 完了함][499)]

◎金鍾根 苗 숨기 돈 40원 支拂[500)]

---

495) 인보시장(仁甫市場)에서 '콩나물콩(나물콩)'을 1되에 45원씩[式] 해서 3되[升]를 팔아 135원을 받았다는 것이다.

496) 광목(廣木) 1자[尺] 5치를 30원에 샀다는 것이다.

497) 광목(廣木, 30원), 공책(-冊, 10원), 기타(2원) 합친 돈 42원을 지출(支出)하였다는 것이다.

498) 어제[昨日] 나락뒤주에서 턴 나락을 묶었다는 것이다. 그저께(음력 6월 26일) 언양시장(彥陽市場)에서 3장 샀던 중고품 가마니로 묶었던 모양이다.

6/29[7/30] 晴

식전 *西河[501] 가서 소금(鹽) 1俵 購入해 옴(代金 172원)

前 *고개만당에서 新畓 기계로서 좀 멤[502]

後 물이 적은 데부터 김 메고 옴[503]

---

499) 창건너 논을 매고 왔다는 것이다. '모강(못강, 못자리)'과 '더러가는첫도가리'에서 어제[昨日]와 오늘[今日] 논매기를 완료(完了)했다는 것이다. 못강은 달리 '못강도가리'라고도 하는 70평짜리 논배미, '더러가는첫도가리'는 '들어가는첫도가리'라고도 하는 100평짜리 논배미이다.

500) 김종근(金鍾根) 씨에게 모심기 돈 40원을 지불(支拂)하였다는 것이다. 김홍섭 어르신은 '생놉'이었기 때문이다.

501) 두서면 서하리. 지금은 현대자동차 공장이 들어섰다.

502) 고개만당에 있는 새논[新畓]을 기계(機械)로 조금 매었다는 것이다. 기계는 일제강점기부터 보급된 논매는 제초기(除草器)다. 기계로 논매기는 두불 논매기 때부터 이루어졌다. 첫 번째 논매기 때에 기계로 매면 뿌리가 상할 가능성이 높았다고 한다.

503) 논에 물이 많으면 기계로 논매기가 어렵다. 그러니 물이 적은 데부터 기계로 김을 매고 왔다는 것이다.

7월

울주 김홍섭 어르신 일기의
주석(註釋)과 해설

7/1[7/31] 晴 中伏

식전 *큰밭에 오줌 들깨에 1장구이 침

前 *위 1斗只의 넓은옹디 다 매고 그 및 물질긴도가리 及 머리도가리[504]

後 *妻와 2人이 中間도가리 及 긴도가리 10분의 6 可量 매고 本人은 물 조금 푸다가 옴[505]

---

504) 고개만당 논 '윗서마지기' 중 한마지기[1斗只]에 있는 '넓은옹디' 다 매고 그 밑 '물질긴도가리(두마지기 물 받는 도가리)' 및 '머리도가리(아래서마지기 중 맨 위쪽에 있는 도가리)'의 논을 매었다는 것이다.

505) 처(妻)와 본인(本人) 두 사람[2人]은 '중간도가리' 및[及] '긴도가리' 10분의 6가량(可量) 매고 본인(本人)은 물 조금 푸다가 왔다는 것이다. 그 당시 창건너 논에 '큰거랑' 물을 양수기(揚水機)로 퍼 올렸다.

506) '뿔새(노을)'가 연 3일간(連3日間) 일고 대단(大端)히 무덥더니 오늘[今日] 10시가량(可量)부터 비가 온다는 것이다.

7/2 雨 뿔새가 連 3日間 일고 大端히 무덥더니 今日 10時 可量부터 비가 옴[506]

식전 ⋆洋銀솟 거렀음[507]

前 ⋆新畓 메다 나머지 마자 메고 옴

後 ⋆비도 오고 몸도 疲困해서 休息 後 논에 들러 옴

⋆창건너 논애는 배동 肥料 때가 대였음[508]

※今日 13日만에 비가 오는 셈인데 新畓 2도가리는 말렀음[509]

7/3 雨 午前 비가 오고 바람이 甚히 불미로 집에서 休息

後 ⋆논에 둘러 옴

◎終日비가 내림

7/4[8/3] 曇後晴

식전 ⋆논애 둘러옴

前 ⋆창건너 큰도가리 물 빼고 김 멨음

507) 양은(洋銀)으로 만든 '솟(솥)'을 걸었다는 것이다.

508) 창건너 논에는 배동(곡식의 이삭이 나오려고 대가 불룩해지는 현상) 비료(肥料) 때가 되었다는 것이다. 모심고 나서 50일쯤에 나락 배동이 선다. 이때부터 나락은 물을 그리 많이 먹지 않는다고 한다.

509) 오늘[今日] 13일(日) 만에 비가 오는 셈인데 '새논[新畓]' 2'도가리(논배미)'는 말랐다는 것이다. 그 당시 새논의 도가리 수는 11개였다.

後 *上仝[510]

◎논두룬 좀 비옴

*仁甫市場

◎白米 3升 45원式~135원[511]

*흰콩 1升~29圓~29원[512]

*콩나물콩 1升~45圓 = 90[513]

*尙秀 靴~35

*妻 靴~35[70[514]]

*칼치~10

*재물~5[515]

*비누~2

*담배~6

---

510) '상동(上仝)'은 위와 같음이라는 말이다.

511) 백미(백미) 1되에 45원씩[式] 3되[升]를 팔아 135원을 받았다는 것이다.

512) 흰콩 1되[升]를 29원에 팔고 값을 받았다는 것이다.

513) '콩나물콩(나물콩)' 1되[升]에 45원씩 2되를 팔아 90원을 받았던 모양이다.

514) 상수(尙秀)와 처(妻)의 신 값을 합친 금액이다.

515) '재물(잿물)'을 5원에 샀다는 것이다. 양잿물은 서양에서 받아들인 잿물이라는 뜻으로, 빨래하는 데 쓰이는 수산화나트륨을 이르는 말이다.

7/5[8/4] 晴

식전부터 *창건너 큰도가리 물 빼논데 논 멤[※午前에 다 멤][516)]

前 *妻와 2人이 한나즐 메서 큰도가리 完了함[517)]

後 *쉬여서 창건너 멘윗도가리 苗강 하고 남은 모숨기한데 마자 멤

*穗肥~배동 비료 條로 平 4升 갖고 가서 큰도가리에 그의 다 치고 창 건너 3斗尺 苗강도가리도 조금 침[518)]

*5/21(6/22) 夏至 날 숨기했는데 막장잎히 나올려 함 卽 幼穗形成期임[숨기 後 1個月 13일째 卽 43일째임][519)]

516) 창건너 '큰도가리' 물 빼놓은 데 논을 오전(午前)에 다 매었다는 것이다. '큰도가리'는 창건너 논에서 가장 큰 300평 정도의 논배미다.

517) 처[妻]와 2인(人)이 한나절 논을 매서 큰도가리 완료(完了)함.

518) 수비(穗肥) 곧 배동비료 조(條)로 깨끼[平] 4되[升] 갖고 가서 '큰도가리'에 거의 다 치고 창건너 3마지기[斗只] '못강도가리'도 조금 침. 큰도가리와 못강도가리는 모두 창건너 논에 있는 논배미다.

519) 음력 5월 21일(양력 6월 22일) 하지(夏至) 날 모심기했는데 '막장잎'이 나오려고 함. 즉(卽) '유수형성기(幼穗形成期)'임[모심기 후(後) 1개월(個月) 13일째 즉(卽) 43일째임]. '막장잎'은 벼 이삭이 패어나기 바로 직전 잎이다. 유수형성기는 배동이 형성되는 기간이다.

7/6[8/5] 晴 日夕時 소낙비 若干 옴

식전 *큰밭 콩 골섬[520)]

前 *멘밭도가리 논멤

後 *논 조금 메다가 甚히 疲困해서 쉬여서 메물 감(基肥 複合 肥料 조금 침)

*追肥 新畓~平 2升(硫安)+過石 平 1升로서 밑내상구 가운데 及 물질 긴도가리 及 노린대마다 침[521)]

7/7[8/6] 晴后曇 初夜에 비 몇 방울 떰

식전 *南中里[522)] 崔海哲氏 宅에 송아지 피가 남으로 갔드니 "마고"라는 病이며 塩水로 씻어줄 것[523)]

---

520) 큰밭에 콩을 가는데 골을 썰었다는 말이다. 골 썲은 골을 내었다는 것이다.

521) 추비(追肥) 새논[新畓]~유안(硫安) 깨끼[平] 2되, 과석(過石) 깨끼[평] 1되[升]를 '밑내상구'와 '물질긴도가리', 그리고 '노린대(누런 데)'마다 침. 밑내상구와 물질긴도가리는 새논의 논배미 이름이고, 노린대는 나락이 영양부족으로 잎사귀가 누렇게 보이는 데라는 말이다.

522) 남중리(南中里)는 울주군 두서면 구량리의 옛 이름이다.

523) 최해철(崔海哲) 씨 집[宅]에 송아지가 피가 나므로 갔더니 '마고'라는 병(病)이며 소금물[鹽水]로 씻어줄 것을 주문(注文)하더라는 것이다. 최 씨는 소 의원(醫員)이었다. 소 의원 최 씨는 오늘날의 수의사(獸醫師)였지만, 지금의 수의사들과는 이력이 조금 달랐다. 소 의원 최 씨의 선생은

前　*고개만당 밀3斗只 苗강 메고 옴[524)]

後　*6斗只 苗강 半可量 메고 논에 둘러옴(창건너)

*妻 昨日 골서메고 今日 메고 그의 다 메감[콩밭 2불 밭][525)]

*豊年草 6(1匣)[526)]

그의 어머니였다. 최 씨 어머니는 경주시 내남면 사람이었다. 소 의원 최 씨의 단골 구역은 울주군 두동면과 두서면 일대였다. 이 일대에서 소를 기르는 사람은 소 의원 최 씨와 단골 관계를 맺고 있었다. 김홍섭 어르신은 소가 아플 때마다 소 의원 최 씨네 집으로 갔다. 김홍섭 어르신이 소의 증세(症勢)를 말하면 소 의원 최 씨는 왕진(往診)하는 것이었다. 소 의원 최 씨는 그 값으로 일소 한 마리당 여름곡식으로 보리 1말, 가을곡식으로 나락 1말을 받았다. 이때의 보리를 '수모곡(收牟穀)', 나락을 '수조곡(收粗穀)'이라고 하였다.

524) 고개만당 논 '아래서마지기[밀3斗只]' 중 '苗강(못강, 못자리)' 매고 왔다는 것이다.

525) 처(妻)는 어제[昨日] '골 서매고(골 써 매고)' 오늘[今日] 매고 거의 다 매어감(콩밭 2불 밭). 콩밭 김매기는 '초불매기'하고 나서 두 번째 매기를 '골 써 맨다'고 한다. 골을 세워 맨다는 의미다. 그러니 처(妻)는 콩밭에서 두 번째 김매기를 하였던 것이다.

526) 풍년초(豊年草) 담배 1갑을 6원에 샀다는 것이다.

7/8 晴後曇

식전 *德巨里 무밭 갈었엄[耕地][527]

前 *밑3斗支 中의(6斗支 苗강) 도가리 멤[528]

後 *그 위 1斗支[529] 조금 맴

*追肥 硫安 平2升 맨밑 그 위 도가리 1/3

平2 〃 그위 도가리 다 치고 6斗支 苗강 침

平2 〃 1斗支 다 치고, 조금 남굼[530]

그리고 1斗支 조금 平2 〃 로서 2斗支

4/10 可量[531] 침

*尙秀[532] 배암에게 물여서 침 마치고 옴[533]

*妻 개(犬) 팔고 옴[870원 受 場稅 20원 空除 850圓 受領][534]

---

527) '훌칭이(극젱이)'로 무밭을 갈았다는 말.

528) 고개만당 논 아래서마지기 중 못강 '도가리(배미)' 논맴.

529) 고개만당 논 윗서마지기 중 한 마지기 논맴.

530) 남김.

531) 가량(假量).

532) 상수(尙秀), 큰아들 이름.

533) '배암(뱀)'에게 물려서 침을 맞고 옴.

534) 처(妻)는 개[犬]를 팔고 왔다. 870원을 받았는데, 장세(場稅) 20원 공제(公除)하고 850원을 수령하였다는 것이다.

*뉴~무[535] 양풍이 43圓[536]

*고기 25圓

*란닝구[537] 本人 것 33圓

*메러치[538] 10圓

*其他 7圓[118원(受850, 支118 殘732)]

*비자루 3자루 하고 單價 1자루 13원 = 39[539]

*4個 = 옹가지[540], 단지(새끼)[541], 장두껑, 약탕기

7/9 暑 細雨~立秋~

식전 *德巨里 무밭 뒤 두룸 빔[542]

前 *밑 큰1斗只 조금 메다가 聘母任이 來家하여 외와 수박 한 덩어리를 갖고오심[543]

---

535) '알루미늄'이라는 말.

536) 양푼.

537) 러닝셔츠.

538) 멸치.

539) 빗자루 3자루를 하나에 13원씩 해서 39원에 샀다는 것이다.

540) 옹자배기.

541) 단지새끼.

542) 덕거리(德巨里) 무밭 뒤 '두룸(밭두렁)'을 베었다는 것이다.

543) 고개만당 논 '밑(아래서마지기)' '큰1두지(斗只, 머리도가리)'를 조금 매다가 '빙모님(聘母任)'이 외와 수박 한 덩어리를 가지고 왔다는 것이다.

後 ⋆妻와 2人이 1斗只 도가리 마자 멤[늦게까지 멤][544)]

◎今日 蛇毒 침 맞차 갖이고 옴[昨日 今日 2回에 40원][545)]

⋆彦陽 米商人 200圓 返濟(殘 300圓)

⋆彦陽 쌀장수 따님으로부터 500圓 借用 中 7/9日 200圓 返濟함[鹽代 170圓 土地稅 442圓 갚는다고 借用했음]

7/10 暑 식전 ⋆고개만당 깨밭에 오줌 1장구이 져다 치고 옴[546)]

前 ⋆몸이 불편하여 쉬여서 2斗只 도가리 옹디(길편) 메고 옴[547)]

⋆엿 2圓[548)]

---

544) 처(妻)와 2인(人)이 '1두지(斗只)' 도가리를 마저 매었다는 것이다. 1두지는 고개만당 논 윗서마지기 중 한마지기 '도가리(논배미)'다.

545) 오늘[今日] 뱀독[蛇毒] 침 맞고 왔는데, 어제와 오늘 2회(回) 값이 40원이다. 음력 7월 8일, 큰아들 상수(尙秀)가 뱀에 물렸었다.

546) 고개만당 쪽 '큰밭' 깨밭에 오줌 1'장구이(장군)' 지어다가 치고 옴.

547) 몸이 불편하여 쉬고 나서 2마지기[斗只] '도가리(논배미)' 밭쪽 '옹디(웅덩이)' 매고 옴. 2마지기는 고개만당 논 '윗서마지기'에 있다. 달리 '외도가리'라고도 한다.

548) 엿을 2원(圓)어치 샀다는 것이다. 이 마을 저 마을 돌아다니면서 엿을 파는 사람을 '엿쟁이'라고 하였다. 엿쟁이는 검은 고무신은 사가지 않고 흰 고무신과 삼베옷 등을 사갔다.

後 *施肥(追肥)하고 2斗只 밭쪽 옹디 매고 옴

*물 조금 낮추고, 硫安 7升 平으로서(2斗只에 平4升, 머리1斗只 2升, 新畓 1升 = 7升)

*妻 鳳溪市場에서 金洪祚氏 除草機 1台 350圓에 買入[549]

[도1-9] 기계(機械)

*午料, 其他 15圓[550]

7/11[8/10] 末伏

식전 *昨日 買入한 除草機로써 논메러 갔다가 機械가 故障이 生함으로 도라옴[551]

前 *妻와 2人이 큰도가리 논 멤[552]

後 *上仐 그의 다 멤[10분의 8 可量][553]

---

549) 처는 '봉계시장(鳳溪市場)' 김홍조(金洪祚) 씨 제초기(除草機) 1대[台] 350원에 매입(買入). 봉계시장은 울주군 두동면 봉계리에 있는 오일장이다.

550) 점심값[午料]과 기타(其他) 15원이 들었다는 것이다.

551) 어제[昨日] 매입(買入)한 제초기(除草機)로 논매러 갔다가 기계(機械)가 고장(故障)이 생(生)겨서 돌아왔다는 것이다.

552) 처(妻)와 본인 2인(人)이 '큰도가리' 논을 매었다는 것이다. 큰도가리는 창건너 논에 있는 논배미다.

553) 처와 본인 2인이 '창건너 큰도가리[上仐]' 10분의 8가량(可量) 거의 다 매었다는 것이다.

[도1-9] 기계(機械)

논에서 김을 매는 도구를 '기계(機械)'라고 하였다. 많은 돌기가 있는 쇠바퀴가 두 개 달렸다. 일제강점기 때부터 본격직으로 보급되었다. 1962년 음력 7월 10일, 김홍섭 어르신은 울주군 두동면 봉계리 김홍조(金洪祚) 씨로부터 제초기(除草器) 하나를 350원에 샀다. 김홍조 씨는 일제강점기 때 일본에 있는 철공소에 근무할 적에 어깨너머로 배운 기술로 집에 공장을 차려놓고 제초기를 만들며 생계를 돕고 있었다. 이 제초기를 보통 '기계(機械)'라고 하였다.

1962년 음력 6월 29일, 김홍섭 어르신은 '새논[新畓]'을 기계(機械)로 조금 매었다고 하였다. 기계로 논매기는 두불 논매기 때부터 이루어졌다. 첫 번째 논매기 때에 기계로 매면 뿌리가 상할 가능성이 높았다고 한다. 논에서 벼 포기 사이로 기계를 밀고 다니면 바퀴가 돌면서 흙을 일구고 잡초를 잘라주었다. 이것으로 하루에 논 2~3마지기(1마지기는 200평)를 맬 수 있었다고 한다.

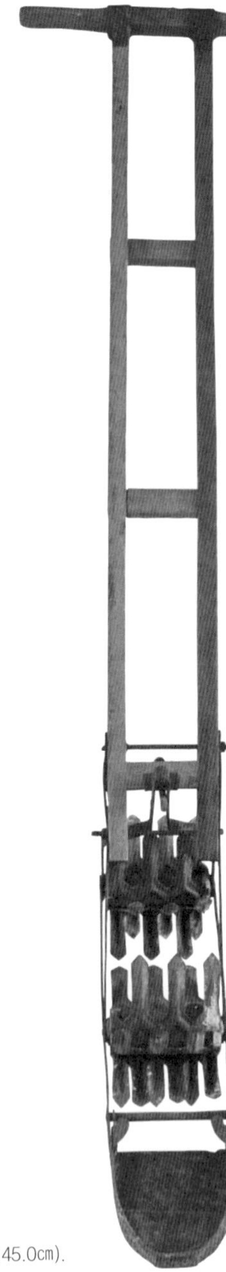

기계(機械)
경북 의성군 단촌면 관덕1리 어느 폐가에서 수습한 것이다(길이 145.0㎝).

*追肥[高峰 3升로서 高峰 2升 3合 可量으로서 머리도가리 치고 新畓 조금 침(머리1斗只 平 2升 强)]

7/12[8/11] 晴

식전 *鳳溪 金洪祚氏 宅에 가서 除草機 修理해서 도라옴

◎妻 德巨里밭 멤

後 *本人 機械로서 밑내상구 中의 머리도가리 及 其 다음 及 위 1斗只의 쫍은 옹디 다멤(그 後 妻와 2人이 2斗只 도가리 다 멨음)

*2斗只에 멘 처음 1人 1日 + 翌日 2人 1日 + 今日 2日 半日 = 3日 半 멘 셈임

◎수박代 60圓 支拂(殘額 今日 20圓)

*담배~파랑새 1甲 6圓

7/13[8/12] 晴

식전 *무밭에 오줌 1장구이 쳐놓고 新畓 機械로서 멤[554)]

前 *머리1斗只 멤[555)]

後 *上仝[556)]

---

554) 무밭에 오줌 1'장구이(장군)' 쳐놓고 '새논[新畓]'을 기계(機械)로 매었다는 것이다.

555) '기계(機械)'로 고개만당 논 윗서마지기 중 '머릿도가리' 1마지기를 매었다는 것이다.

556) 오후에도 오전과 마찬가지라는 것이다.

*施肥 高升 1升 强+法升 1升5合 可量으로서 2斗只 새논 밑 及 창건너 一部 치고 옴[現在 平 11升 半][557]

7/14[8/13] 晴

식전 *나락 1叺 精米 6斗[558][7.4 − 6 = 6.8[559]]

*白米 小斗 6斗强

前 *新畓 망시멤 完了[560][머리도가리까지 完]

後 *그 다음 도가리 다 메고 밑내상구 中의 큰도라기 機械로서 다 밈

*仁甫市場

*白米 7升 315圓[1升 45圓][561]

*쌀장수 300圓 返濟

*雪탕~20圓 外上

*메러치~10圓

---

557) 비료 고승(高升)으로 1되[升] 넘게[强] + 법승(法升)으로 1되 5홉가량으로 2두지(斗只, 고개만당 윗서마지기 중 두마지기)와 '새논' '밑(아래내상구)' 그리고[及] 창건너 논까지 일부(一部) 치고 왔다는 것이다. 현재, 깨끼[平]로 11되[升] 반(半)이 남았다는 것이다.

558) 나락 1가마니[叺] 6말을 정미(精米)하였다는 것이다.

559) 7섬 4말 중에서 6말을 정미해버리니, 나락 6섬 8말이 남은 셈이다.

560) 새논[新畓] '망시(마지막 논매기)' 맴 완료(完了).

561) 백미(白米) 1되에 45원씩 7되를 팔아 315원을 받았다는 것이다.

*其他 4圓

*무씨~30

*배추~10

* 〃 ~10[45圓][562]

小計 79圓 支出

7/15[8/14] 晴

식전 *밀 져다 놓고 오줌 3장구이 무밭에 침

前 *머리 1斗只 再昨日 메다 남은 것 다 멤[563]

後 *妻와 2人이 新畓 가운데 긴도가리 다 멤

*밀 製粉 終 22升 卽 2斗半[大斗]

*稅條로 3升[高峰][564]

7/16[8/15] 曇后雨 光復節

식전 *무밭 골 섬[565]

前 *兪 書記와 더불어 休息

---

562) 무씨(30원), 배추씨(10원), 배추씨(10원)를 합친 값이다. 배추씨 두 종류를 각각 10원씩 주어 샀던 모양이다.

563) 고개만당 논 아래서마지기 '머릿도가리' 1마지기[斗只] 그저께[再昨日] 매다 남은 것을 다 매었다는 것이다.

564) 밀방아 값[稅條]으로 고봉(高峰) 3되를 주었다는 것이다.

565) 무를 심을 밭두둑(폭 90㎝)을 만들었다는 것이다. '골 섬'의 '섬'은 '잘라내다'의 의미를 갖는 '썰다'에서 온 말일 가능성이 높다.

◎몸이 大端히 疲困함

*追肥

*妻 빨래함

后 *논에 가서 큰도가리(2斗只) 施肥함(追肥 平 2升 强)

*담배~6圓(파랑새)

*그리고 밭쪽 물질긴도가리~기계로서 밀었음[566)]

◎夜間 斗西 映畫 觀覽(天下泰平) 入場料 10圓[567)]

7/17[8/16] 晴

식전 *거럼 무밭에 3짐

前 *新畓 마자 멤

后 *妻와 2人이 큰도가리 옹디 멤

*야간 妻 尙秀 映畫 관람 25圓[568)]

---

566) '새논' 밭쪽 '물질긴도가리'는 기계로 밀어 김을 매었다는 것이다. '물질긴도가리'는 물이 잘 빠지지 않는 35평 정도의 '새논'에 있는 논바닥이다.

567) 밤에 두서면소재지에서 '천하태평(天下泰平)' 영화를 관람하였는데, 입장료는 10원이었다는 것이다.

568) 야간에는 처와 상수(尙秀)가 영화를 관람하였는데, 입장료는 25원이다.

*란닝구 1枚 타옴[상수][569)]

7/18[8/17] 曇晴 비 몇 방울

식전 *무밭 가러서 肥料[調合 硫安]

*約 4升(平)로서 조금 남구고 무 배추 감[570)]

*大根 播種[571)]

后 *창건너 논멤[모강 及 더러가는도가리][572)]

7/19[8/18] 暑

식전 *창건너 멘위도가리 苗강 했든 데 물 파고 멤[573)]

前 *苗강 及 첫머리 도가리 메기 完(창건너 完)[574)]

*仁甫市場

---

569) 상수는 영화 입장권에 붙은 경품권이 당선되어 '란닝구(러닝셔츠)' 1장을 탔다는 것이다.

570) 약(約) 깨끼[平] 4되[升] 정도 조금 남겨놓고 무 배추를 갈았다.

571) 무[大根] 파종(播種). '대근(大根)'은 일본어로 무다.

572) 창건너 '못강도가리(70평 정도)'와 '들어가는도가리(100평 정도)'를 매었다는 것이다.

573) 창건너 '맨위도가리' '못강[苗강: 못자리논]했던 데 물길 파고 논매었다는 것이다. 이제는 나락이 거의 패었으니 물길을 파고 논을 매었다는 것이다.

574) 창건너 '모강도가리'와 '첫머리도가리' 논매기를 완료했다는 것이다. 첫머리도가리를 달리 '들머리도가리'라고도 하였다.

*妻 白米 4升 45圓 180圓 受[575]

*고기 20

*雪糖 代 20

*메러치 10

*本人 靴 70圓

*珍守 25圓[576]

*其他 5圓

後 *몸이 疲困해서 休息

*妻 참기름 짬

*映畵 觀覽費 今日 저녁까지 95圓(本人 外 壽滿)

7/20[8/19] 晴

식전 *新畓에 물품[577]

前 *妻와 2人이 큰도가리(2斗只) 김멤[578]

后 *上의 2斗只 거의 다 메 놓고 妻家宅 소를 잃었다기에 갔다 옴(3日만에 찾았음)

---

575) 처(妻)는 백미(白米) 1되에 45원씩 해서 4되를 팔아 180원을 받았다.

576) 진수(珍守)에게 25원을 주었다. 진수는 세 번째 딸 이름.

577) '새논[新畓]' 논배미 아래쪽에서 논배미 위쪽으로 도구를 이용해 물을 퍼 올렸다는 것이다.

578) 처와 본인 2인이 고개만당 논 '윗서마지기' 중 '두마지기' 논배미의 논을 매었다는 것이다.

*담배값 6圓

7/21[8/20] 晴

식전 *銀片에서 歸家함(妻는 무밭에 물 줌)

前 *큰도가리 完了하고 아래 1斗只 半可量 멤[579)]

后 *쉬여서 아래 3斗只 中의 1斗只 完了[580)]

◎이제 밑 3도가리와 머리 1斗只이 남은 셈임[581)]

7/22[8/21] 晴

식전 *늦게 논에 가서 물 퍼 올이고 마른 데 더러다 허침[582)]

---

579) 고개만당 논 윗서마지기 중 '두마지기' 논매기 완료(完了)하고 고개만당 논 '아래서마지기' 중 머리도가리 1마지기[斗只] 반가량(半可量) 맴. 고개만당 논의 '두마지기'는 그중에서 가장 큰 논배미이기에 '큰도가리'라고 하였다.

580) 쉬고서 고개만당 논 '아래서마지기' 중 1마지기[斗只] '머릿도가리' 완료(完了)하였다는 것이다.

581) 이제는 고개만당 논 '아래서마지기' 중 3도가리(못강, 못강밑도가리, 맨아래도가리)와 고개만당 논 '윗서마지기' 1마지기[斗只] '머릿도가리'가 남은 셈이라는 것이다.

582) 늦게 논에 가서 물 퍼 올이고(올리고) 마른 데 더러다(들어다) 흩쳤다는 것이다. 이 마을에는 다음과 같은 말이 전승되었다. "가물었을 때 물동이로 물을 길어다 흩은 자리는 이삭을 맺었고, 바가지로 물을 길어다 흩은 자리는 이삭을 맺지 못했다."는 것이다.

*精麥 1叺[5斗 半][583]

前 *妻와 2人이 논 멤(6斗只 苗강~그 및 半 可量 멤)[584]

后 *3斗只 苗강 完了하고 멘밑도가리 半 可量 멤

◎ 외값 今日~30圓

7/23[8/22] 曇晴曇

식전 *맨 밑 도가리 昨日 메다 나머지 멤

前 *妻와 2人이 머리도가리 마자 매고 멘밑도가리 完了하고 今日 午前으로 논메기 完了함

後 *本人은 창건너 논두룸 빔[585]

*妻 정구지밭 매고 무밭에 물 줌[586]

◎못(池) 굴통 補修費 條로 15圓 + 물대는데 5圓 = 20圓 支拂[587]

---

583) 정맥(精麥, 보리를 찧어서 속꺼풀을 벗기고 깨끗하게 하여 대낌) 1가마니[叺] 5말[斗] 반[半].

584) 3마지기[斗只] '못강(苗-, 못자리)' 완료(完了)하고 '멘밑도가리(맨아래도가리)' 반가량 맴. 3마지기 못강은 고개만당 논 '아래서마지기' 중 '못강' 논배미다.

585) 본인(本人)은 창건너 '논두룸(논두렁)' 베었다는 것이다.

586) 처(妻)는 '정구지(부추)' 밭 매고 무 밭에 물을 주었다는 것이다.

587) 창건너 논 못 굴통 보수비(補修費) 조(條)로 15원과 '물대는데' 5원 합하여 20원 지불. 굴통을 시멘트로 교체하는 공사였다. '물대는데'는 굴통에서 논으로 물이 들어가는 물꼬라는 것이다.

◎2, 3日前부터 보리풀을 더러 비는 模樣임[588)]

7/24[8/23] 曇

식전 *창건너 논에 둘러옴(논두룸 조금 비서 옴)

前 *大端히 무더운 날씨였음

*仁甫市場

◎白米 1升 45圓 + 콩나물콩 1升 50圓 + 借用 50 = 145 圓[589)]

*고기 30圓

*라이타 修理 및 揮發油 代 15圓

*성냥 其他 10圓

后 *소낙비가 옴(正午 무렵 조금 지나서)

◎今日 21日 旱魃이였음

*妻 銀片 親庭에 놀러 갔음

※창건너 논에 물뎀(맨윗도가리)[590)]

---

588) '보리풀'은 보리밭 거름을 만들려고 야산에서 베어낸 잡초 따위다. 이 마을 사람들이 2~3일 전부터 보리풀을 더러 베기 시작했다는 것이다.

589) 백미(白米) 1되를 팔아 45원, '콩나물콩(나물콩)' 1되 팔아 50원, 차용(借用)한 돈 50원을 가지고 장보러 갔다.

590) 창건너 논에 물 댐. 창건너 논 중에서 맨 위쪽에 있는 '큰도가리' 논배미에 물을 대었다는 것이다.

*夜間부터 始作하여 밤새 내도록 옴

7/25 雨 處暑

前 *早朝부터 繼續해서 비가 온 終日 옴(밤새도록 비가 오고 물이 今年더러 最高로 많이 옴)

后 *비가 많이 옴으로 논에 둘러 옴

◎休息

7/26 식전 *비가 개임으로 고기 잡어러 가서 조금 잡어 옴[591)]

前 *논에 둘러 와서 다시 나가 新畓 방천하고 2斗只에 것 좀 하고 옴[592)]

后 *막거불 1짐 비 옴[593)]

*妻 今日도 歸家치 않음

*비는 7/24日 夜間~7/25~1晝夜 옴(물이 充分함)

---

591) 비가 개므로 고기 잡으러 가서 조금 잡고 왔다는 것이다. 큰비가 내려 내가 넘치면 비교적 물속 깊은 곳에 있던 물고기는 수압 때문에 비교적 얕은 곳으로 이동한다. 이때 반두(양쪽 끝에 가늘고 긴 막대로 손잡이를 만든 그물) 따위로 미꾸라지 따위를 잡는다.

592) 논을 둘러보고 와서 다시 나가 '새논[新畓]' 방천하고 2마지기[斗只] 것도 방천을 조금 하고 옴. 방천(防川)은 둑을 쌓아 냇물이 넘쳐 논으로 들어오는 것을 막는 일이다. 새논과 고개만당 논 '윗서마지기' 중 '두마지기' 논배미까지 조금 방천하고 왔다는 것이다.

593) '막거불' 1짐을 베어 왔다는 것이다. 막거불을 달리 '막거풀'이라고도 한다. 마구잡이 풀로 마구간에 깔아 주는 경우가 많다.

7/27[8/26] 晴

식전 *논에 둘러서 밭두룸 조금 비 옴

前 *멍덩굴 曾祖母 山所 拔草하고 옴(尙秀와 2人)

后 *노개골 가서 풀 1짐 비 옴[풀 2짐][594]

*妻 午前 일찍 4日만에 歸家함

*외, 수박 代 55圓 支拂

7/28 曇午前 細雨

식전 *休息

前 *共同墓地 伯父任 山所 掃墳하고 창건너로 둘러서 옴

◎창건너 나락은 무리기 피기 始作함

后 *삼박골 막거불 1짐 비옴(풀 3짐)

7/29 식전 *雨 午前 中 제법 많이 옴

◎黃土물이 내려감

前 *덩태기 1枚 딸아놓고 논에 둘러옴[595]

后 *쉬여서 德巨里 큰祖母任 山所 拔草해 놓고 親友들과 기백덤에서 놀았음[596]

---

594) '노개골'이라는 곳에 가서 풀 1짐 베어 옴. 막거풀이 2짐이 되었다는 말이다.

595) '덩태기(지게등받이)' 1장[枚] 땋아놓고 논에 둘러보고 왔다는 것이다.

596) 쉬고서 덕거리(德巨里) 큰조모님 산소(山所) 발초(拔草)해놓고 친우(親友)들과 '기백덤'에서 놀았음. '기백덤'은 달리 '기백듬', '기박듬'이라고도 하는 동산(洞山)이 있는 곳이다.

*내 自身의 修養이 必要함(言語에 再考해서 愼重히 할 것)

◎今日 하기는 55圓式[597)]

*蠶種 受配 1區式 42圓[598)]

◈창건너 벼는 끝 고랐음[599)]

7/30[8/29] 晴

식전 *논에 둘러서 논두룸 조금 비서 옴

前 *어머任 山所 拔草하고 풀 조금 비 옴[풀 4짐][600)]

后 *쉬여서 뒷山 祖父任들의 山所 拔草함

*가을 날씨가 맑게 개이니 벼농사의 結實이 종얼 덧[601)]

◎相基 片紙가 왔음(저녁에 答書 씀)

*尙秀 마카오紙 5圓

---

597) 오늘[今日] '기백덤'에서 친구들과 놀면서 먹을 음식 값으로 한 사람이 55원씩[式] 모았던 모양이다. '하기'는 분담금(分擔金)이라는 말이다.

598) 누에씨[蠶種] 받은 배당금으로 1구씩[區式] 해서 42원을 지불하였다는 것이다.

599) 창건너 벼는 끝이 골랐다는 말이다. 벼는 한 포기에 15줄기로 구성된다. 약 7일 간격을 두고 완전히 이삭이 나온다. 이런 모양을 '끝이 골랐다'고 한다.

600) 어머님 산소(山所) 발초(拔草)하고 풀 조금 베어 옴. 산소에서 베어낸 풀은 거름으로 쓰지 않았다. 그러니 다른 곳에서 보리풀을 베어왔던 모양이다. 지금까지 보리풀 4짐을 베어왔다는 것이다.

601) 가을 날씨가 맑게 개이니 벼농사의 결실(結實)이 좋겠다는 것이다.

8월

울주 김홍섭 어르신 일기의
주석(註釋)과 해설

8/1[8/30] 晴

식전 *논에 둘러서 논두룸 풀 좀 비 옴

前 *本人은 뿌땅골 가서 보리풀 1짐 빔

*妻 빨래 풀 함

◎精米 나락 4斗[6.8 - 4 = 6.4][602)]

*白米 小斗 3斗와 깨끼 1斗

后 *범골에서 보리풀 1짐 빔

◎今日 풀 2짐(小計 풀 6짐)

*妻 파(가랑파) 심움

※相基에게 昨日 片紙 받고 回答 부침

8/2[8/31] 晴

식전 *논에 둘러보고 논두룸 좀 비 옴

前 *妻 무밭 매고 파 심움

---

602) 나락 4말[斗]을 정미(精米)하였다는 것이다. 6섬 8말 중에서 4말을 정미하였기 때문에 지금 나락뒤주에는 6섬 4말이 남았다는 것이다.

⋆범골 가서 보리풀 1짐 빔

后 ⋆ 〃 〃 〃 1짐 빔(풀 8짐)

8/3[9/1] 晴

식전 ⋆마닥에 밟힌 풀 마구 쳐 놓은 것과 섞어서 안김[거럼 뒤 빔][603]

前 ⋆몸이 大端히 被困하여 쉬다가 고개만당 논에 둘러 큰밭 두룸 비 옴

后 ⋆金鍾根 집에서 놀다가 담밭등에 가서 풀 1짐(풀 9짐)

◎柳在德氏 보리씨 밖과줌 約 2斗 半[604]

⋆尙秀 담배~6圓

8/4 晴后 午後 소낙비

식전 ⋆소꼴 조금 비 옴

前 ⋆보리풀 1짐(풀 10짐)

⋆彦陽市場

◎콩나물콩 5升 3合 = 55圓 = 275[605]

---

603) '마닥(야외 마구간)'에서 밟힌 풀과 마구간에서 쳐 놓은 것을 섞었다는 것이다.

604) 유재덕(柳在德) 씨에게 보리씨앗 약 2말[斗] 반을 바꿔주었다는 것이다. 이때의 보리씨앗은 일본에서 들여온 신품종 '새키토리[關取]'일 가능성이 높다.

605) '콩나물콩(나물콩)' 1되에 55원씩 해서 5되 3홉을 팔아 275원을 받았다는 것이다.

*借用 250圓

*어린 것들 옷감 510

*고기 10

*메러치 14

*콩기름동 30[606]

后 *비가 옴으로 소 맥이다가 와서 풀 조금 비 옴

8/5(9/3) 終日雨

前 *쉬여서 고기 잡어 옴

*仁甫市場

◎白米 3升(明察兄任~2升 彦陽米商~1升)

后 *논에 들러 와서 머리房 壁紙 바럼

◎新畓에 防川이 났어므로 오가리 질러 놓고 옴[607]

*벼가 한창 피며 나는데 꽃이 비가 개일 적마다 나오고 있음에도 不구하고 비가 자꾸 오니 極情이 됨[608]

---

606) 콩나물동이를 30원에 샀다는 것이다.

607) '새논[新畓]'에 방천(防川)이 났으므로 오가리 질러 놓고 왔다는 것이다. '방천이 났다'는 것은 논둑에 구멍이 났다는 말이다. 이때 임시방편으로 논흙을 손으로 뜨고 논둑의 구멍을 막는다. 이런 일을 '오가리 친다'고 한다.

608) 벼꽃이 한창 피어나는데 비가 개일 적마다 벼꽃이 나오고 있음에도 불구하고 비가 자꾸 오니 벼꽃이 피어나지 못하여 걱정[極情]이라는 것이다.

8/6 曇 식전 *昨日 夜間에 비가 繼續해 옴으로 논에 가서 2斗只 방천 날여는 곳 修理하고 창건너 논에 둘러 옴[609)]

前 *머리房 壁紙 바름

后 *논(창건너)에 가서 논두룸 비고 취약 놓고 옴[610)]

8/7 雨 식전 *머리도가리 나락 좀 위기 놓고 2斗只 길 쪽 편 두룸 비옴[611)]

前 *쉬여서 신방석 1枚 만덤[612)]

后 *休息

◎벼가 다 피였는데 長霖이 繼續됨으로 憂慮됨

---

609) 어제[昨日] 밤[夜間]에 비가 계속(繼續)해서 오므로 논에 가서 2마지기[斗只] 방천 나려는 곳 수리(修理)하고 창건너 논 둘러보고 왔다는 것이다. 2마지기는 고개만당 논 윗서마지기 중 두마지기 논배미다.

610) 창건너 논에 가서 '논두룸(논두렁)' 베고 취약 놓고 옴. 취약은 쭉정이와 취약을 섞어 만든다.

611) '머리도가리(고개만당 논 아래서마지기 중 머리도가리)' 나락 좀 위기 놓고 '두마지기[2斗只: 고개만당 논 윗서마지기 중 두마지기]' 길 쪽 편 '두룸(두둑)' 베고 왔다는 것이다. '위기다'는 길가 쪽으로 고개 숙인 나락 이삭을 섶나무 따위로 꽂거나 새끼줄을 쳐서 안쪽으로 우겨넣는 일을 두고 이르는 말이다.

612) 쉬고서 신방석 1장[枚] 만듦. 신방석은 멍석처럼 자그맣게 만든다.

8/8[9/6] 雨

식전 *休息

前 *고개만당 2斗只 도가리 섭가지 쪄다가 나락 위김

后 *쉬여서 길딲이 함[613)]

*妻 그릇 딲음[614)]

8/9[9/7] 雨

식전 *창건너 논에 새 보러 갔다 옴[615)]

前 *창건너 가서 새 보고 논두롬 풀 비 옴

*妻 彦陽市場 出

---

613) 마을 사람들이 추석 준비를 위하여 공동으로 길을 닦았다는 것이다.

614) 처(妻)는 그릇을 닦았다는 것이다. '쟁김이(기와조가리)'를 방아 따위에서 빻은 가루를 볏짚 따위에 발라 물에 적시고 그릇을 문대어 닦는다.

615) 창건너 논에 새[鳥] 보러 갔다 왔다는 것이다. 새 보러 갔다 왔다는 것은 새를 쫓으러 갔다 왔다는 것이다. 벼 이삭은 유숙기(乳熟期)－황숙기(黃熟期)－완숙기(完熟期)를 거쳤다. 벼가 이삭을 패고 나서 15일 동안이 유숙기였다. 이때는 벼 이삭에 물집이 잡힐 때였다. 참새들은 유숙기의 벼 이삭 물집을 빨아먹어 버리는 것이었다. 그러면 벼 이삭은 쭉정이가 되고 말았다. 장대로 나락을 흔들어주며 새를 쫓았다.

◎白米 4升 45 = 180圓 收[616]

*借用 100圓

*장판紙 9枚 135圓

*능화紙 20枚 1圓 80式~36圓[617]

*新聞紙 20枚 10圓

*鐵絲 20圓

*못 10원

*정괴이~50圓[618]

*칼치~20圓

*산적~30圓[619]

*絲~골미~8圓

*비니루~16圓

*午料 무

*과자 2

*파랑새 6圓

616) 백미(白米) 1되에 45원씩 해서 4되[升]를 팔아 180원을 받았다[收]는 것이다.

617) 능화지(菱花紙, 마름꽃의 무늬가 있는 종이) 20장을 1장에 1원 80전씩[式] 해서 36원어치를 샀다는 것이다.

618) '정괴이(전갱이)'를 50원어치 샀다는 것이다.

619) 여기에서 '산적(散炙)'은 '돔배기'라는 상어고기를 토막 낸 것이다. 그것을 30원어치 샀다는 것이다.

⋆合計 343圓

后 ⋆本人 고개만당 논두룸 비 옴

8/10[9/8] 晴 昨日 夜間에도 비가 왔음

식전 ⋆精米 6.4 − 1 = 5.4[620]

◎白米 小斗 10斗

前 ⋆仁甫市場

◎白米 33升[即 小斗 8斗] 45圓式 1,485[621]

⋆담배 파랑새~4匣 24圓(金容守~2匣, 徐元相~1匣, 본인 ~1匣)

⋆前借 返濟 400圓[622]

⋆玉唐木 9尺 = 225圓[623]

⋆實果 44圓

◎들기름 짜는데 2升 稅條로~20[624]

---

620) 6섬 4말 나락 중에서 1섬을 정미(精米)하니 5섬 4말이 남았다는 것이다.

621) 백미(白米) 33되[升], 즉 소두(小斗) 8말을 1되에 45원씩[圓式] 해서 팔아 1,485원을 받았다는 것이다.

622) 지난번에 차용[前借]하였던 400원을 반제(返濟)하였다는 것이다.

623) 옥당목(玉唐木) 9자[尺]를 225원에 샀다는 것이다.

624) 들기름으로 기름을 짜는데 기름 짜는 값[稅條]으로 2되[升]에 20원을 주었다는 것이다.

◎저녁에 회채 값 55圓 支拂[625)]

8/11 晴 식전 *善弼[626)] 밀 製粉하러 감

*小麥 24升 中 국수 4貫 200匁(10升)~稅條 20圓[627)]

前 *本人 道路補修하고 논두룸 비 옴

后 *머리房 白紙 1불 바르고 (今에 4回) 논두룸 비 옴

◎白紙 15圓 17枚[628)]

8/12[9/10] 晴

식전 *錢邑 누任宅에 단여 옴[629)]

前 *歸家하여 머리房 장판 발림

---

625) 저녁에 '회채(모꼬지, 놀이나 잔치 또는 그 밖의 일로 여러 사람이 모여 십시일반 돈을 모아 음식 따위를 만들어 먹는 일)' 값으로 55원(圓)을 지불(支拂)하였다는 것이다.

626) 울주군 두동면 선필리(善弼里). 이 마을에 기계 방앗간이 있었다.

627) 밀[小麥] 24되[升] 중에서 국수 감으로 밀 10되분 4관(貫) 200그램[匁]을 가루 내는 값[稅條]으로 20원을 주었다는 것이다. 그 당시 방앗간에서는 곡식 수량을 되로 가늠하기가 번거로우니 무게로 가늠하는 경우가 많았다.

628) 백지(白紙) 17장[枚]을 15원에 샀다는 것이다.

629) 전읍(錢邑) 누님 댁에 다녀왔다는 것이다. 전읍(錢邑)은 두서면 전읍리다. 김홍섭 어르신의 누님이 이 마을 연안 이씨(延安李氏) 댁으로 시집갔다.

后 *창건너 稗 拔取하고 仁甫 가서 豊年草 1封 買 6圓 주고[630]

8/13 晴 식전 *방아 찧이려고 5叺 져다 놓고

前 *新畓 나락 위기고 옴 1叺 더 지고 가서 방아 찧음[631]

◎3石 6斗 白米~3叺 小斗 4斗 平 稅~3升 4合

◎即 3石 5斗5 强한 셈임

*담배 6圓

后 *방아 집에 져다놓고 논두룸 비 옴

*머리房 졸지 바럼[632]

◎떡쌀 4升

8/14 曇後雨

식전 *쌀 1叺 져다 놓고 옴

前 *쌀 2叺 시러다 賣渡함[633]

---

630) 창건너 논에서 피[稗] 뽑고 인보(仁甫)에 가서 풍년초(豊年草) 담배 1봉을 6원 주고 샀다는 것이다.

631) '새논[新畓]' 나락 '위기고' 와서 1가마니[叺] 더 지고 가서 방아를 찧었다는 것이다. '위기다'는 길가 쪽으로 고개 숙인 나락 이삭을 섶나무 따위로 꽂거나 새끼줄을 쳐서 안쪽으로 우겨넣는 일을 두고 이르는 말이다.

632) 머리방 문짝 주변에 '졸지(문풍지)'를 발랐다는 것이다.

633) 쌀 2가마니[叺] 실어다가 매도(賣渡)함. 그러니 모두 3가마니를 싣고 간 셈이다.

*1叺當 代金 1,930圓[升當 460환][634]

*3叺 代金 合計 5,790圓[635]

*조기~20

*담배~6圓

*메러치~10

*우산~20[今日 支出 56圓][636]

8/15[9/13] 雨 秋夕節임(終日 비가 내림)

終日을 잘 休息했음

8/16 雨 식전 *소 맥임

前 *몸이 被困함으로 잠으로서 쉬였음

后 *午后 개임(曇天이나마 비는 거침)

◎박인수氏 宅 問喪 賻儀 40圓

*上里~錢邑~仁甫

*분실 5圓[今日 45圓 支出]

집 夜에 歸家함

8/17 晴 식전 *논두룸 비 옴

---

634) 1가마니당[叺當] 대금(代金)은 1되당[升當] 46원씩, 그리고 구화(舊貨)로 460환으로 해서 1,930원을 받았다는 말이다.

635) 3가마니[叺] 대금 합계는 5,790원.

636) 조기(20원), 담배(6원), 메러치(10원), 우산(20원)을 합친 금액이다.

前　*놀다가 午后 소남宅 진甲 잔치에 놀았음[637)]

后　*놀다가 銀片 갔음

*담배 6圓

*소주 값 4人 1升병[各自 20圓][638)]

8/18 雨　*銀片에서 놀다가 미꾸라지 잡어서 국거리 먹고 놀았음

◎終日 休息함

◎李英雨 妹氏 담배 2匣 增收

8/19 晴　前　*銀片에서 놀았음

后　*어린 것들 다리고 歸家해서 논에 둘러 옴

8/20 晴　식전　*논두룸 비 옴

前　*소 암새 부치러 갔다가 암새가 사거서 못 부침[639)]

---

637) 놀다가 오후(午後) 소남댁 진갑잔치에서 놀았다는 것이다. 잔치 주인공의 건강이 불안한 경우에는 61세가 되는 해에 환갑잔치를 베풀고, 건강 염려가 없을 경우에는 62세가 되는 해에 진갑잔치를 베풀었다.

638) 소주 1됫병을 4인이 10원씩 모아 사서 마셨다는 것이다.

639) 소 '암새' 붙이러 갔다가 '암새'가 사그라져서 못 붙였다는 것이다. '암새'는 암소의 '발정(發情)'이다. 암소는 생후 13개월부터 발정하였다. 발정이 되면 불두덩이가 퉁퉁 부어올랐다. 발정의 욕구를 발산하려고 소리도 내질렀다. 이를 '암새낸다'고 하였다. 김홍섭 어르신은 발정한 암소를 데리고 교미 붙이러 갔는데 '암새'가 삭아서 못 붙였다는 것이다.

*洞里 구걸 해놓은 보리쌀 處分하는데 參席했다 옴640)

後 *稗 拔取하러갔다가 소풀 1짐 비 옴641)

*人生은 짧고 藝術은 길다

*사람은 이름을 남겨야 한다

8/21 曇 저녁 때 비방울이 떰

◎徐元相氏에게 理髮

식전 *소꼴 비 옴

前 *받태리로서 親友들과 고기 잡고 休息642)

后 *참깨 기리 오고 나무 너러 놓은 것 지고 와서 休息643)

---

640) 동리(洞里)에서 구걸해 놓은 보리쌀 처분(處分)하는 데 참석(參席)하였다가 왔다는 것이다. '구걸한 보리쌀'이란 정월달에 지신밟기에서 받은 보리쌀이거나 마을 공동 일의 벌칙으로 받은 보리쌀일 가능성이 높다.

641) 김홍섭 어르신은 논에 피[稗]를 뽑으러[拔取] 갔다가 '소풀(꼴)' 한 짐을 베고 왔다는 것이다. 소에게 피를 소풀로 주어도 충분하였을 것인데, 왜 일부러 소풀을 한 짐 베어왔을까. 이 무렵 피는 배동이 섰을 때다. 배동이 선 피를 소풀로 소에게 주면 쇠똥에서 피 씨앗이 나올 가능성이 높고, 그것이 거름이 되어 밭에 들어가면 논이나 밭에는 피가 만발할 가능성이 높았기 때문이다. 그러니 배동 선 피를 소에게 소풀로 주고자 할 때는 반드시 솥에서 삶아 주었다. 그러니 김홍섭 어르신은 배동이 선 피를 직접 소에게 주지 못하고 따로 소풀 한 짐을 베어왔던 것이다.

642) '받태리(건전지)'로서 친우(親友)들과 고기 잡고 휴식(休息).

◎今日 7日째 休息 했음

8/22[9/20] 晴

식전 *논에 둘러옴

前 *上里 鄭壽岩氏 宅에 가서 牛 交尾

后 *洞里 親友들과 즐겁게 놀았음

*하기~28圓式[644]

8/23[9/21] 晴

식전 *논두룸 비옴

前 *仁甫學校 夫役에 出頭

后 *學校일 終結함

◎酒代 40圓

8/24 晴 식전 *仁甫 災害地 申請하러 갔다 옴

前 *錢邑 問喪 갔엄(賻儀 50圓)

后 *錢邑에서 일봄

8/25[9/23] 雨 비가 옴으로 卽時 歸家 못하고 仁甫 經由 歸家함(午后)

◎仁甫市場

◎白米 2升 45圓 = 90圓[645]

---

643) 참깨 '기리(베어)' 오고 나무 널어 놓은 것 지고 와서 휴식(休息).

644) '하기' 28원씩[圓式] 거출하였다는 것이다. '하기'는 '회채(모꼬지)' 때 나누어 부담하는 금액이다.

645) 백미(白米) 1되에 45원씩 해서 2되[升] 팔아 90원을 받았다는 것이다.

⋆廣木 購入 代 빤쓰~108圓[運動會 準備用][646]

8/26[9/24] 晴

식전 ⋆休息

前 ⋆永川 손님[647] 전送하고 논에 둘러옴

后 ◎精麥 4叺[約 2石 5斗][648]

⋆보리쌀 2叺[649]

8/27[9/25] 晴

⋆終日 질 닦이 했음[洞道路][650]

⋆날씨가 昨日부터 大端히 쌀쌀함

◎누룩 製粉~11升 平 + 2升 平 = 14升 3合[12枚]

---

646) 광목(廣木)과 '빤스(팬티)' 구입(購入) 대금으로 108원을 지출하였는데, 이것은 운동회 준비용(運動會 準備用)이라는 것이다.

647) 영천(永川) 지역에서 온 손님이다. 김홍섭 어르신의 왕고모는 영천 지역 손씨(孫氏) 집안에 시집갔다. 전읍리 가까운 곳에 손씨 집안의 산소가 있다. 해마다 영천 손님은 전읍리 가까운 곳 산소에 벌초하러 왔다가 김홍섭 어르신 댁까지 예방하는 경우가 많았다.

648) 보리 4가마니[叺], 약 2섬 5말을 정맥(精麥)하였다는 것이다.

649) 정맥하였더니 보리쌀 2가마니가 나왔다는 것이다. 보리쌀 2가마니는 1섬이 된다.

650) 종일(終日) 동네 길[洞道路] '질(길)' 닦기를 하였다는 것이다. 해마다 이맘때가 되면 추수 준비로 마을 사람들이 동네 길을 닦았다.

8/28[9/26] 晴 식전부터 거럼 뒤빔

前 *約 半可量해 놓고 斗東面事務所에 둘러 옴

后 *거럼 뒤비기 完了함[잰밭][651]

8/29[9/27] 晴

식전 *논에 둘러 옴[新畓 나락 조금 위김][652]

前 *陽山郡 石溪에 問喪 갔다 옴

后 *歸家함(車費 往復~33 + 33 = 66圓)

◎집에서 持參金 156圓 지출 122 34남음

8/30[9/28] 曇

식전 *논에 가서 창건너 나락 1束 비옴[新米 1升][653]

---

651) '거럼(거름)' '뒤비기(뒤집기)' 완료(完了)하였다는 것이다. 뒤집은 거름을 '잰밭거름'이라고 한다. 마구간 등에서 나온 거름과 보리풀을 뒤섞고 차곡차곡 쌓을 때마다 인분을 끼얹어 삭힌다.

652) '새논(新畓)' 나락을 조금 위김. '위기다'는 길가 쪽으로 고개 숙인 나락 이삭을 섶나무 따위로 꽂거나 새끼줄을 쳐서 안쪽으로 우겨넣는 일을 두고 이르는 말이다.

653) 창건너 논에 가서 나락 1단[束] 베어 와서 '신미(新米)' 1되[升]를 만들었다는 것이다. 신미는 '찐쌀'이다. 나락을 수확하기에 앞서 물이 흘러 빠져나가는 도랑을 치려고 베어낸다. 이때의 나락을 '도구나락'이라 한다. 도구나락은 나락 세 포기 정도의 폭으로 베어냈다. 이때의 나락으로 찐쌀을 만든다. 찐쌀을 만드는 방법은 다음과 같았다. 도구나락 이삭을 훑었다. 큰솥에 채반을 앉혔다. 삼베 조각을 깔았다. 물을 끼얹었다.

前 *仁甫市場

◎잠견 共販에 出荷[654)]

特等 490匁 貫當 504圓 = 246.96

下견[655)] 50匁 〃 39圓 = 1.95

248.91[656)]

◎白米 3升 45 = 135圓[657)]

*尙秀 靴(白고무) 40圓

*貞淑 靴(白고무) 35圓

*貞玉 〃(〃) 30圓[105圓[658)]]

*이까~5匹 = 20圓

삶았다. 뜸 들였다. 멍석에 널어 하루 정도 말렸다. 디딜방아 따위에서 찧고 키로 까불리기를 반복하며 쌀을 만들었다. 찐쌀로 지은 밥을 '찐쌀밥'이라고 하였다.

654) 잠견(蠶絹) 공판(共販)에 출하(出荷)하였다는 것이다.

655) 하품(下品) 잠견(蠶絹)이다.

656) 특등(特等)은 관(貫)당 504원을 쳐주어 490g을 246.96원에 출하하고 하(下)견은 관(貫)당 39원을 쳐주어 50g을 1.95원에 출하해 총 248.91원을 받았다는 것이다.

657) 백미(白米) 1되에 45원씩 해서 3되[升]를 팔아 135원을 받았다는 것이다.

658) 상수(尙秀, 40원), 정숙(貞淑, 35원), 정옥(貞玉, 30원)을 합친 값이다.

*정괴이~2손 = 20[659)]

*깍다구~1손 = 25[660)]

*實果~15圓

*메러치~10圓

*唐木 5尺 100圓

*B.H.C 8圓[661)]

*洋말~40圓

659) '정괴이(전갱이)' 2손 20원. 2손은 4마리라는 말이다.

660) '깍다구(꺽저기)' 1손 25원. 1손은 2마리라는 말이다.

661) 'B.H.C'를 8원에 샀다는 것이다. 'B.H.C'는 농약으로 쓰던 유기 염소체 살충제다. 극약으로서 냄새가 고약하고 인체에 축적성이 있기 때문에 현재는 사용과 제조가 모두 금지되었다.

9월

울주 김홍섭 어르신 일기의
주석(註釋)과 해설

9/1[9/29] 晴

식전 *소갑 12束 해서 잿밭 더펏음[662)]

*斗西國民校 運動會 觀覽

*酒代 15圓 + 尙秀母子 10圓 + 本人 同窓生 = 45圓

后 *夜間에 歸家함

---

662) '소갑(솔가지)' 12단[束] 해서 '잿밭'을 덮었다는 말이다. 잿밭은 잿간에 쌓아두었던 퇴비다. 달리 '전답거름'이라고도 하였다. 전답거름을 마당으로 꺼내놓고 쇠스랑 따위로 뒤섞었다. 이를 '잿밭 뒤빈다'고 하였다. 잿밭 '뒤빈(뒤엎은)' 것을 다시 쌓아 소갑을 덮었다. 방수(防水)하여 수분 증발을 차단하고 발효를 촉진시킬 목적이었다. 이 마을에는 '도둑소갑'이라는 말도 전승되었다. 전답거름을 덮으려고 남의 소나무밭에서 소갑을 주인 몰래 채취하여 지고 오는 것이다. 주인에게 들켰을 때, 전답거름을 덮을 목적이라고 말하면, 소나무밭 주인은 너그러이 용서하는 경우가 많았다. 소갑으로 전답거름을 덮어주는 일을 그만큼 소중하게 여겼기 때문이었다.

*今日 회채 값~仁甫學校 40圓

*소남宅 소주 18圓

*吳區長~18圓(班돈)

*相喆 엉게나무 비 갖고 옴[藥用][663]

9/2 晴 曾祖母任 入祭

식전 *늦게까지 잠이 깨지 않어 해 도덜 무렵에 목골 흙 2짐 짐[664]

前 *고개만당 논두룸 조금 비고 수끼 익언 것 쳐 옴[665]

後 ◎물 애워서 고지평 다리 밑 고기 잡었음[666]

*今年에 B.H.C 3封度 卽 3封 撒布함[667]

---

663) 상철(相喆)이가 '엉게나무(엄나무)'를 베어 가지고 왔는데, 이것은 약용(藥用)이다.

664) 늦게까지 잠이 깨지 않아 해 돋을 무렵에 '목골'에 가서 흙 2짐 지고 왔다는 것이다.

665) 고개만당 논 '논두룸(논두렁)' 조금 베고, '수끼(수수)' 익은 것 쳐 왔다는 것이다. '쳐왔다'는 것은 낫 따위로 수끼목을 쳐왔다는 것이다.

666) 고지평 다리 밑에서 물을 에워 막아 고기를 잡았다는 것이다. 고지평은 이 마을 외딴 동네 이름이다.

667) 금년(今年)에 B.H.C 3봉 정도(度) 즉 3봉 살포(撒布)하였다는 것이다.

9/3[10/1] 晴

식전 *수갑[668] 1짐 해 옴

前 *지개 고치고 '시나낫파' 及 호-렌소 播種함[669]

后 *오줌 무밭에 2장구이 침

9/4[10/2] 晴

식전 *무밭 오줌 2장구이 침

前 *정포운 미엄달에 가서 草 1짐 비고

后 *約 1짐 비 놓고 午前에 빈 것 지고 옴

*夜間 仁甫 映畵 觀覽次 갔다가 上映치 않으므로 도루 옴

9/5[10/3] 晴

식전 *나락 精米 3叺 舊籾 1石 6斗 完

◎白米 大斗 8斗

*흙 2짐 짐[670]

前 *仁甫市場

◎白米 5斗 + 2斗 = 7斗 2合

---

668) '소갑'은 솔가지라는 말로 땔나무로 쓰려고 꺾어서 말린 소나무 가지다.

669) 시나낫파[油菜]와 호-렌소(시금치)를 파종(播種)하였다는 것이다.

670) 집 마당을 보수할 목적으로 흙 2짐 정도 지어왔다. 마당에 돌멩이 따위를 빼낸 자리를 흙으로 메꾸는 경우가 있었다.

671) 백미 7말[斗] 값.

*叺當 價 1,920원[671] + 765[672] = 2,685원[實收 2,690]

*外上 100원[廣木 代] 返濟[673]

*外上 洋말, 파리약 68원 返濟

*공책~10원

*石油~25

*貞淑 치마~40

*난닝구~20원

后 *歸家해서 범골 가서 막거불 1짐 비옴

*德巨里 감 따와서 감 담굼[674]

*舊米 現金 마련한 것 4叺 37升 約 5叺 賣渡한 셈임

---

672) 백미 2홉 값.

673) 외상(外上)으로 샀던 광목(廣木) 대금(代-) 100원을 갚았다[返濟]는 것이다.

674) 덕거리(德巨里) 밭에 '돌감'이 있었다. 풋감을 따다가 논바닥에 2, 3일 정도 담갔다가 먹었다. 그러면 풋감에서 떫은 기운이 빠져 단맛이 났다. 소 먹일 때 간식 겸 심심풀이로 먹는 경우가 많았다. 논밭에 농약을 치는 시대가 되니, 논바닥에 담가 두었던 감을 먹은 아이들이 배탈이 나는 경우가 잦았다. 그 이후에는 미지근한 물에 소금을 탔다. 그 물에 풋감을 2, 3일 담갔다가 먹었다.

9/6[10/4] 曇

식전 *재넘어 풀(草) 1짐 걷어 지고 옴[乾][675]

前 *막거불 조금 비어 옴[비가 몇 방울 떰]

后 호동宅 問喪 30원 賻儀

9/7[10/5] 晴

식전 *오줌 1장구이 침

前 *仁甫 同窓會 參席 40원

后 *夜間에 歸家함 姜大坤 20圓 來拂

9/8[10/6] 晴

식전 *창건너 못 夫役 모래 1짐 지고 갔음[676]

---

675) '재넘어'에서 풀 1짐 마른 것 걷어 지고 왔다는 것이다. 이 무렵에 마련한 '막거불' 따위의 야초(野草)는 말려 저장하여 두었다가 이듬해 '못강(못자리)' 아시갈이 전에 깔아 거름으로 삼았다.

676) 창건너 못 부역(賦役)으로 모래 1짐 지고 갔다는 것이다. 김홍섭 어르신은 창건너에 3마지기 논을 소유하였다. '창건너못'이라는 저수지 물로 논농사를 지었다. 그래서 '못답'이라고 하였다. 농부 23명 정도가 창건너못 저수지 물로 논농사를 지었는데, 이들은 하나의 영농 공동체를 이루고 창건너못을 공동으로 관리하였다. 못물을 보내는 관(管)을 '굴통'이라고 하였다. 나무 굴통을 철거하고 시멘트 굴통을 만들기 위하여 모래 1짐을 지고 갔다는 것이다.

前 *창건너 도구나락 비 옴[677]

后 *소 몰고 가서 도구치고 옴[678]

*崔泳植 보리씨 바꿔 주웠음(30升)

9/9 曇 식전 *몸이 被困해서 늦게까지 자고 소똥 주웠음

前 *아래 3斗只 가운데 도구쳤음

后 *위 3斗只의 가운데 도구 치고 꼴 조금 비 옴

*담배 豊年草 6원 1封 購買

*新米 찐쌀(高峰 1升 平斗 1升)[679]

9/10[10/8] 晴

식전 *무밭에 오줌 2장구이 쳤음

前 *재넘어 草 1짐 무겁게 비 옴

后 *上里 道路 夫役 갔다 옴

---

677) 창건너 '도구(물곬: 물이 흘러 빠져나가는 작은 도랑)' 나락을 베어 왔다는 것이다. 도구나락은 물이 흘러 빠져나가는 도랑을 치려고 베어낸 나락이다. 도구나락은 나락 세 포기 정도의 폭으로 베어냈다.

678) 소 몰고 가서 도구를 쳤다는 것이다. '도구(물곬)'를 내려고 훌칭이로 논바닥을 갈았다는 것이다. 그러고 나서 삽 따위로 논흙을 떴다.

679) 신미(新米)는 곧 '찐쌀'이라는 말이다. 고봉(高峰)으로 1되[升]이고, 평두(平斗)로 1되[升]라는 것이다. 고봉은 전통적인 곡식 따위의 분량을 되는 법이고, 평두는 일제강점기 때부터 보급된 곡식 따위의 분량을 되는 법이다.

◎白米 1升 46원

*담배 1?원

*메러치~10圓

*斑돈~13圓

9/11 晴 식전 *들깨 찌고 옴[切][680]

前 *콩닢 따고 창건너 도구나락 1짐 걷어지고 옴

后 *창건너 도구나락 걷어지고 와서

◎木花밭 사이 팥 뽑음[681]

9/12[10/10] 雨

식전 *비가 옴으로 타작해 놓고 콩닢 걷두고 도구나락 2짐 설거지 함

*타작 나락 5斗[682]

前 *새끼 꽈서 부줄 디림[683]

后 *집안 설거지하고 休息[684]

---

680) 들깨 찌고 왔다는 것은 들깨를 베어 왔다는 것이다.

681) 목화밭(木花-) 사이에 난 팥을 뽑았다는 것이다. 팥은 돌팥(알이 작고 단단하여 품질이 떨어지는 야생 팥)이었다.

682) 도구나락 타작한 것이 5말[斗]이라는 것이다.

683) 새끼를 꼬아서 '부줄(봇줄)'을 드렸다는 것이다. 부줄은 마소에 써레나 훌칭이 따위를 매는 줄이다.

684) 집안 설거지하고 쉬었다[休息]는 것이다. 집안 설거지는 집안을 정리 정돈하는 일이다.

◎徐元相 貸與 現金

9/13[10/11] 細雨 曇 午後에는 비가 갬

식전 *논에 둘러옴

前 *보리방아 져다 놓고 쉼

◎보리(3叺 + 25升 = 4叺 13升)

*도리깨 1本 메 놓고 보리 찌거려다가 기름이 없어 못 찍고 논에 둘러옴[685]

*소꼴 조금 비서 지고 옴

9/14 晴 식전 *精麥 보리쌀 2叺[10斗]

前 *옹기 1叺 만덤[新造][686]

后 *고구마 케 놓은 것 지고 옴[2叺 + 4斗 叺로 1[687] = 總 3叺]

9/15[10/13] 晴 晴后曇細雨

식전 *新米

◎창건너 도구나락 찌검 1叺[5斗强][688]

---

685) 도리깨 1개[本] 매 놓고 보리 찧으려다가 기름이 없어 못 찧고 논을 둘러보고 왔다는 것이다.

686) '옹기(원구)' 1개[叺] 만듦. 원구는 새끼로 망태처럼 만든 운반구다.

687) 4말[斗]을 가마니[叺]로 해서 1가마니라는 말이다.

688) 창건너 논 도구나락을 찧으니 한 가마니[叺], 곧 5말[斗]이 넘게[强] 나왔다는 것이다. 도구나락은 물이 빠져나가는 도랑을 치려고 베어낸 나락이다.

◎白米 小斗(4斗 + 1平斗 실함) 卽 20升[689)]

前 *도구나락 빔

◎仁甫市場 出

*白米(新) 12升 47원 = 564圓[690)]

*메러치~10

*술약 2

*성냥 7

*고기~10

*능금~5

*바구미~15

*린뎅 7월

*廣木 44圓

*들기름 1升 10圓

后 *도구 6斗只 다 갈어서 멘밑도가리 外 다 꺼러올임[691)]

---

689) 백미(白米) 소두(小斗) 5말, 곧 20되[升]가 나왔다는 말이다.

690) 백미(白米) 찐쌀[新米] 1되에 47원씩 12되[升]를 564원에 팔았다는 것이다. 도구나락 5말 남짓을 찧어서 백미 5말, 즉 20되가 나와 찐쌀을 만들었다. 그중 12되를 인보시장에서 팔았던 것이다.

691) 6마지기[斗只] 논 도구 다 훌칭이로 갈아서 '멘밑도가리(맨아래도가리)' 외(外) 흙밥을 다 끌어 올렸다는 것이다. 6마지기는 고개만당 논이다.

9/16 晴 식전 *도구나락 비러 가서 조금 비다가 너무 추워서 일찍 옴

前 *新畓 도구나락 빔

*도구 비다가 거럼 2짐 짐

后 *新畓 도구 침

◎今年 最初의 추위임

9/17 晴 식전 팥 꺼넜음[큰밭][692]

*들깨 지고 옴(들깨 9升 强)

*大端히 추운 날씨임

前 *거럼 4바리 3짐[開始][693]

后 *거럼 4바리 4짐[今日 8바리 7짐]

9/18 晴 식전 *팥 꺾엄[6짐]

前 *거럼 3바리

后 * 〃 4바리

◎今日 7바리[合計 15바리]

◎수씨 알 15升[694]

---

692) 큰밭의 팥을 끊었다는 것이다. 곧 수확하였다는 것이다. 팥은 한꺼번에 익지 않으니 익어가는 대로 수확하는 경우가 많다.

693) '거럼(거름)' 4바리를 3짐에 나누어 지었다. '개시(開始)'는 보리밭 거름 운반을 개시하였다는 것이다.

694) '수씨(수수)' 알(알갱이) 15되[升]라는 말이다.

◎굴건팥 텀[3升][695]

◎6斗只 도구나락 3옹기 + 3짐[696]

9/19 晴 식전 *도구나락 타작했음[차나락~1斗, 約 8斗, 찐나락[697] 1斗 = 1石]

前 *큰밭 거럼 3바리 실었음

后 *큰밭 〃 3바리 실었음(6바리 + 6짐 合計 21바리)

◎彦陽市場 出(妻)

◎물동이(함석)~140圓

◎소이가리[698]~16圓

◎다래박[699]~30圓

◎달알 6個~4圓式 24圓[收][700]

*海魚 220圓

*이까 칼치~25

695) 먼저 익은 굵은 팥을 털었더니 3되[升]가 되었다는 것이다.

696) 6마지기[斗只] 도구나락 3옹기(옹구)와 3짐을 운반하였다는 것이다. 옹기에 보리밭 밑거름을 싣고 갔다가 돌아올 때 도구나락을 싣고 왔다. '6마지기[斗只]'는 고개만당 논이다.

697) '찐나락'은 솥에서 찌어서 말린 나락이다.

698) 소고삐. 울주 사람들은 소고삐를 '이까리'라고 한다.

699) 두레박.

700) 달알(달걀) 6개를 4원씩 팔아서 24원을 수입하였다는 것이다.

*열합[701]~18圓

*메러치~10

*전꺼리[702]~20

*明太~10

*오징어~5

*實果~12

*대조~5

*午料~5[703]

*초[양촉 1封]~10圓

*두부~10

*藥~20

*紙~10

9/20 晴 식전 *나락 찌걸 準備해 놓고 팥 걲었음[704]

終日 *창건너 나락 마자 비고 新畓 멘윗도가리 비 놓고 옴[705]

---

701) 홍합. '담치'라고도 한다. 보통 '산적' 위에 올리기도 한다.

702) '전(부침개)' 거리.

703) 점심값[午料]이 5원이라는 것이다.

704) 나락 찧을 준비(準備)해놓고 팥을 꺾었다는 것이다. 팥을 수확하는 일을 두고 '꺾는다, 찐다, 기린다'라고 하였다.

705) 창건너 나락 마저 베어놓고 새논[新畓] 맨윗도가리 베어놓고 왔다는 것이다.

◎李英雨 놉해서 2人이 빔

◎精米 結果

◎白米 메나락~7斗＋平

◎찐 것 〃 〃 ~1斗

◎찹쌀 〃 〃 ~1斗(小斗 約1石)

9/21[10/19] 晴

식전 ⋆製粉해 옴 멥쌀 7升, 찹쌀 1升[8升 20圓[706]]

⋆찰떡 2升

前 ⋆新畓 윗1斗只 빔[707]

后 ⋆위내상구 다 비기 完了하고 밑내상구 머리도가리 조금 비다가 도구 나락 걷어 옴[708]

⋆新畓 도구나락 조금식 3짐 걷어 지고 옴

9/22 晴 식전 ⋆논에 둘려서 新畓 머리도가리 마자 비 놓고 팥 1짐 지고 옴

前 ⋆父祭 파제 술 노나 먹음[709]

---

706) 멥쌀(7되)과 찹쌀(1되)을 기계 방앗간에서 제분(製粉)하는 값이 20원이라는 말이다.

707) '새논[新畓]' 윗 1마지기[斗只] 나락을 베었다는 것이다.

708) 새논 '위내상구' 나락 베기 완료(完了)하고 '밑내상구' 중 '머리도가리' 조금 베다가 도구나락 걷어왔다는 말이다.

709) 부제(父祭), 곧 아버님 제사 파제(罷祭)하고 술 나누어 먹었다는 것이다.

后 *新畓 妻와 2人이 멘밑 2도가리 남구고 다 비 놓고 창건너 나락 첫머리도 가리 걷어 동겜[710)]

9/23 曇 식전 *메물 비고 나락 新畓 멘 밑도가리 비고 팥 1짐 지고 옴

前 *창건너 큰도가리 다 걷었음[711)]

后 *창건너 일찍 다 걷고 新畓 나락 마자 빔

◎夜間에 비가 몇 방울 떰

*마른 벙게가 침[712)]

◎雪糖 半升 15圓[713)]

9/24[10/22] 晴

식전 *曇 漸次 개임

*밥먹는도가리 마자 비고 고물콩, 배밑콩 꺾음[714)]

---

710) 새논[新畓]을 처(妻)와 2인(人)이 '멘밑(맨 밑)' 2도가리 남기고 다 베어 놓고 창건너 나락 '첫머리도가리' 걷어 동가리를 쳤다는 것이다. 동가리는 볏단을 동으로 쌓아놓은 무더기라는 말이다.

711) 나락을 말리려고 널어놓은 것을 걷었다는 것이다.

712) 마른번개가 쳤다는 말이다. '밤에 마른번개 치면 이튿날 날이 맑다'는 이야기가 전승된다.

713) 설탕[雪糖] 반 되를 15원에 샀다는 것이다.

714) '밥먹는도가리' 마저 베고 '고물콩, 배밑콩'을 꺾었다는 것이다. '밥먹는도가리'는 새논의 논배미 이름이다. '고물콩'은 떡고물을 만들 때 쓰는 콩이다. '배밑콩'은 밥에 섞는 콩이다.

*2가지 콩 1짐 무겁게 지고 옴

前 *머리1斗只 비고 2斗只 조금 비다 點心

后 *2斗只 約 半 조금 未達되게 빔[近 2斗只 빔]

*그리고 저녁 때 新畓 1斗只(위내상구) 다 걷어서 동가리 침

9/25[10/23] 晴

식전 *昨日 비던 큰 2斗只 비고[715]

午前 *中에 6斗只 苗강까지 빔

◎正午 무렵 연산아제 와서 도와줌으로 일찍 6斗只 마치고

◎新畓 머리 도가리 及 그 다음 도가리까지 걷어 동가리 쳐놓고 옴

◎尙秀 고물콩 배밑콩 타작함

9/26 晴 식전 *질메 손 보고 큰밭 콩 꺼넜음[716]

前 *콩나물콩까지 午前에 꺼넘

后 *수민宅이 와서 新畓 밑 가운데도가리서부터 밭쪽 全部 다 걷음[717]

---

715) 어제[昨日] 베던 큰 2마지기[斗只]를 베었다는 것이다. '큰 2마지기'는 고개만당 논 윗서마지기 중 '두마지기' 논배미다.

716) '질메(길마)' 손 보고 큰밭 콩 끊었다는 것이다. 콩을 꺾는 이유는 콩 뿌리에 붙은 박테리아균이 거름 효과가 뛰어나기 때문이다.

◎큰밭 콩마자 꺼냈음[完了]

9/27 晴 식전 *新畓 나락 1바리 + 1짐[718]

前 * 〃 〃 4바리 + 3짐

后 * 〃 〃 3바리 + 2짐

*尙秀 5짐(8바리 + 9짐)

◎일찍 다 덜음[719]

9/28[10/26] 晴

식전 *昨日 배가리 中止했든 것 終了하고[720]

*德巨里 콩나물콩 半 可量 꺾고 옴

---

717) 수민댁이 와서 새논[新畓] 밑 가운데도가리부터 밭쪽 전부(全部) 다 걷어 묶었다는 것이다. 나락 따위를 걷어 묶는 일은 여자 노동력이 경제적이었다. 여자가 남자보다 손놀림이 빠르기 때문이다.

718) 새논[新畓] 나락 1바리와 1짐을 밭에서 집으로 운반하였다는 것이다. 바리는 소의 힘으로 볏단을 길마에 올려놓고 지어 나르는 것이고, 짐은 사람의 힘으로 볏단을 지게에 올려놓고 지어 나르는 것이다. 1바리는 볏단 80단, 1짐은 볏단 40단 정도다.

719) 일찍 다 들여다 놓았다는 것이다.

720) 어제[昨日] '배가리[볏가리]' 중지(中止)했던 것 종료(終了)하고. 배가리 밑자리에는 '소갑(솔가지)'을 깔았다. 소갑의 송진은 방수 기능이 뛰어났다. 밑자리 복판에는 '둥거리'도 깔아주었다. 배가리 위에 '웃주지(주저리: 일정한 양의 볏짚의 끝을 모아 엮어서 만든 물건)'를 덮었다.

前 *큰밭 콩동 묶음[콩나물콩~2棟, 白大豆~6棟][721]

后 *나락 동가리 침[10個][722]

*머리 1斗只~2[723]

*큰도가리[2斗只]~3[724]

*아래 1斗只~2[725]

*苗강~2[726]

*그밑~길便~1[727]

---

721) 큰밭에서 콩동 '콩나물콩(나물콩)' 2개, 백대두(白大豆) 6개를 묶었다는 것이다. 콩동은 콩을 꺾어 수수깡으로 싸서 묶은 덩이다.

722) 동가리는 나락 단으로 묶은 것을 동으로 쌓아놓은 무더기다. 동가리 만드는 것을 '동가리 친다'고 한다. 1동가리는 250단이다. 한 마지기(200평)당 2동가리를 친다. 2동가리에서 나락 1섬 정도가 생산되었다.

723) 고개만당 논 아래서마지기 중 '머리도가리' 1마지기에 동가리 2동을 쳤다는 것이다.

724) 고개만당 논 윗서마지기 중 '외도가리' 2마지기에 동가리 3동을 쳤다는 것이다.

725) 고개만당 논 '외도가리' 아래, 곧 아래서마지기 중 '머리도가리' 1마지기에 동가리 2동을 쳤다는 것이다.

726) 고개만당 논 아래서마지기 중 '苗강(못강)' 1마지기에 동가리 2동을 쳤다는 것이다.

727) 고개만당 논 아래서마지기 중 '못강밑도가리' 7되지기에 동가리 1동을 쳤다는 것이다.

◎今日 놉 2人(李英而 母, 원조 母) 해서 나락 걷었음[728]

※今日 5斗只 걷음[729]

*殘 걷을 것(멘밑도가리, 그 위 3斗只 苗강)

9/29[10/27] 晴

식전 *큰밭 갈었음[730]

前 *본인 밭 갈고

后 * 〃 밭 감

*妻 나락 3斗只 苗강 及 멘밑도가리 차나락 걷었음[731]

◎今日 苗강(3斗只) 1동가리

*멘밑도가리(차나락) 1동가리(都合 12동가리임)

---

728) 오늘[今日] 놉 2인(이영우 모, 원조 모) 해서 나락을 매끼로 걷어 묶었다는 말이다.

729) 오늘[今日] 5마지기[斗只] 나락을 걷어 묶었다는 것이다.

730) '큰밭'을 훌칭이로 '아시갈이(첫 밭갈이)'하였다는 것이다. 보리를 갈기 위한 밭갈이다.

731) 처(妻)는 3마지기 '苗강(못강)'과 '멘밑도가리' 차나락을 걷어 묶었다는 것이다. '3마지기'는 창건너 논이다.

10월

울주 김홍섭 어르신 일기의
주석(註釋)과 해설

10/1[10/28] 晴

식전 *고개만당 큰밭 위추머리 昨日 갈다 나머지 갈고[732]

前 *골 타고 씨 넣었음[733]

*基肥 ◎重過石 約 20K 强 (平 11升 半 可量)으로서 10분의 5 可量 = 2분의 1 可量 施肥해서 묻고 其 및 10분의 1 可量 더 씨 넣고 거럼만 까러 놓았음(全體的으로 10분의 6 可量 함)

*仁甫市場 ◎白米 2升 95圓

*借用~700圓

*肥料代 817圓 支拂

732) 고개만당에 있는 '큰밭' '위추머리(위 첫머리)' 갈다 나머지를 훌칭이로 갈았다는 것이다.

733) 골 타고 씨(보리씨앗) 넣었다는 것이다. 골 타는 일을 달리 '골 썬다'고도 한다.

后　*肥料 치고 거럼 까러서 무덨음[734)]

10/2[10/29] 晴

식전　*큰밭 골 서고 보리 감[735)]

◎基肥 調合 半叺 强

*重過石 22.5K(半俵 無償)

*重過石 調合(平 8升, 平 6升 + 高升 2升) 卽 16升로서 昨日 나머지 全部 다 쳐서 갈고 조금 남굼(그의 完了)

*밀(高升) 2升 갖고서

◎尙秀 300圓

*貞淑 20圓

10/3[10/30] 晴

식전　*거럼 1짐 지고 가서 仁甫農協에서 肥料 찾어 옴

---

734) 비료(肥料) 치고 거름 깔아서 묻었다는 것이다.

735) 큰밭에 골 썰고 나서 보리를 갈았다는 말이다. 보리 파종법을 들여다볼 필요가 있다. 훌칭이로 생땅 없이 밭을 갈았다. 이를 '다댄다'고 하였다. 뒤엎는다는 말이다. 그리고 30㎝ 간격으로 다시 골을 냈다. 이것은 보리를 파종하기 위한 골이었다. 이를 '골 썬다'고 하였다. 그래서 "큰 밭에 골을 썰었다"고 하였던 것이다. 보릿골의 폭은 15㎝ 정도였다. 보리씨앗을 흩뿌렸다. 퇴비를 깔았다. 흙밥을 맨발로 골에 밀어 넣으며 보리씨앗과 퇴비를 묻었다.

*소 몰고 가서[736]

前 *고개만당 큰밭 보리 기리 完了하고 거럼 1바리[737]

后 *本人 肥料 가리고 거럼 2짐 져다 놓고 옴[738]

*新畓 昨日 今日 거럼 6바리 + 2짐

*基肥 ◎큰밭보리~重過石~2升(平)

調合~2升(平)

그 外에 約 1升

※큰밭 보리 基肥(調合~10번의 6俵 以上, 重過石 約 40K) = 21升

◎誠實과 勤勉

10/4[10/31] 晴

식전 *新畓 논골 탐(가운데 큰도가리까지 탐)[739]

---

736) 소를 몰고 가서 비료를 찾아왔다는 것이다.

737) 고개만당에 있는 '큰밭' 보리갈이 완료(完了)하고 '거럼(거름)' 1바리 실어 갔다는 것이다.

738) 본인(本人)은 비료(肥料) 가르고 '거럼(거름)' 2짐 져다 놓고 왔다는 것이다.

739) '새논[新畓]' 논골을 가운데 큰도가리까지 탔다는 것이다. 논보리는 보리논에 갈았다. 논골을 탄다는 것은 보리논에 보리를 파종하려고 골을 탄다는 것이다. 김홍섭 어르신 소유의 보리논은 '새논'이라는 세 마지기(한 마지기 100평) 논이었다. '논골 타기'는 논보리 파종법의 한 가지다.

前 *골 마자 타고 거럼 깔고 肥料 침

◎基肥 上의 肥料로서 新畓 基肥 다 함[740)]

后 *묻고

*놉 삼호宅(한나절) 德巨里 밭 다 감[741)]

*本人 德巨里 내려와서 밭갈 동안 거럼 3짐 빔

◎消化민 藥代 10圓

10/5[11/1] 曇細雨 正午 무렵에 비가 제법 옴

식전 *거럼 져내고 비설거지 함[742)]

前 *德巨里 밭보리 고추밭 하든 것 完了하고[743)] 그 윗 때기

비교적 습기가 많지 않은 논배미에서는 논골 타기로 논보리를 갈았다. 나락그루 사이(약 20㎝ 정도)를 훌칭이로 갈았다. 이를 '논골 탄다'고 하였다. '괭이써레'로 써렸다. 괭이써레는 보리논에서 논보리를 갈 때 논바닥의 흙덩이를 바수는 사다리 모양의 써레였다(도1-6). 이를 '문댄다'고 하였다. 다시 훌칭이로 논골을 탔다. 이를 '재불골 탄다'고 하였다. 골 안에 보리 씨앗을 흩뿌렸다. 거름을 깔았다. 괭이써레로 다시 문대었다.

740) '큰밭' 보리 기비(基肥) 21되로서 새논[新畓]의 기비(基肥)를 다 쳤다는 것이다.

741) 놉 삼호댁 주인은 한나절 덕거리 밭을 갈았다는 것이다.

742) '거럼(거름)' 져내고 비 온 뒤의 집 안을 정리하였다는 것이다.

743) 덕거리(德巨里) 고추밭 그루에 밭보리 가는 것을 완료(完了)했다는 것이다.

씨앗 넣고 거럼 내 놓은 데로 까러 놓고 비가 옴으로 完結 못함

◎配合肥料 조금 基肥했음

后 *새끼 좀 꼬고 休息 함

10/6[11/2] 曇

식전 *休息

前 *木花밭 가러서 골 지리고 거럼 1짐 내서 보리 감[744)]

后 *비가 옴으로 休息

10/7[11/3] 曇

식전 *논에 둘러 옴

前 *斗西面所에[745)] 일 보러 갔다가 本里洞 親友들과 仁甫서 終日 愉快히 놀다 다 黃昏에 歸家함

后 *歸家했음

◎煙草代 4圓

*仁甫市場

*팥 4升~35圓 = 140圓[746)]

◎尙秀 洋服 一불~300圓[747)]

---

744) 목화그루를 훌칭이로 갈고 골을 지르고 거름 1짐 넣고 보리를 갈았다는 것이다.

745) 두서면사무소(斗西面事務所).

746) 팥 1되에 35원씩 해서 4되[升]를 140원에 팔았다는 것이다.

747) 큰아들 상수 양복 1벌을 300원에 맞췄다는 것이다.

◎尙秀 洋말 60圓

◎柿 1접 60圓[748)]

◎메러치~10圓

10/8 晴 식전 *永川 孫秉吉氏 전송 費~30圓

前 *고개만당 밭에 가서 밀집 서언 것 져다 깔고[749)]

*新畓 보리논 도구치고 도라옴[750)]

后 *뒷山에 가서 소갑 끝다리 1짐 주워다가 배까리 및자리 놓고 나락 머리 도가리 3바리 실었음[3바리 + 3짐인데 마자바리는 1바리 未達됨][751)]

10/9[11/5] 晴

식전 *1바리(2斗只) 1짐

前 *4바리(4짐)

后 *1바리

6바리 + 5짐[752)]

---

748) 감[柿] 1접(100개)을 60원에 샀다는 것이다. 집에서 곶감을 만들려고 감을 샀다.

749) 고개만당 '밭(큰밭)'에 가서 '밀집(밀짚)' '서언(썩은)' 것 지어다 깔았다는 것이다.

750) '새논[新畓]' 보리논 도구치고 돌아왔다는 것이다. 도구친다는 것은 배수(排水) 목적으로 물길을 내는 일이다. 괭이, 삽 따위로 도구를 쳤다.

751) 마지막 바리 1바리가 미달(未達)되었다는 것이다.

752) 오늘 운반한 나락이 모두 6바리 5짐이라는 것이다.

*창건너 新논 나락 2바리 실었음[2짐][753]

10/10[11/6] 晴

식전 *창건너 1바리 + 1짐

*尙秀 修學旅行 旅費條 120圓(出費 300, 衣服 350, 洋말 60, 靴 50, 旅費 120 = 880)

前 *3바리 + 2짐

后 *4바리 + 2짐 = 7바리 + 4짐

10/11[11/7] 晴

식전 *창건너 나락 1바리 실고 1짐 지고 옴

前 *昨日과 今日 식전은 서리가 하얗게 왔음

*고개만당 나락 디림 위1斗只[밑3斗只 中의][754] 3바리 + 그 밑[755] 1바리

*班田宅 소 3바리[756]

后 *차나락 7바리 + 3짐, 2바리 + 2짐 = 9바리 + 5짐

*今年度 위3斗只 9바리 + 8짐

---

753) 창건너 새(新) 논 나락 2바리와 2짐을 실어 날랐다는 것이다. 창건너 논은 1961년도에 매입하였기에 '새 논'이라고 하였다.

754) 고개만당 논 '아래 서마지기[밑3斗只]' 중 머릿도가리 한 마지기[위 1斗只]라는 것이다.

755) 고개만당 논 '아래 서마지기' 중 '못강밑도가리' 또는 '맨아랫도가리'라는 것이다.

756) 반전댁(班田宅) 소로 3바리를 실었다는 것이다.

밑 〃 〃 9바리 + 5짐

창건너~11바리 + 7짐

新畓 3斗只 8바리 + 9짐

10/12[11/8] 曇

식전 *新畓 보리 가러 놓은데 손질함

前 *타작함(徐兄) 打作 마치 놓고

后 ◎차나락 約 8斗强[안 디루고 2叺][757]

◎밑3斗只 中의 1斗只(〃 〃 3叺)

◎창건너 (〃 〃 1叺+2斗)

◎져녁에 비방울 떰

◎尙秀旅行으로부터 歸家함

10/13[11/9] 晴

식전 *바깥에 가릿던 나락 져 디리서 打作함[758]

*6斗只[759] 苗강(2도가리) 2石 1石

*昨日핸는 것 合해서 디룬 結果

757) 차나락 약 8말[斗] 남짓한데[强] 풍선(風選)하지 않고 2가마니[叺]가 되었다는 것이다.

758) 바깥에 가렸던 나락 지어 들여서 타작(打作)함. 여기에서 '가리다'는 동가리 쳐 놓았던 것이라는 말이다.

759) 고개만당 논이다.

*밑3斗只 메나락 7斗入 叺 1[760]

6斗入 叺 5[761]

*창건너 메나락 6斗入 叺 1 = 合 4.3

*밑3斗只의 차나락 79升 = 9斗强

今日·昨日 總計 5石 2斗

※차나락 前에 먹은 것~1斗 + 9斗 = 1石

◎밑3斗只 메나락 3石 7斗

차나락 9斗

뒷목[762] 3斗 = 4石 9斗

10/14[11/10] 晴

◎팥 타작

*젹은팥 32升

*赤豆~4升7合

*去般 賣品~4升

*祭祀 1升 半

식전 *斗西우체국에 갔다 電報用紙 얻어서 斗東 銀片에 갔음

(妻男 官報 칠 節次 밟기 爲해)

---

760) '밑3斗只(고개만당 논 아래서마지기)' 메나락 7말[斗] 넣은[入] 것이 가마니[叺] 1개라는 것이다.

761) 6말[斗] 넣은[入] 것이 가마니[叺] 5개라는 것이다.

762) 타작할 때에 북데기에 섞이거나 마당에 흩어져 남은 찌꺼기 곡식이다.

后　*妻家 到着

*담배~6圓

10/15[11/11] 晴

前　*歸家

*斗東理髮所 調髮~20圓

◎精米

*메나락 6斗

*뒷뭊[763]~3.3

*차나락~4斗

10/16[11/12] 晴

식전　*콩 져 더림[2짐에 3棟]

前　*기배기덤 8代祖(本人) 墓祭에 參拜하고 斗西面事務所로 둘러서 歸家함

后　*콩 2짐 지고(4棟) 新畓 보리 묻다가 옴

10/17[11/13] 晴

식전　*보리 가렀음

前　*콩 2棟 텀

*妻는 콩텀[元수지 털기 完了][764]

---

763) '뒷뭊(뒷목, 타작할 때에 북데기에 섞이거나 마당에 흩어져 남은 찌꺼기 곡식)'.

764) 妻는 콩 텀[元수지 털기 完了]. 여기에서 '텀'은 '털다'라는 말로 도리깨로 콩을 타작하였다는 말이다. '원수지(원-)'는 뒷목의 반대말로 타작했던 자리에 남은 비교적 알찬 곡식 따위다.

后　山에 갔다가 나무 조금해서 도라 와서 큰밭에 둘러옴

◎仁甫市場

◎白米 20升 賣[41원式~820圓][765]

*콩 3升[31圓式 90圓][766]

*계란 5個 15圓[767]

*收 925圓

*前借 返 900圓[768]

◎內衣~3불 100圓

◎메러치~10

*정괴이 조기~40[769]

*합자~15

*까재미 10

*實果 15

*문종이~2圓

*其他 2圓

---

765) 백미(白米) 1되에 41원씩[式] 해서 20되[升]를 팔아 820원을 받았다는 것이다.

766) 콩 1되에 31원씩[式] 해서 3되를 팔아 90원을 받았다는 것이다.

767) 계란 5개를 팔아 15원을 받았다는 것이다.

768) 지난 번에 차용(借-)하였던 돈 900원을 반제(返-)하였다는 것이다.

769) '정괴이(전갱이)'와 조기를 40원에 샀다는 것이다.

10/18[11/14] 晴

식전 *마늘밭 가러서 골 질러 놓고 옴[770]

前 *거럼 2짐과 전에 1짐 3짐으로서 마늘 심움[771]

后 *둥거리 1짐 해옴[772]

◎소갑 1단 주워서 언저 옴[773]

◎도리깨 1本 멤

◎尙秀 11원 줌

10/19[11/15] 曇 때로 가랑비 식전부터 正午 조금 늦게까지 后 조금까지

*고개만당 新畓 打作함[774]

◎元 6石 2斗 强[775]

---

770) 마늘 심을 밭을 갈아서 골 질러 놓고 왔다는 것이다. 마늘 심을 밭은 훌칭이로 전경(全耕)하였다. 그리고 골을 냈다. 이를 '골 지른다'고 한다. 두둑의 폭은 1.2m 정도다. 이를 '만골'이라고 한다. 골은 40㎝ 정도다.

771) '거럼(거름)' 3짐이 되는 셈이다. 그 정도면 30평 정도의 땅에 마늘을 심을 수 있다.

772) 둥거리는 장작을 만들 수 있는 통나무로 주로 소나무나 참나무다.

773) 둥거리 1짐 지고 올 때 '소갑(솔가지)' 1단 주운 것을 얹고 왔다는 것이다.

774) 고개만당 논 가까이 있는 새논[新畓] 나락을 타작(打作)하였다는 것이다.

775) 새논 나락 타작 결과 원수지는 6섬 2말 남짓이라는 것이다.

*뒷묷~約 3斗 強[776]

*6石 5斗 強[叺에 10叺 外 2斗도 分해서 더 넣음][777]

◎徐元相氏 와서 도와줌

10/20 曇 *놉 3人 해서 打作함

*고개만당 위 3斗只 及 창건너 3斗只 合해서 10石 2斗 強 해서 두지에 다 넣었음[778] [도1-10] 두지

10/21[11/17] 晴

*金容宇 타작 품 갚헛음[終日]

식전 *精米 나락

*뒷묷~白米 8斗 強[779]

*元 23.1[780]

---

776) 새논 나락 타작 결과 뒷목은 약 3말 남짓이라는 것이다.

777) 가마니(叺)에 10가마니 넣었는데, 2말[斗]도 나누어서 넣었다는 것이다.

778) 고개만당 논 '위3斗只(위서마지기)'와 창건너 3마지기 합해서 10섬 2말 남짓 '두지(뒤주)'에 다 넣었다는 것이다.

779) '뒷묷(뒷목, 타작할 때에 북데기에 섞이거나 마당에 흩어져 남은 찌꺼기 곡식)'으로 방아 찧은 백미(白米)는 8말[斗]이 남짓하였다[強]는 것이다.

780) 원수지가 23섬 1말이라는 것이다. '원수지'는 뒷목의 반대말로 타작했던 자리에 남은 비교적 알찬 곡식 따위다.

[도1-10] 두지(뒤주)

두지는 두 가지가 전승되었다. 쌀을 저장하는 두지와 겉곡식을 저장하는 두지다. 앞의 두지를 '쌀두지', 뒤의 두지를 그냥 '두지'라고 하였다. 두지는 가을에 타작한 후 나락이나 기타 곡식을 저장했던 곳이다. 두지는 짚으로 엮어 둘러막고 이엉으로 지붕을 덮었다. 일본인 농학자 타카하시 노보루(高橋昇)는 한국의 두지를 유심히 들여다보고 다음과 같이 지적하였다.

바닥에 자리를 깔고, 짚을 엮어 통을 만든다. 그 안에 나락을 넣고, 이엉을 펴 덮고, 그 위에 꼭지를 씌운다. 짚으로 엮은 것을 '지직'이라고 한다. 볏짚 30단(한 지게에 40단)으로 만든다. 벼 다섯 섬을 저장할 수 있는데, 가장 큰 것은 스무 섬, 그리고 가장 작게는 두 섬 정도를 저장할 수 있게 만든다. 이듬해 봄까지 이렇게 저장한다. 벼 이외의 것은 이런 뒤주에 저장하지 않는다. 한번 엮어 만든 '지직'은 4년쯤 사용하지만, 꼭지와 밑자리는 해마다 바꾼다.

두지 [대구시 동구 신기동, 1940년 11월 24일] 촬영 타카하시 노보루(高橋昇)
타카하시 노보루는 남해도에서 본 두지에 대하여 다음과 같은 기록을 남겼다. "나락을 저장할 때 쓴다. 마당 구석에 두는데, 높이 120cm, 직경 100cm 정도다. 매우 아름답게 만들었다. 이렇게 저장하면 쥐의 피해가 전혀 없다고 한다."고 말이다.

⋆뒷 1.1[781)]

10/22[11/18] 晴

前 ⋆德巨里 밭에(보리) 오줌 4장구이

后 ⋆몸이 大端히 不平하여 休息했음

◎石油 代 10圓

⋆徐元相氏 貸與金 回收

10/23[11/19] 晴

前 ⋆오줌 1장구이 침 今日도 몸이 被困함

后 ⋆무, 배추 뽑움[5바리 5짐][782)]

10/24[11/20] 曇 雨 비가 오므로 終日 休息함

◎金泳圭氏 貸付金 2,000圓 3分[783)]

781) 뒷목이 1섬 1말이라는 것이다. '뒷목'은 타작할 때에 북데기에 섞이거나 마당에 흩어져 남은 찌꺼기 곡식 따위다.

782) 무와 배추를 뽑았는데, 5바리, 5짐이 되었다는 것이다. 무와 배추를 '옹기(원구)'에 담아 나른 것이 5바리, 지게에 지어 나른 것이 5짐이라는 것이다.

783) 김영규(金泳圭) 씨에게 대부금(貸付金) 2,000원을 3푼[分] 이자로 빌려주었다는 것이다.

10/25 雨 *식전부터 班田宅 干歸잔치 準備에 일 도와주고 休息[784)]

10/26 晴 *班田宅 선동宅 집일

*各其 일봄

*夜向 銀片 갔다옴

10/27 晴

식전 *歸家[7원 車費]

*班田宅 잔치 일봄

*은편 절편해서 夕時에 감

◎黃五植 元金 1,000圓 受

*徐炳澤 계중 돈 600圓 借用

*收得稅 區長 200圓 支

*콩 13升, 콩 3升 市場 32원式~416圓+96圓=512圓[785)]

---

784) 식전부터 반전댁(班田宅) 우귀잔치(于歸-) 준비(準備)에 일 도와주고 휴식(休息). 신부 집에서 혼례 치르고 신부 집에서 1년을 머물렀다. 그 동안 신랑은 신랑 집도 오갔다. 1년 후에 신랑 집으로 신부를 데리고 왔다. 이때 돼지를 잡는 등 잔치를 크게 벌였다. 이때 잔치를 '우귀잔치'라고 하였다.

785) 아무개 콩 13되는 1되에 32원씩[式] 해서 팔아 416원을 받았고, 아무개 콩 3되는 1되에 32원씩 해서 96원을 받았는데, 합친 금액은 512원이라는 것이다.

◎저녁에 银片에 갔음 ※절편 해 짊어지고[현궐예[786]

~·50圓]

10/28 晴 *妻家에서 일봄(終日) 잔치 準備

10/29 晴 *妻男의 宅內 千歸日로서 잔치에 일봄

10/30 雨 早朝부터 終日 비가 옴

*신부럼에 奔走했으나 妻男 와서 일을 보기에 좋은 雰圍氣에서 일봄

786) 현권례(見眷禮)라는 것이다. 신부는 이제부터 이 집안의 권속(眷屬)이 된 셈이다. 서로 인사를 주고받는 의식이다. 김홍섭 어르신은 처남의 새색시에게 새살림에 보태라는 의미로 50원을 주었다.

11월

울주 김홍섭 어르신 일기의
주석(註釋)과 해설

11/1 晴 식전 *車便으로 歸家함 車費~15圓[妻家 金][787]

*오줌 1짐 치고 논밭에 보리 둘러보고 옴

前 *싸리씨 훌터러 소암 뒷山에 갔음[788]

后 *늦게 도라올 때 나무 2束 하고 삽짝 외때 해 와서 마구門 얼거서 만덤[789]

787) 차편(車便)으로 귀가(歸家)하였는데, 차비(車費) 15원은 처가(妻家)의 돈이라는 것이다.

788) 싸리씨앗을 훑으려고 소암 '뒷산[-山]'에 갔었다는 말이다. 싸리나무는 가을에 보라색 꽃을 피웠다. 그리고 열매를 맺었다. 그 당시 싸리씨앗은 공출(供出) 대상품목이었다. 사방공사(砂防工事)를 목적으로 싸리씨앗을 파종했다.

789) [싸리씨앗 훑으러 갔다가] 늦게 돌아올 때 나무 2단[束] 하고 삽짝 '외때(외줄기: 가지가 없이 뻗은 줄기)' 해 와서 '마구간(외양간)' 얽어서 발[簾]을 만들었다는 말이다. 김홍섭 어르신네 집 아래채의 마구간과 측간 사이에 발을 치려는 것은 겨울에 방풍(防風)하기 위해서였다.

11/2[11/28] 晴

식전 *오줌 3장구이 침

前 *재넘어 나무 1짐 해옴[790]

◎흰콩 9升 30圓式~270圓 + 100圓 合해서 外上 갚흠[집에 借用했던 돈][791]

11/3[11/29] 晴

식전 *오줌 3장구이(덕걸)

前 *上里 정오宅 問喪 40원[두만 10圓 借][792]

后 *歸家 무 감자 묻었음

*妻 무 갈임[793]

※ 흰콩 33升 賣

11/4 晴 식전 *오줌 2장구이 침[큰구디기 完]

*德巨里 木花밭 외 全部 침

---

790) '재넘어'는 두동면 은편리 경상(境上)에 있다. 김홍섭 어르신네 집에서 4㎞ 떨어진 곳이다. 젖은 '둥거리(생나무)'를 지고 오기에는 버거운 거리다. 나무는 마른 둥거리일 가능성이 높다.

791) 흰콩 1되에 30원씩[式] 9되를 팔아 270원을 받고, 100원을 합쳐서 외상(外上)을 갚았는데, 이것은 집에서 차용(借用)했던 돈이라는 것이다.

792) 상리(上里) 정오댁(-宅) 문상(問喪)했는데, 조의금은 40원이다. '두만'이라는 이가 10원을 차용하였다. 상리는 상삼정리.

793) 처(妻)는 무를 갈랐다는 것이다. 곧 크고 작은 것을 가렸다는 것이다.

前 *私門中 논 穀數 15斗 뺄 것[等級 16等~地價 262원][794]

○김장 싰음[795]

后 *갈비 1짐 꺼러옴[796]

11/5[12/1] 晴

식전 *갈비 1짐 꺼러움

終日 *會議 했음

*日暮 后 銀片 갔음(車費 5圓)

*黃南植氏로부터 利子 160圓 受領했음[殘 50圓][797]

11/6[12/2] 晴

終日 *銀片에서 妻男과 같이 놈

*崔芳九氏에서 소 飼育依賴[現時價 15,500圓][798]

---

794) '사문중(私門中)' 논 곡수(穀數) 15말[斗] 뺄 것. 소작료 중에서 15말을 빼고 받기로 한다는 것이다. '사문중'은 고조(古祖) 이하 친족들의 문중이다. 사문중 위토답(位土畓)은 4마지기(1마지기 200평)이다. 등급은 16등급, 지가(地價)는 평당 262원이다.

795) 소금에 절인 배추 따위를 단물에 씻었다는 것이다.

796) '갈비(솔가리)' 1짐 갈퀴로 긁어왔다는 것이다.

797) 황남식(黃南植) 씨로부터 이자(利子) 160원을 받았는데, 50원을 빼고 받았다는 것이다.

798) 최방구(崔芳九) 씨에게 15,500원짜리 소 사육(飼育)을 의뢰(依賴)하였다는 것이다. 소의 주인과 소 소작인이 원금을 빼고 이익금을 서로 나누어 갖는 소의 소작이다.

*送別金 100圓 車費

◎타우루 1枚~10圓

11/7[12/3] 晴

식전 *일찍 歸家해서 오줌 2짐 침

◎妻男 일찍 歸隊하는데 送別하고 옴

終日 *갈비 2짐 껌[799)]

*仁甫市場

◎白米 7升 41圓=287[800)]

*外上 內衣 3가지+尙秀 內衣 上 160圓

11/8 晴 식전 *라이타 찾어러 갔다옴

*妻 메주 끓임 20升

*鳳溪市場에 錢邑 소(牛) 利益配當으로 支佛해주고 옴 [10,500圓 時勢는 있음][801)]

*1,600圓 支佛[滿 1年 飼育함][802)]갈비 2짐 껌

---

799) '갈비(솔가리)' 2짐을 긁어왔다는 것이다.

800) 백미(白米) 1되에 41원씩 7되를 팔아 287원을 받았다는 것이다.

801) 봉계시장(鳳溪市場)에서 전읍(錢邑) 사람에게 소작을 주었던 소 가격을 알아보고 이익배당(利益配當) 금액을 지불(支拂)해주고 왔다는 것이다. 소 시세(時勢)는 10,500원 정도였다.

802) 소를 만(滿) 1년(年) 사육(飼育)한 값으로 1,600원을 지불(支拂)하였다는 것이다.

⋆場 하기 20圓[803]

◎져물게 歸家함

◎져녁 회채 15圓式[804]

11/9 晴 ⋆區長 手助粗 7升와 소(午) 나락 1斗 갖고 갖다 줌[805]

前 ⋆本人은 영계 3마람[3][806]

后 ⋆밀집 영(1) + 집 半[807][今日 집 4[808]]

803) 장(場)에서 소 소작인에게 음식 따위를 대접한 값이 20원이었다는 것이다.

804) '져녁(저녁)'에 '회채(모꼬지)' 값이 15원씩(圓式)이었다는 것이다.

805) 구장(區長)에게 수조조(手助粗) 7되[升]와 소[牛] 나락 1말[斗]을 가져다 주었다는 말이다. '수조조'의 수조(手助)는 일본어 '테쓰타에'로 수고한 값의 의미를 갖는 말이다. 그러니 수조조는 마을 사람들이 구장, 곧 이장(里長)에게 1년 동안 수고의 값으로 주는 나락이다. 그리고 '소 나락'은 소[牛] 의원에게 1년 수고의 값으로 주는 나락이다. 그 당시 이 마을에는 소 의원의 수고의 값을 받는 사람이 있었다고 한다.

806) '영개(이엉)' 엮기는 개인차가 컸다. 능숙한 사람은 하루에 15'마람(마름)', 보통 사람은 하루에 10마람을 엮었다. 김홍섭 어르신[本人]은 오전 중에 영개 3마람을 엮었다는 것이다.

807) '집(볏짚)'을 반쯤 섞은 '밀집(밀짚)' '영개(이엉)' 1개를 만들었다는 것이다.

808) 오늘[今日] '집(짚)' '영개(이엉)' 4개를 엮었다는 것이다.

11/10[12/6] 晴

식전 *오줌 1장구이 침

前 *새(뒷골) 빔 [2짐 强][809]

后 *영계 3마람 엮음[小計 7마람]

11/11[12/7] 晴

식전 *새끼 조금 꿈

前 *영계 3마람

后 *영계 1마람[영 小計 11마람]

*고기 잡을 갔다가 일찍 도라옴[810]

11/12[12/8] 晴

식전 *새끼 꿈[811]

前 *仁甫市場

*팥 1升 30圓[812]

*계란 15圓

*재물~1圓 + 1圓

*성냥~10圓

*메러치~10圓

*고무줄 1

---

809) '뒷골'에서 '새[茅]' 2짐 남짓 베었다는 것이다.

810) 고기 잡으러 갔다가 일찍 돌아왔다는 것이다.

811) 새끼를 꼬았다는 것이다.

812) 팥 1되[升]를 30원(圓)에 팔았다는 것이다.

◎나락 2叺[買上 1叺, 糧肥 1叺[813)]]

等級 1等 正粗 叺當[叺當代金 843圓 30圓 該當肥料 無償手配할 事]

*나락 품돈~60圓

*늦게 歸家함

◎나락 2叺 精米[白米 12斗 强][814)]

*在庫 20.2 – 1 = 20.1[20.5升]

*手數料(牛)

*水稅 3升[815)]

11/13 晴 식전 *영계 엮다가 추워서 中止함

前 *식전 엮든 것 合해서 3마람

后 *영계~2마람[計 16마람]

*尙秀 까둥거리 2짐 함

11/14[12/10] 晴

식전 *새끼 꼼

---

813) 정부에서 매상(買上) 대상으로 1가마니[叺], '양비(糧肥, 비료 대금을 내는 곡식)'로 1가마니[叺] 주었다는 것이다.

814) 나락 2가마니[叺]를 정미(精米)하였더니 백미(白米) 12말[斗] 남짓[强] 하였다는 것이다.

815) 창건너 논 분수도감(分水都監)에게 분수해준 값으로 3되[升]를 주었다는 것이다.

前 ⋆영계 1마람(집) 計 17마람

后 ⋆밀집영계~3 + 밀집영계~? = 今日5 + 前1 小計 6마람

⋆肥料代 나락 1等品 1叺 843圓 外에 나머지 利子 加算해서 支拂함[76 圓 未詳]

11/15[12/11] 晴

식전 ⋆밀집영계 1마람[小計 7마람][816]

前 ⋆脫穀機機械 契中

◎本人 白米 10升 出[817]

◎今年度 都合 45升 5合[818]

后 ⋆놀다가 夕時 집에 옴

⋆夜間 새끼 2사리[819]

⋆金鍾根 꿩 1匹 50圓 + 金元洙 두부 10모 40圓 = 90圓

---

816) 김홍섭 어르신은 식전에 '밀집영개(밀짚이엉)' 1'마람(마름)'을 엮으니 소계(小計) 7마람이 되었다는 것이다.

817) 탈곡기 기계(脫穀機機械) 계중(契中)에 본인(本人)은 백미(白米) 10되[升]를 내놓았다는 것이다.

818) 금년도(今年度) 탈곡기 계중(契中)에서 수입된 쌀은 도합 45되[升] 8홉[合]이라는 것이다.

819) 야간(夜間)에 새끼 2사리를 꼬았다는 것이다. '사리'는 다발에 해당되는 말이다.

11/16[12/12] 晴

식전 ⋆오줌 1장구이 침

⋆집에서 持參金 80圓 彦陽市場 出

⋆借用 仁甫 兄수 400圓 + 彦陽 米商 50圓 = 450圓

◎白米 6升 42圓式 252圓[820)]

⋆契中 돈 600圓 借用(收稅 支拂 時) 利息 10 返

⋆上衣 110圓(旧 警察服)

⋆午料 55圓[821)]

⋆과자 3圓

⋆牛 購入 不足金 補 70圓(牛代 5,450圓)

⋆늦게 歸家

11/17[12/13] 晴

식전 ⋆休息

前 ⋆영계 4마람

后 ⋆영계 1마람[5][822)]

⋆소계 12마람

---

820) 백미(白米) 1되에 43원씩[圓式] 해서 6되를 팔아 252원을 받았다는 것이다.

821) 점심값[午料] 55원(圓).

822) '영개(이엉)' 오전 4'마람(마름)', 오후 1마람 해서 오늘 5마람을 엮었다는 것이다.

◎팥 2升~60圓

*삼마~20圓

*기름 짬~20圓

◎바지 감~160圓[823)]

*메러치 10圓

11/18 雨 *종일 別일 않고 休息

11/19[12/15] 晴

식전 *새끼 꿈[824)]

前 *영계 3마람[825)]

后 *영계 2마람[小計 17마람]

*今日 新聞代~30圓 支拂

*釜山 고종兄에게 片紙 付送했음

*今日은 近來 繼續 마음이 편치 못해 終日 神經만 쓰고 氣分없는 하루를 보냈음 몸이 不平한 탓인지?

11/20[12/16] 晴

식전 *영계 1마람(小計 18마람)

前 *뒷산에서 갈비 1짐 꺼러 옴

后 *재넘어 둥거리 1짐 해 옴

823) 바지 만들 옷감 값으로 160원을 지출하였다는 것이다.

824) 새끼를 꼬았다는 것이다.

825) '영개(이엉)' 3'마람(마름)'을 엮었다는 것이다.

11/21[12/17] 晴

*改憲國民投票 次 斗東所在地 出

*理髮費~20圓

*銀片 갔다 옴

11/22[12/18] 晴

식전 *銀片에서 놈

前 *일찍 歸家함

*갈비 1짐

*仁甫市場 祭祀場[826)]

*白米 13升 41圓 = 533圓 入[827)]

*계란 4個~12圓

*고기~70圓

*실과~25圓

*鏡美 옥감 40圓[828)]

*메러치~10圓

*揮發油 10圓

---

826) 인보시장(仁甫市場)에 제사장(祭祀場)을 보러 갔다는 것이다. 제사장은 제사 때에 쓸 제물을 마련하기 위하여 보는 장이다.

827) 백미(白米) 1되에 41원(圓)씩 해서 13되[升]를 팔아 533원(圓)이 들어왔다[入]는 것이다.

828) 경미(鏡美) '옥감(옷감)' 40원(圓).

后 *용마람 1卷 텀

*聘母任 來家해서 주무심

11/23[12/9] 晴

식전 *용마람 1卷 텀[829]

前 *새 영계~2마람 엮음

后 *새 영계~1마람 엮고 뒷山에 가서 갈비 1짐 꺼러 옴

11/24 晴 식전부터 姜大坤氏 집 牛 關係로 타골~內互~괴밭까지 갔다 늦게 도라옴

11/25 晴 큰 祖母任入祭日임

*집 이김

*집 큰채 영계 16마람, 용마람 3발半 强[830]

*아릿채 밀집 영계 18마람 집 영계 2마람[831]

*놉 崔元浩 徐相元 2인 해서 이였음[832]

*학비, 卽 결핵환자 治療 贊助 6圓

---

829) 용마람 1'마람[卷, 마름]'을 틀었다는 것이다.

830) 집 '큰채' 이는 데 '영개(이엉)' 16'마람(마름)'이 들었고, 용마람은 3발 반(半) 남짓[强]하게 들었다는 것이다.

831) 집 '아릿채(아래채)' 이는 데 밀짚 '영개(이엉)' 18마람과 '집(볏짚)' 영개 2마람이 들었다는 것이다.

832) 놉 최원호(崔元浩), 서상원(徐相元) 2인 해서 지붕을 이었음. 지붕 이는 하루 품삯은 보통 품삯의 2.5배 정도였다.

◎冬至쌀 3升~製粉 = 9圓[833)]

*두부~2모~8圓

*비지 1圓

*孫致壽氏로부터 收金[利 130圓, 元 4,000圓 9個月 半 3.5厘息]

11/26[12/22] 晴 冬至日[834)]

前 *재넘어 울섭 1짐 해 옴[도리깨 열 나무]

后 *울타리 해 놓고 방아 찧엄

◎精米 나락 2叺 1石 2斗

◎白米 小斗 12斗[17.8 − 1.2 = 16.6][835)]

---

833) 동지(冬至) 쌀 3되[升] 빻는[製粉] 값 9원[圓]. 동지팥죽에 들어갈 '수제비(새알)'를 만들 쌀을 제분(製粉)하였다는 것이다. 동지팥죽은 큰솥에서 쑤었다. 이웃에도 나누어주었다. 집의 벽, '삽짝문(사립문)' 밑과 집 주위에도 뿌렸다.

834) 동지가 초순에 들면 '애기동지', 중순에 들면 '중동지', 하순에 들면 '늦동지'라고 하였다. 올해(1962)는 늦동지가 든 셈이었다. 애기동지 때는 팥죽을 쑤지 않았지만 늦동지에는 팥죽이 강조되었다. 동지에 대한 이야기도 전승되었다. 어느 부유한 집의 아들이 개망나니였다. 개망나니는 동짓날 죽었다. 죽어서 역신(疫神)이 되었다. 역신은 붉은색을 기피하였다. 동짓날 팥죽을 쑤어 대문, '정짓문(부엌문)', 벽 등에 뿌렸다.

835) 백미(白米) 소두(小斗) 12말[斗]임. 나락뒤주에 17섬 8말 중에서 1섬 2말 정미(精米)한 나머지는 16섬 6말이라는 것이다.

11/27日 晴

식전 *休息

前 *뒷골山에서 소갑 3束 묶어놓고 둥거리 조금 주워 옴

后 *갈비 1짐

○尙秀 나무 2짐 함

◎妻 銀片 相德 妹 出嫁 식히는데 놀러갔음(잔치)

※衣服 까닭에 釜山 外家 잔치에 놀러 못 갔음[836]

11/28[12/24] 晴

식전 *오줌 1장구이 침

前 *재넘어 둥거리 1짐 해 옴

后 *뒷山에 가서 깔비 1짐 꺼러 옴

*妻 歸家

11/29[12/25] 晴 聖誕日 ◎放學 始作

식전 *오줌 1짐 침

前 *權兄집 이기는데 일 도와줌[837]

---

836) 김홍섭 어르신 외가댁은 울산광역시 울주군 청양면 덕화리다. 그 당시 외가 친족들은 부산에 살고 있었다. 외가댁에 잔치가 있었는데, 정장 의복이 없어 외가댁 잔치에 놀러가지 못했음을 아쉬워하고 있다.

837) 권형(權兄) 집의 지붕 이는 일을 도와주었다는 것이다. 권형은 가난한 이웃집 사람이었지만, 학덕과 친화력이 뛰어나 이장도 역임하였다. 이웃 사람들이 십시일반 볏짚을 모아 지붕을 이어주었다.

后 * 〃 〃

*妻와 尙秀 貞淑 보리밭 멤[新畓 다 메고 큰밭 約 半 可量 멤]

*今日 農資金 返還[元 1,000圓, 利 122圓 支拂함]

*班돈~17圓

*기계 계중돈 15圓

*金石道 감 값 12圓 = 44圓[838)]

11/30[12/26] 晴

식전 *고개만당에 오줌 1장구이 침

前 *오줌 1짐 쳐 놓고 徐元相氏 영계 엮어주고 옴

后 *조금 도와주고 夕時 오줌 1장구이 침

*妻와 尙秀 貞淑 고개만당 밭 다 매고 德巨里까지 完

*담배 5匣 封草(仁甫 兄수 20圓 借用)

838) 44원(圓)은 반(班)에 낸 돈(17원), 기계계중(機械契中) 돈(15원), 감 값(12원)을 합친 금액이다.

12월

울주 김홍섭 어르신 일기의
주석(註釋)과 해설

12/1 曇 식전 ⋆오줌 1장구이 침

前 ⋆오줌 1장구이 치고 金鍾根 집 이기는데 도아 줌[839)]

◎벌꿀 白米 1升分 買入[840)]

⋆尙秀 學費 條 50圓 支拂

后 ⋆오줌 3장구이[고개만당 2 마늘밭[841)]

12/2[12/28] 曇

식전 ⋆오줌 2장구이 침

◎白米 6升 42圓 = 252圓[842)]

⋆仁甫 兄수 20圓 + 50圓 = 卽 70圓 借用

839) '오줌(인분거름)' 1'장구이(장군)' 치고 나서 김종근(金鍾根) 집의 지붕 이는 일을 도와주었다는 것이다.

840) 벌꿀 백미(白米) 1되[升]분 정도를 매입(買入)하였다는 것이다.

841) 오줌 3장구이, 곧 고개만당 '큰밭'에 2장구이, 덕거리 마늘밭에 1장구이를 쳤다는 것이다.

842) 백미(白米) 1되에 42원씩 해서 6되를 팔아 252원을 받았다는 것이다.

*고기~20圓

*두부~12圓

*絲 10圓 = 42圓[843)]

*返[바지 外上 170圓 洋말 85圓 彦陽 米 外上 50圓][844)]

前 *面長 來鄕

后 *仁甫 나갔다 歸家

12/3 晴 前 *錢邑 갔다 斗東 갈여다가 仁甫 經由하여 死亡届 書類 具備해서 歸家함[845)]

后 *늦게 뒷山에서 갈비 1짐 꺼러 옴[846)]

*오줌구덩이에 물 져다 부웠음[3][847)]

12/4 晴 前 *둥거리 1짐 해옴

后 *別일 않고 놀았음

◎今年 더러 가장 추움

---

843) 42원(圓)은 고기(20원), 두부(12원), 실[絲, 10원]을 합친 금액이다.

844) 바지 외상 값(170원), 양말 외상 값(85원), 언양 쌀 상인에게 차용한 금액(50원)을 모두 갚았다는 것이다.

845) 전읍(錢邑) 갔다가 두동(斗東) '갈여다가(가려다가)' 인보(仁甫) 경유하여 사망계(死亡届) 서류 구비해서 귀가하였다는 것이다.

846) 늦게 '뒷산'에서 갈비 1짐 긁어왔다는 것이다.

847) 칙간 인분 구덩이에 '장구이(장군)'로 물을 길어다 3회 부었다는 것이다.

12/5 晴 前 ⋆今日도 大端히 추움

⋆錢邑 問喪 갔다옴~賻儀 50圓

⋆夜間 歸家해서 親友들과 55圓

12/6 晴 (1963年1月1日)

前 ⋆둥거리 1짐 해 옴

后 ⋆親友들과 休息하고 徐炳澤氏 용마람 1卷 터러줌

12/7 晴 前 ⋆둥거리 1짐 함

后 ⋆뒷山에서 갈비 1짐 꺼러 옴

12/8 晴 눈이 제법 내림

⋆仁甫市場

⋆本人 郵便葉書 4枚 8圓[848)]

⋆聘母 診斷書~진달래 13圓(21圓 支出)

◎白米 4升 42 = 168圓

⋆콩(나물콩) 4升 35 = 140圓[308圓 − 90返 = 218圓][849)]

◎本人 終日 仁甫서 일봄

⋆져고리 감~30~3尺 − 90[850)]

---

848) 백미(白米) 1되에 42원씩 해서 4되를 팔아 168원을 받았다는 것이다.

849) 나물콩 1되에 35원씩 해서 4되를 팔아 140원을 받았다는 것이다. 백미와 나물콩을 팔아서 308원을 받았는데, 90원을 반제(返濟)하고 나니 218원이 남았다는 것이다.

850) '져고리(저고리)' 감 1자에 30원씩 해서 3자[尺] 샀으니, 그 값으로 90원이 지출되었다는 것이다.

*포루린~35~2.5尺 = 80(現金 170圓)

*外上~옷(안) 3尺~45圓

*外上~尙秀 內衣 上 70圓(115圓)

12/9 晴 *斗東面所在地에 出

*戶籍 整理次 持參金 60圓

*理髮費 15

*雪糖 15

*戶主相續用紙 10

*담배 45(85圓)

12/10[1/5] 雲

◎妻男의 宅 첫 近親 갔음[851]

*오후 歸家

*둥거리 조금 해 옴

12/11[1/6] 晴 小寒 今年 中 最初 最高 추위임(現在까지)

前 *나무 1짐 함

后 *뒷山에서 나무 1짐 함

12/12[1/7] 晴

前 *둥거리 1짐 함

后 *兪氏 燕次에 놀다옴[852]

*扶助金~30圓(權兄에게 借用)

851) 처남 색시가 첫 근친(覲親)을 갔다는 것이다.

852) 유씨(兪氏)네 집 잔치하는 데[燕次]에 놀다 왔다는 것이다.

12/13(1/8) 晴

前 *나무 1짐

后 *깔비 조금 꺼러서 옴[853]

*仁甫市場

*쌀 2升~43 = 86[854]

*콩나물콩 4升~35 = 140[855][226圓 受[856]]

*달걀 9個 = 32圓

*비자루~25圓

*치마 감~33圓

*매러치~10

*學費~60圓(尙秀)

◎相基에게 電文~41圓[857]

853) '깔비(솔가리)'를 조금 긁어서 왔다는 것이다.

854) 쌀 1되에 43원씩 해서 2되[升]를 판 값으로 86원을 받았다는 것이다.

855) '콩나물콩(나물콩)' 1되에 35원씩 해서 4되[升]를 판 값으로 140원을 받았다는 것이다.

856) 쌀값(86원)과 나물콩 값(140원) 합친 금액 226원을 받았다는 것이다.

857) 군에 입대한 상기(相基)에게 전문(電文)을 보냈는데, 그 값이 41원이었다는 것이다.

12/14[1/9] 晴

前 *나무 1짐 함

后 *깔비 조금 꺼러 옴

12/15[1/10] 曇晴 때때로 雪

식전 *上三政 갔다 옴

前 *둥거리 1짐 함

后 *갈비 1짐 함

12/16 晴 눈바람이 불고 大端히 추운 날씨이다

前 *둥거리 1짐

后 *갈비 1짐 꺼러옴(뒷山)

12/17 晴 如前히 前日과 같히 추운 날씨가 繼續됨

前 *재넘어 가서 나무(둥거리) 1짐 함

后 *둥거리 1짐 함

◎今日도 相基가 않이 옴[858)]

12/18[1/13] 晴

前 *갈비 1짐 꺼러옴

*仁甫市場

*白米 3升 45 = 135[859)]

*팥 2升 32 = 64[860)]

---

858) 오늘[今日] 상기(相基)가 아니 왔다는 것이다.

859) 백미(白米) 1되에 45원씩 해서 3되를 팔아 135원을 받았다는 것이다.

860) 팥 1되에 32원씩 해서 2되를 팔아 64원을 받았다는 것이다.

⋆크림~30[861)]

⋆粉 40圓[862)]

⋆메러치 10

⋆絲 비누 15

⋆과자 2

12/19 晴

식전 ⋆오줌 1장구이 침

前 ⋆깔비 1짐 꺼러 옴

后 ⋆소갑 뒷山에서 2束 주워놓고

◎精米 2叺 = 16.6 − 1.3斗 半 强 = 15.2.5 在庫[863)]

◎白米 13斗 3升[864)]

12/20[1/15] 晴 今日도 大端히 추운 날씨임

前 ⋆몸이 疲困하여 쉬였음

后 ⋆갈비 1짐 꺼러옴

12/21[1/16] 晴

前 ⋆둥거리 1짐 함

---

861) 화장품의 일종인 크림을 30원 주고 샀다는 것이다.

862) 화장품 분(粉)을 40원 주고 샀다는 것이다.

863) 정미(精米) 2가마니[叺] 했다. 16섬 6말 중 1섬 3말 반 남짓[半强] 하고 나니 나락뒤주에 15섬 2말 5되 정도 남았다는 것이다.

864) 정미하였더니 백미(白米) 13말[斗] 3되[升]가 나왔다는 것이다.

后 *洞會에 參席하고 와서 休息

*夜間 회채 하기~16圓[865)]

12/22[1/17] 晴

*相基 來家

*彦陽市場 出

*팥 2升~35 = 70[866)]

*白米 4升~47 = 188[867)]

*內衣(上) 4~120圓

*고기~100

*洋蔑~30圓[868)]

*廣木~30

*바께쓰~70

*其他 27

*支 407圓[869)]

◎終日 休息 妻男들과

865) 야간(夜間)에 '회채(모꼬지)'에서 '하기[分擔金]'가 16원이었다는 것이다.

866) 팥 1되에 35원씩 해서 2되를 팔아 70원을 받았다는 것이다.

867) 백미(白米) 1되에 47원씩 해서 4되를 팔아 188원을 받았다는 것이다.

868) 양말[洋蔑]을 30원[圓]에 샀다는 것이다.

869) 오늘 지출 총액이 407원이라는 것이다.

12/23[1/18] 晴 때로는 雲

*仁甫市場

◎白米 10升 中 46 = 460圓[870]

*4升 昨日 外上 갚음[871]

*고무줄~3圓

*生매러치~10

*靴~67圓[80圓][872]

前 *둥거리 1짐

后 *둥거리 1짐

12/24[1/19] 晴

식전 *人糞尿 1~큰밭 施肥[873]

前 *仁甫 學校 出

*白羊 18圓[874]

*파랑새 6圓[875][24圓][876]

---

870) 백미(白米) 1되에 46원씩 해서 10되를 팔아 460원을 받았다는 것이다.

871) 백미 4되[升] 값으로 어제[昨日] 외상(外上) 값을 갚았다는 것이다.

872) 80원(圓)은 고무줄(3원), 생멸치(10원), 신[靴, 67원]을 합친 금액이다.

873) 똥오줌[人糞尿] 거름 1장구이를 큰밭에 주었다[施肥]는 것이다. 아마 보리밭에 주었던 모양이다.

874) '백양(白羊)'이라는 담배를 18원[圓]에 샀다는 것이다.

875) '파랑새'라는 담배를 6원[圓]에 샀다는 것이다.

876) 24원(圓)은 백양(白羊, 18원)과 파랑새(6원) 담뱃값을 합친 금액이다.

后 *歸家하며 뒷山에 갈비 1짐 꺼러옴

12/25[1/20] 雪

前 *재넘어 갈비 1짐 꺼러 옴

后 *되지 하는데 갔다 470匁 買入 = 1,034圓 拂877)

◎日夕時 銀片 갔음

12/26 晴 *終日 銀片에서 놀았음

*되지 내봉 회채함878)

*눈바람이 불고 大端히 추운 날씨임

12/27[1/22] 晴

식전 *일찍 歸家함

*大端히 추웠음

*엿쌀 4升

*술쌀 2升

前 *둥거리 1짐 함

后 *둥거리 1짐 함

877) '되지(돼지)' 잡는 데 갔다가 470문(匁)을 매입(買入)하고 1,034원[圓]을 지불(拂)하였다는 것이다. 160문[匁]이 1근이니 돼지고기 3근을 산 셈이다. 정월 명절 차례상에 올릴 돼지고기다. 이 마을 사람들은 '돔배기(돔발상어)', 돼지고기, 쇠고기로 각각 만든 적(炙)을 '삼적(三炙)'이라고 하였다.

878) '되지(돼지)' '내봉(내복)' '회채(모꼬지)'함. 돼지 내복은 창자, 간, 허파 따위다.

12/28[1/23] 晴

*仁甫市場

◎白米 11升 47圓 = 517[879)]

*계란~4個 = 14[880)][531圓[881)]]

*尙秀 內衣 70圓 外上 返[882)]

*廣木 1尺 33圓

*김 2卷 이까 매러치~27圓[883)]

*製粉 5升~15圓[884]圓[885)]]

后 *休息

879) 백미(白米) 1되에 477원씩 해서 11되를 팔아 517원을 받았다는 것이다.

880) 계란 4개를 팔아 14원을 받았다는 것이다.

881) 531원(圓)은 백미(517원)와 계란(14원)을 팔아 받은 금액이다.

882) 상수(尙秀) 내의(內衣)를 70원에 외상으로 샀던 금액을 갚았다[返濟]는 것이다.

883) 김 2톳[卷], '이까(오징어)', '매러치(멸치)' 27원어치를 샀다는 것이다.

884) 5되 제분(製粉) 값으로 15원이 들었다는 것이다.

885) 145원(圓)은 광목(廣木, 33원), 김, 이까, 매러치(27원), 제분(製粉, 15원)을 합친 금액이다.

12/29 晴 前 *나무 1짐

后 *休息

*하기 16圓[886]

*상수 담배 기他 15

*박산 7[8807] [38圓[888]]

머물지 않은 歲月은 變함없이 壬寅年도 바야흐로 저물고 癸卯 新年을 맞는 마당에 새로운 修養과 힘을 길러 삶을 開拓 營爲하여 人生의 보람을 찾어리…!!

886) 이웃 사람들 여럿이 모여 '회채(모꼬지)'하면서 '하기[分擔金]'가 16원이라는 것이다.

887) '박산(튀밥)' 값이 7원이라는 것이다.

888) 38원은 하기(16원), 담배, 기타(15원), 박산(7원)을 합친 금액이다.

제2장

울주 김홍섭 어르신 일기의 소론

일기의 내용을 중심으로 김홍섭 어르신에게 가르침 받은 내용을 바탕으로 몇 개의 소론(小論)을 만들었다.

울주 김홍섭 어르신 일기의 소론

땔나무의 1년

원초경제 사회 때, 김홍섭 어르신은 산야에서 땔나무를 마련하였다. 그 내용을 일기에 꼬박꼬박 적어두었다. 김홍섭 어르신의 일기 중에서 1962년 1년간의 땔나무 기록만 발췌하여 하나하나 김홍섭 어르신의 가르침을 받으면서 내용을 확인하고 정리하였다[표2-1]. 땔나무는 김홍섭 어르신 소유의 '갓'과 주인 없는 산야에서 채취했다.

갓은 나무와 풀을 생산하는 개인 소유의 산야라는 울주군 지역의 말이다. 김홍섭 어르신의 갓은 '뒷산'이라고 불렀다.

뒷산은 약 3정보(1정보는 3,000평으로 약 9,917.4㎡)였다. 뒷산의 구성은 다음과 같다.

① 소나무밭

약 5,000평 정도로 소나무를 심어 가꾸었다. 소나무밭에서는 목재(木材), '둥거리(통나무)', '소깝(솔가지)', '깔비(솔가리)' 따위를 생산하였다.

② 참나무밭

약 3,000평 정도로 '참나무(상수리나무)'를 심어 가꾸었다. 바위가 많은 곳으로 둥거리 따위를 생산하였다.

③ 분등산

약 700평 정도로 주로 '갈풀'을 생산하였다. 참나무를 잘라낸 밑동에서 곁눈이 해마다 자라났다. 이때의 1년생 곁눈과 나뭇잎을 '갈풀' 또는 '숨기풀'이라고 하였다. 갈풀은 논에 밑거름으로 주는 풀, 또는 참나무 움돈이를 말한다.

④ 새밭

약 300평 정도로 '새(억새)'를 생산하였다. 새를 베어내어 '영개(이엉)'의 재료로 삼는 경우가 많았다.

⑤ 산소

김홍섭 어르신 소유의 갓에는 김홍섭 어르신 어머님 산소를 비롯하여 모두 4자리의 묘소가 있었다. 산소 주위에 소나무가 죽 늘어서 있었다. 산소 주변 소나무를 '도래솔'이라고 하였다.

이 마을에는 "땔나무 벳가리를 보면 부잣집인지 가난한 집인지를 알 수 있다."는 말이 전승되고 있다. '벳가리'는 낟가리라는 말이다. 가난한 집 사람들은 수시로 땔나무를 나무전에 지고 가서 팔아 양식

〈표2-1〉 김홍섭 어르신 일기 속 땔나무의 1년(1962)

월/일(음력)	내용
1/9	*오전/둥거리 1짐 해 왔다
	*오후/물거리 1짐 해 왔다
1/10	*오전/물거리 1짐 해 왔다
	*오후/물거리(싸리) 1짐 해 왔다
1/11	*오전/물거리 1짐 해 왔다
	*오후/물거리 1짐 해 왔다
1/12	*오전/물거리 1짐 해 왔다
	*오후/물거리 1짐 해 왔다
1/14	*종일/나무 2짐 해 왔다
1/22	*오전/뒷산에서 둥거리 1짐 해 왔다
	*오후/뒷산에서 훌청 술 베고 끝다리 1단 주었다
1/23	*오전/뒷산에서 물거리 1짐 해 왔다
	*오후/뒷산 도래솔 부근에서 깔비 1짐 해 왔다
1/24	*오전/인보시장 소깝 5단 팔았다(1단 140환=700환)
	*오후/범골에서 나무 1짐 해 왔다
2/8	*오후/뒷산에서 묵은 소깝 38단 옮겨 가렸다
2/9	*오후/뒷산에서 소깝 가렸다(현재 76단)
2/14	*오전/재너머에서 소깝 1짐 해 왔다
	*오후/재너머에서 소깝 1짐 해 왔다
2/17	*오후/뒷산에서 소깝 1짐 해 왔다
2/18	*오전/나무 1짐 해 왔다
2/19	*오전/나무 1짐 해 왔다
2/21	*오후/북골에서 물거리 1짐 해 왔다
2/22	*오전/북골에서 소깝 1짐 해 왔다
2/24	*오후/소깝 1짐 해 왔다
2/25	*오전/나무 1짐 해 왔다
2/26	*오전/나무(물거리) 1짐 해 왔다
2/30	*오후/물거리 1짐 해 왔다
3/1	*오전/물거리 1짐 해 왔다
	*오후/뒷산에서 나무 1짐 해 왔다

월/일(음력)	내용
3/2	*오후/물거리 1짐 해 왔다
3/4	*인보시장에 소깝 4단 지고 가서 팔았다(1단 150환=600환)
3/5	*오전/물거리 1짐 해 왔다
3/7	*오후/물거리 1짐 해 왔다
3/8	*오후/물거리 1짐 해 왔다
3/12	*오후/뒷산에서 소깝 가렸다
3/13	*오전/재넘어에서 물거리 1짐 해 왔다
3/16	*오후/뒷산에서 위덮이 소깝 7단 했다
3/17	*오전/재넘어에서 둥거리(주질겁지) 1짐 해 왔다
	*오후/뒷산에서 위덮이 소깝 3단 했다
3/20	*오전/둥거리 1짐 했다
3/24	*오전/인보시장에 소깝 4단 팔았다(1단 150환=600환)
4/1	*오전/물거리 1짐 해 왔다
	*오후/재넘어에서 둥거리 1짐 해 왔다
4/5	*오후/소깝 위덮이 1짐 해 놓고 왔다
9/1	*식전/소깝 1짐 해서 잿밭 덮었다
9/3	*식전/소깝 1짐 해 왔다
10/18	*오후/ 둥거리 1짐, 소깝 1단 해 왔다
11/1	*오후/나무 2단 하고, 삽짝 욋대 해 와서 마구간 얽어서 만들었다
11/2	*오전/재넘어에서 나무 1짐 해 왔다
11/5	*식전/깔비 1짐 긁어 왔다
11/7	*종일/깔비 2짐 긁어 왔다
11/13	◎상수(尙秀)는 까둥거리 2짐 해 왔다
11/14	*오후/뒷산에서 깔비 1짐 긁어 왔다
11/20	*오전/깔비 1짐 긁어 왔다
	*오후/둥거리 1짐 해 왔다
11/22	*오전/깔비 1짐 긁어 왔다
11/27	*오후/깔비 1짐 긁어 왔다
	◎상수(尙秀)는 나무 2짐 해 왔다
11/28	*오전/재넘어에서 둥거리 1짐 해 왔다
	*오후/뒷산에서 깔비 1짐 긁어 왔다

월/일(음력)	내용
12/3	*오후/뒷산에서 깔비 1짐 긁어 왔다
12/4	*오전/둥거리 1짐 해 왔다
12/6	*오전/둥거리 1짐 해 왔다
12/7	*오전/둥거리 1짐 해 왔다
	*오후/뒷산에서 깔비 1짐 긁어 왔다
12/10	*오후/둥거리 조금 해 왔다
12/11	*오전/나무 1짐 해 왔다
	*오후/뒷산에서 나무 1짐 해 왔다
12/12	*오전/둥거리 1짐 해 왔다
12/13	*오전/나무 1짐 해 왔다
	*오후/깔비 조금 긁어 왔다
12/14	*오전/나무 1짐 해 왔다
	*오후/깔비 조금 긁어 왔다
12/15	*오전/둥거리 1짐 해 왔다
	*오후/깔비 1짐 긁어 왔다
12/16	*오전/둥거리 1짐 해 왔다
	*오후/뒷산에서 갈비 1짐 긁어 왔다
12/17	*오전/재넘어에서 나무(둥거리) 1짐 해 왔다
	*오후/둥거리 1짐 해 왔다
12/18	*오전/깔비 1짐 긁어 왔다
12/19	*오전/깔비 1짐 긁어 왔다
	*오후/뒷산에서 소깝 2단 주워 왔다
12/20	*오후/깔비 1짐 긁어 왔다
12/21	*오전/둥거리 1짐 해 왔다
12/23	*오전/둥거리 1짐 해 왔다
	*오후/둥거리 1짐 해 왔다
12/24	*오후/뒷산에서 깔비 1짐 긁어 왔다
12/25	*오전/재넘어에서 깔비 1짐 긁어 왔다
12/27	*오전/둥거리 1짐 해 왔다
	*오후/둥거리 1짐 해 왔다
12/29	*오전/나무 1짐 해 왔다

을 마련할 수밖에 없는 경우가 많았으니, 집에는 그만큼 땔나무를 놓아둘 여유가 없었다. 이렇게 땔나무 벳가리는 부(富)의 척도가 되기도 하였다.

김홍섭 어르신의 땔나무 채취시기를 살펴보면, 음력 1월 9일부터 음력 4월 5일까지와 음력 9월 1일부터 음력 12월 29일까지로 구분할 수 있다.

먼저 음력 1월 9일부터 음력 4월 5일까지 채취한 나무를 살펴보자. 이 무렵에 채취하는 땔나무를 '여름나무'라고 한다. 여름에 땔 나무라는 말이다. 여름나무는 '물거리'와 '소깝'이 많았다. 물거리는 싸리나무, 진달래나무 등 낙엽 관목으로 설 이후에 채취하는 땔나무이다. 김홍섭 어르신이 2월 26일 일기에 "나무(물거리) 1짐"이라고 기록했듯이 이 시기에 채취한 '나무'는 모두 물거리를 나타낸다. 1짐은 지게 하나에 올려 운반하는 단위다.

왜 정월 이후부터 물거리를 채취하는 것일까. 음력설 이전 겨울의 낙엽 관목은 물기가 말라 있어서 거칠기 때문에 낫으로 베어내기가 매우 어렵다. 음력설이 지나 입춘(2월 4일경) 무렵이면 나무에 물기가 오르기 시작한다. 1962년 김홍섭 어르신이 처음 나무를 해온 음력 1월 9일은 양력으로는 2월 13일로 입춘이 지나고 나서다. 이 시기가 되면 나무는 비교적 부드러워 낫으로 잘 베어졌다. 물거리와 소깝을 베는 낫을 '나무낫'이라고 한다. 나무낫은 풀이나 곡식을 베어내는 낫보다 두툼하다[도2-1]. 1962년 정월 9일부터 음력 4월 5일까지, 나무라고 기재한 것도 포함하여 물거리 25짐을 해 왔다.

소깝은 솔가지를 말한다. 입춘이 지나면 솔가지는 서서히 물이 올

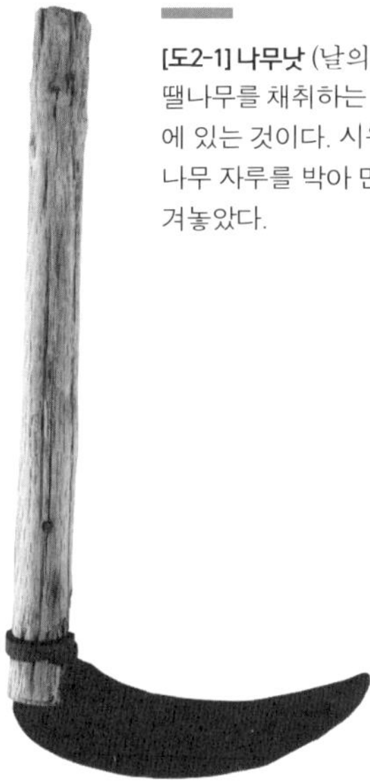

[도2-1] 나무낫 (날의 폭 4.8㎝, 날의 길이 19.5㎝, 자루 길이 36.3㎝)
땔나무를 채취하는 낫이다. 경북 의성군 사촌3리(점곡면) 김형수 씨(1930년생, 남) 집에 있는 것이다. 시우쇠로 'ㄱ' 자 모양으로 만들어 안쪽으로 날을 내고, 뒤 끝 슴베에 나무 자루를 박아 만들었다. 나무 자루에는 쇠고리를 채웠고 날에는 '상(上)' 자를 새겨놓았다.

라 베어내기가 좋았다. 장대에 낫자루를 묶어 높은 곳의 소깝을 베어냈다. 이런 일을 '소깝 찐다'고 하였다. 김홍섭 어르신의 일기에는 1962년 음력 1월 9일부터 음력 4월 5일 사이에 소깝 6짐 10단이 기록되어 있는데, 소깝은 4단이 1짐이니 총 8짐 2단인 것이다.

1962년 음력 2월 8~9일, 김홍섭 어르신은 뒷산에서 묵은 소깝 76단을 일정한 곳에 옮겨 쌓았다. 모두 19짐이다. 소깝 100단을 한 '접'이라고 한다. 소깝은 오일장으로 지고 가서 팔기도 하였다.

음력 1월 9일부터 음력 4월 5일까지 채취한 나무 중에 '둥거리'는 소나무밭에서 간벌한 것이었다. 이 시기의 둥거리는 주로 간벌 대상이나 고목(枯木)이었다. 음력 3월 17일, 김홍섭 어르신 일기에 기재된 "둥거리(주질겁지) 1짐"에서 '주질겁지'란 껍질이 벗겨진 통나무이다.

[도2-2] 김홍도의 풍속화(고누놀이)
김홍도(1745~1806년) 풍속화(고누놀이) 속의 땔나무는 낙엽 관목인 '물거리'일 가능성이 높다. 그러면 이 그림은 이른 봄의 풍속이다. 김홍섭 어르신은 따스한 봄날 땔나무를 지고 오다가 양지바른 곳에서 쉬는 동안의 행복감을 지금도 잊을 수 없다고 하였다.

추석이 지나고 음력 9월 1일부터 음력 12월 29일까지, 김홍섭 어르신이 채취한 땔나무를 살펴보자. 이 무렵의 땔나무를 겨울에 땔 땔나무라는 뜻으로 '겨울나무'라고 불렀다. 겨울나무는 '둥거리'와 '깔비'가 많았다.

둥거리는 장작을 만들 수 있는 통나무로 주로 소나무나 참나무였다. 김홍섭 어르신은 겨울나무로 둥거리 17짐 정도를 해 왔다. 둥거리를 채취할 때는 도끼로 찍고 톱으로 켜 넘어뜨렸다. 길이는 250㎝ 정도로 지게로 져서 집으로 날라 장작으로 패기 위해 '보탕자리'에 짐을 내렸다. 보탕자리는 나무를 패거나 자를 때에 받쳐놓는 보탕(모탕)이 있는 자리다.

둥거리로 장작을 팰 때는 먼저 톱으로 세 토막을 내고 토막을 도끼로 쪼갰다. 겨울철 둥거리는 수분이 없는 상태라서 도끼로 잘 패졌다. 장작은 군불을 때거나, 시장으로 내다 팔거나, 상갓집의 화톳불 땔나무로 두루 쓰였다.

깔비는 솔가리의 이 지역 말이다. 김홍섭 어르신은 겨울나무로 깔비 14짐 정도를 해왔다. 깔비 한 짐을 만드는 과정은 다음과 같다. '까꾸리(갈퀴)'로 긁어모은 깔비를 여러 개의 '모닥(무더기)'으로 모아 놓는다. 발등에 나무막대기를 올려놓고 까꾸리로 깔비 모닥을 긁어 나무막대기 위로 올려 가로 80㎝, 세로 70㎝, 높이 15㎝ 정도로 만든다. 이를 '깔빗장 친다'고 하는데 지게 위에 깔빗장 9개를 차곡차곡 올리면 이것이 1짐이 되었다. 깔비 1짐을 한 '동'이라고 한다.

음력 9월 초하룻날에는 '잿밭'을 덮기 위해 소깝 1짐을 해왔다. 잿밭이란 거름 무더기를 말한다. 소의 배설물 등의 퇴비를 보관해 둔

잿간의 거름을 모두 마당으로 꺼내놓고 쇠스랑으로 이리저리 뒤집어 잘 섞는다. 이를 '잿밭 뒤빈다'라고 하는데 잘 섞은 거름을 차곡차곡 쌓아놓고 그 위에 소깝을 덮었다. 방수, 수분 증발 차단, 발효 증진의 효과를 얻기 위함이었다. 이렇게 거름을 저장하여 두었다가 보리밭 밑거름으로 주었다.

음력 9월 3일에도 소깝 1짐을 해왔다. 이때의 소깝을 '가을소깝'이라고 하는데 가을소깝은 곧바로 땔나무가 되었다.

음력 11월 13일에는 김홍섭 어르신 큰아들[尙秀]이 '까둥거리' 2짐을 해왔다. 까둥거리는 그루터기를 말하는데 괭이로 캐어냈고 바지게로 지어왔다.

김홍섭 어르신은 1년(1962) 중 66일 동안 땔나무를 마련하였다. 입춘 전에 마련하는 땔나무는 주로 둥거리와 갈비였고 겨울에 때는 땔나무라서 '겨울나무'라고 하였다. 입춘 이후에 마련하는 땔나무는 주로 물거리와 소깝이었고 여름에 때는 땔나무라서 '여름나무'라고 하였다. 원초경제 사회 때의 산야는 이렇게 순환되었다.

소의 일생

원초경제 사회 때 농부들은 일소에 쟁기를 매어 밭을 갈았다. 일소는 논과 밭을 갈거나 고르는 농사일뿐 아니라 짐도 지어 날랐다. 일소 한 마리를 거느린다는 것은 만만한 일이 아니었다. 그래서 "천석꾼도 소가 반쪽"이라는 말이 전승되었다. 일소가 없는 농가에서 이웃의 일소를 빌려 밭갈이나 짐 나르는 일을 부렸을 경우에는 인력(人力)으로 그 품을 갚았다. 이를 '소품앗이'라고 하였다. 일소의 품삯과 농부의 품삯은 같은 값이었다. 원초경제 사회 때의 소의 일생, 소의 1년, 그리고 소의 소작은 어떠하였을까. 김홍섭 어르신의 가르침을 중심으로 살펴보았다.

1. 소의 일생

1962년 음력 8월 20일, 김홍섭 어르신은 일기에 "소 암새 붙이러 갔다가 암새가 사거서 못 부침"이라고 기록하였다. 김홍섭 어르신 소유의 일소는 암소였다. '암새'는 암소의 '발정(發情)'이고, '사거서'는 발정이 사그라졌다는 것이다. 암소는 생후 13개월부터 발정하였다. 발정이 되면 불두덩이 퉁퉁 부어올랐다. 발정의 욕구를 발산하려고 소리도 내질렀다. 이를 '암새낸다'고 하였다. 김홍섭 어르신은 발정한 암소를 데리고 교미 붙이러 갔는데 '암새'가 삭아서 못 붙였다는 것이었다.

1962년 음력 8월 22일, 김홍섭 어르신은 "상리(上里) 정수암 씨(鄭壽

岩氏) 댁(宅)에서 우(牛) 교미(交尾)"라고 기록하였다. 음력 8월 20일, 교미에 실패한 암소가 이틀 후에 발정하였던 것이다. '상리(上里)'는 이웃 상삼정마을이었다. 그 마을 정 씨는 씨수소를 소유하고 있었다. 이 마을 사람들은 씨수소를 '종모우(種牡牛)'라고 하였다. 상삼정마을 정 씨는 종모우를 가지고 있으면서 교미를 맺어준 값을 받았다. 김홍섭 어르신은 암소를 이끌고 상삼정 종모우가 있는 정 씨네 집으로 갔다. 김홍섭 어르신이 '코꾼지(코뚜레)'를 잡고 암소를 고정하고 있으면 종모우는 생식기의 모세혈관이 팽팽해지면서 암소에게 올라탔다. 암새를 붙이고 나서 암소가 오줌을 싸면 새끼가 들지 않는다는 이야기가 전승되었다. 그래서 암새를 붙이고 나서 곧바로 오줌을 싸지 못하게 회초리로 때리며 소를 몰아 서둘러 돌아오기도 했다.

1963년 음력 5월 14일, 김홍섭 어르신네 집 마구간(외양간)에서 드디어 송아지가 탄생했다. 김홍섭 어르신은 일기에 "소 새끼 낳았음"이라고 기록하였다. 김홍섭 어르신 집은 위채와 아래채로 구성되었다. 아래채는 마구간(외양간)과 잿간(측간과 거름 저장 공간) 2칸짜리였다. 마구간 출입문 위를 건너질러 '건구줄(금줄)'을 쳤다. 건구줄에 솔가지와 숯을 꽂았다. 마구간을 신성의 영역으로 만들어놓았다. 건구줄은 2주일 정도 걸어두었다.

어린 송아지는 어미 소의 젖을 먹으며 자랐다. 생후 5~6개월 지나면 새끼소의 머리에 뿔이 돋았고 이때쯤 젖을 떼게 했다. 소태나무 껍질을 벗겨 솥에서 삶아 우려내었다. 소태나무 나뭇진은 무척 썼다. 그 물을 어미 소 젖꼭지에 발랐다. 어린 송아지는 젖을 먹다가 고개를 털었다. 소태나무 껍질 마련이 귀찮은 농부는 어미 소 젖꼭지에 소태나무 달인 물 대신 쇠똥을 발랐다. 어린 송아지는 쇠똥 묻은 젖꼭지를 빨다가 차차 젖을 떼게 되었다.

젖을 떼고 나서 송아지의 목을 맸다. 이를 '목맨 송아지'라고 하고 송아지의 목줄을 '목다리'라고 했다. 목맨 송아지와 관련된 속담으로 "홀시아버지 모시기나 목맨 송아지 키우기나!"라는 말이 전승되었다. 며느리가 홀시아버지 모시기가 쉽지 않았던 만큼, 농부가 천방지축(天方地軸) 날뛰는 목맨 송아지 돌보기가 어려웠다는 말이었다. 목맨 송아지를 소작하는 관습도 전승되었다.

생후 10개월쯤에는 물푸레나무 송곳 따위로 코청을 뚫어 그 자리에 노송나무로 고리를 채웠다. 이를 '코꾼지'라고 하였다. 소의 목에는 요령을 매달았다[도2-3]. 소의 동태 파악 목적이었다. 그리고 생후 13개월쯤 자라면 암소와 수소를 서로 교미시켰다.

생후 24개월이 되면 밭갈이 훈련을 시켰다. 소의 목에 멍에를 씌우고 괭이, 써레 따위를 매달았다. 목에 '멍에자국'이 박혔다. 멍에자국은 일소의 상징이기도 하였다. 소시장에서는 일소임을 입증하는 수단으로 작용하였다. 밭갈이 훈련 때, 한 사람은 앞에서 '이까리(고삐)'를 잡아끌고, 또 한 사람은 뒤에서 소를 몰았다. 하루에 4시간 정도 2~3일간 훈련을 시키다가, '훌칭이(극젱이)'를 채우고 하루 4시간 정도 7~10일 동안 훈련을 시켰다. 처음에는 고삐를 끌어주며 밭을 갈게 하다가 차차 고삐를 끌어 주는 것을 멈추고 혼자 훌칭이를 끌 수 있을 때까지 훈련시켰다.

일소의 나이 15세까지는 해마다 거르지 않고 새끼를 쳤다. 15세가 넘어서는 노년기(老年期)에 접어들었다. 해마다 새끼도 낳지 못하고

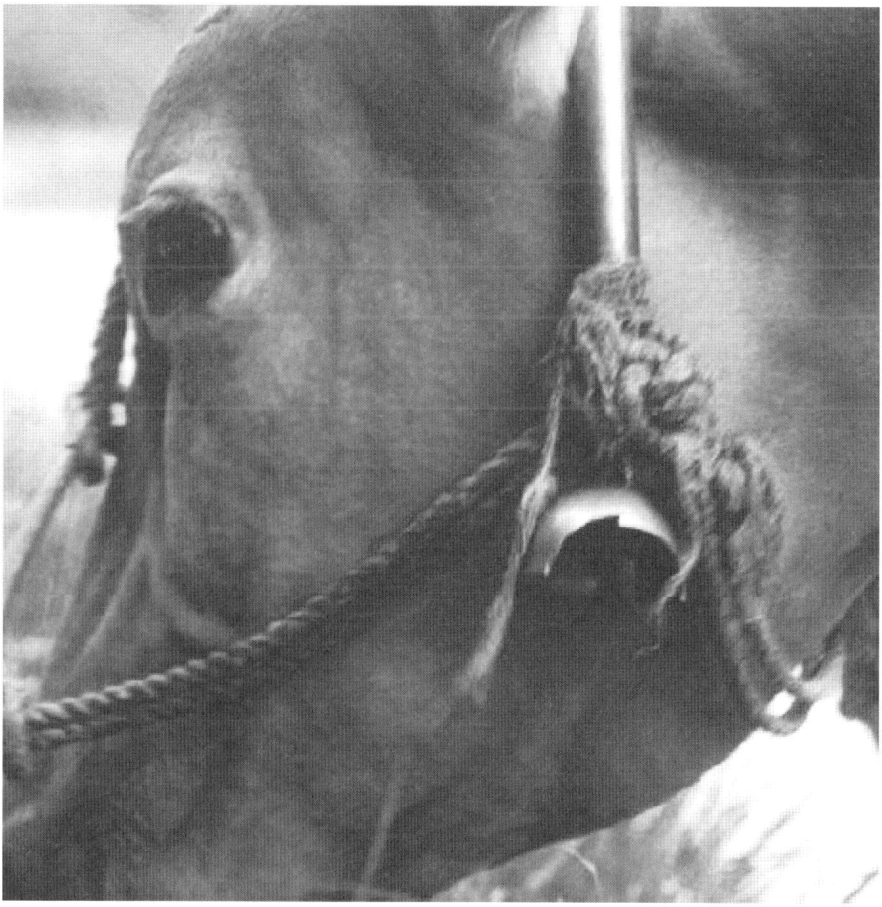

[도2-3] 요령(1998년 여름, 전라남도 완도군 약산면 조약리)
소의 목에 단 종을 '요령'이라고 하였다.

살도 서서히 빠졌다. 밭갈이도 힘겨웠다. 일소의 주인은 어느 날 소죽을 잘 먹이고 소시장으로 끌고 가서 팔았다.

2. 소의 1년

정월 보름날 소반 위에 밥과 나물을 올려놓고 일소에게 대접하였다. 이를 '소 대접'이라고 하였다. 어느 것을 먼저 먹는가에 따라 그 해 농사의 흉풍(凶豊)을 가늠하였다. 밥을 먼저 먹으면, 일소가 흉년이 들 것임을 미리 알고 밥을 먼저 먹었다고 가늠하였다. 나물을 먼저 먹으면, 일소가 풍년이 들 것임을 미리 알고 나물을 먼저 먹었다고 가늠하였다. 이와 같이 일소가 밥을 먼저 먹으면 농사 흉년, 나물을 먼저 먹으면 풍년이라고 예측했다. 한편 정월 보름날 하루 동안 개에게는 아무것도 먹이지 않고 굶겼다. 개는 농사에 도움이 안 되는 동물이기 때문이었다. "개 보름 쇠듯 한다."라는 말도 이 때문에 생겼다.

1962년 음력 4월 6일, 입하(양력 5월 5일경) 후 4일째 되는 날이었다. 김홍섭 어르신은 일기에 "오늘부터 소풀 잡힘"이라고 기록하였다. '소풀'은 소가 먹는 생초(生草)를 말한다. 이때부터 일소에게 여물이나 소죽 대신 생초를 먹이기 시작했다. 일소는 생초를 먹기 시작하면 소여물이나 소죽 먹기를 꺼렸다.

소는 되새김질할 때 드러눕기도 한다. 소의 몸에는 '까부던지, 까부레기, 부던지'라는 진드기가 붙어 있는 경우가 많았다. 닭은 소의 몸에 붙은 진드기를 뜯어먹으려고 하였다. 서로 아무런 관심도 두지 않고 있는 사이임을 비유적으로 이르는 속담으로 쓰이는 "닭이 소 보

[도2-4] 소 먹이기(1998년 여름, 전라남도 완도군 약산면 조약리)
한 농부가 고삐를 잡고 논둑길을 걸어 다니면서 일소를 먹이고 있다.

듯, 소가 닭 보듯"이라는 말은 '마닥자리'에 드러누워 되새김질하고 있는 소와 소의 몸에 붙은 진드기를 뜯어먹으러 간 닭의 사이에서 비롯된 말이었다. 마닥자리란 따뜻한 날 마당 한 구석에 소를 매어두는 공간을 말한다.

한 사람이 '이까리(고삐)'를 잡아 소를 끌고 논두렁이나 밭두렁을 다니면서 생초를 먹이기도 하였다. 또 경우에 따라서는 말목을 박아 소를 놓아두거나 소를 산야로 끌고 가서 이까리를 풀어놓고 먹이는 경우도 있었다[도2-4].

피[稷]는 생초로 소에게 주지 않았다. 물알이 생긴 피를 생초로 소에게 먹이면 피의 씨앗이 쇠똥과 같이 배설되어 피의 씨앗이 밭으로 번질 수도 있었기 때문에 피 줄기는 솥에서 삶아서 말린 후에 여물로 소에게 먹였다.

생초는 입추(양력 8월 8일경)까지 먹이고 그 이후부터는 일소에게 여물이나 소죽을 먹였다. 밤과 날이 추운 낮에는 마구간에 들여 매었다. 일소 등[背]에 자그마한 멍석을 덮어주기도 하였다. 이를 "삼정 친다"고 하였다. '삼정'은 추울 때 소의 등에 덮어주는 멍석이다. 따뜻한 날에는 삼정을 벗기고 마닥에 내맸다.

조짚, 고구마줄기, 콩깍지 등을 작두로 썬 것을 '여물'이라고 하였다. 저녁에 여물을 소죽솥에서 끓였다. 소죽솥에 물을 붓고 끓이다가 끓는 물에 여물을 넣고 1시간쯤 끓였다. 이런 일을 '소죽 쑨다'고 했다. 이것을 '소죽갈쿠리'로 건져서 소죽바가지에 뜨면서 소죽통에 담아주었다[도2-5].

이웃 중리마을(울주군 두서면)에는 소 의원(醫員) 최 씨가 살고 있었다. 소 의원 최 씨는 오늘날의 수의사(獸醫師)였지만, 지금의 수의사들과는 이력이 조금 달랐다. 소 의원 최 씨의 선생님은 그의 어머니였다. 최 씨 어머니는 경주시 내남면 사람이었다. 소 의원 최 씨의 단골구역은 울주군 두동면과 두서면 일대였다. 이 일대에서 소를 기르는 사람은 소 의원 최 씨와 단골 관계를 맺고 있었다. 김홍섭 어르신은 소가 아플 때마다 소 의원 최 씨네 집으로 갔다. 김홍섭 어르신이 소의 증세(症勢)를 말하면 소 의원 최 씨는 왕진(往診)하러 왔다.

김홍섭 어르신은 소 의원 최 씨의 소 질병을 고치는 모습을 기억하고 있었다. 소가 식욕부진 증상으로 혓바늘이 돋으면, 소 의원 최 씨

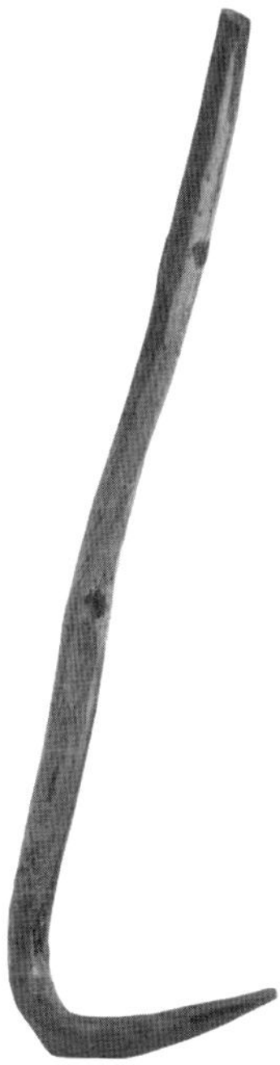

[도2-5] 소죽꼬꾸렝이(날 길이 20.0㎝, 자루 길이 72.5㎝)
쇠죽을 끓이는 동안에 여물을 휘저어주는 주걱 같은 것이다. 경북 의성군 옥산면 실업1리 노수암 씨(1932년생, 여) 집에서 쓰던 것이다. 고부랑 소나무를 다듬어 만들었다. 이 마을 사람들은 이것을 '소죽꼬꾸렝이'라고 하였다.

는 소의 혓바닥을 맨손으로 쭉 빼내고 왕소금으로 문지르고 나서 고삼(苦蔘) 뿌리 가루를 물에 타 먹였다. 소의 다리 염증에는 발가락 사이에 새끼줄을 끼워 긁어주고 나서 고추장을 발라주었다. 소가 눈병에 걸렸을 때는 간장을 입에 물고 눈에 뿜어주었다. 소 의원 최 씨는 그 값으로 일소 한 마리당 1년에 여름곡식으로 보리 1말, 가을곡식으로 나락(벼) 1말을 받았다. 이때의 보리를 '수모곡(收牟穀)', 나락을 '수조곡(收粗穀)'이라고 하였다.

3. 소의 소작

소의 주인과 소를 가꾸는 사람 사이에 성장기의 소를 놓고 소작을 맺는 경우가 있었다. 이러한 소작 소는 여러 가지 이름이 전승되었다. 소를 사육하는 사람은 그 성장기의 소를 데려다가 2년 정도 키운다. 소는 생후 13개월에 첫 교미를 시켰고 임신 10개월 후 새끼를 낳는다. 새끼는 소작인이 차지하였고, 어미 소는 소 주인에게 돌려주었다.

1962년 음력 11월 6일, 김홍섭 어르신은 일기에 "최방구씨에게 소 사육 의뢰(飼育依賴)"라고 기록하였다. 그리고 1965년 음력 2월 13일에는, "서우만씨 송아지 몰고 감(배낙)"이라고 기록하였다. 배낙은 소작으로 주고받는 소, '배냇소'를 말한다. 이 마을에는 "아기와 '배냇소'는 남에게 줄 것이 못 된다."라는 말이 전승되기도 하였다. 아기(자식)를 남에게 주는 것은 식모살이나 꼴머슴살이로 보내는 것이고, 배냇소는 남의 집에 소작을 주는 것이니, 아기나 송아지가 남의집살이를 하게 되면 그만큼 대접을 잘 받지 못할 것이기 때문이었다.

소를 소작하였던 최 씨와 서 씨는 모두 이웃 은편리(두동면)에 살고 있는 사람들이었다. 이 마을은 태산준령(泰山峻嶺) 기슭에 있다. 이 마을 사람들은 태산준령에 소를 풀어놓고 먹이다가 15일에 한 번쯤 돌아보았다. 그만큼 소 가꾸기가 좋은 곳이었다. 그러니 이곳 사람들은 소를 소작하며 생계를 돕는 경우가 많았다. 이 마을 사람들은 배냇소를 맡기는 일을 '배냇 준다', 배냇소를 기르는 일을 '배냇 먹인다'고 하였다.

소의 일생은 성장곡선을 그렸다. 암소가 새끼를 치면 마구간에 '건구줄(금줄)'을 쳤다는 것은 소의 생산 가치가 그만큼 높았음을 미루어 짐작할 수 있다.

소의 1년에서, 정월 대보름날의 '소 대접'은 흉풍 예측의 수단으로 작용했다. 하지(양력 5월 5일경) 무렵부터 입추(양력 8월 8일경)까지는 생초(生草), 그 이후는 여물과 소죽을 먹였다. 소의 질병을 관리하는 소 의원은 일정한 단골 구역을 거느렸고, 그 값으로 1년에 보리와 벼를 각각 1말씩 받았다. 김홍섭 어르신의 마을에서는 소작 소를 '배냇소'라고 하였다.

논거름의 1년

김홍섭 어르신은 다음의 두 논에서 논농사를 지어왔다.

① 고개만당 논

원래 열일곱 '도가리(배미)'였고 모두 아홉 마지기(이 지역 1마지기는 200평)였다. 고개만당 논은 대물림받은 논이었다. 서 마지기는 어느 조상 때 밭을 논으로 만든 것이다. 그래서 '신답(新畓)'이라고 하였다. 고개만당 논은 하늘만 바라보면서 물을 받아 논농사를 짓는 봉천답(奉天畓)이었다. 고개만당 논의 '구답(舊畓)'은 논농사만 짓는 1년 1작 지대, 고개만당 논의 신답은 벼농사와 보리농사를 짓는 1년 2작 지대였다. 이 마을 사람들은 1년 1작 지대 논을 '민갈이논', 1년 2작 지대 논을 '보리논'이라고 하였다.

② 창건너 논

네 '도가리'였고 모두 서 마지기였다. '창건너못'이라는 저수지 물로 논농사를 지었기에 '못답'이라고 하였다. 농부 23명 정도가 창건너못 저수지 물로 논농사를 지었는데, 이들은 하나의 영농 공동체를 만들어 창건너못을 공동으로 관리하였다.

김홍섭 어르신의 일기 중에서 1962년 1년 동안의 논거름 내용을 뽑아서 정리하여 살펴보았다[**표2-2**].

〈표2-2〉 김홍섭 어르신 일기의 논거름 1년(1962)

월/일(음력)	내용	비고
1/25	*식전/고개만당 논에 '마닥거름' 1짐 지고 가서 놓았다	
1/29	*식전/고개만당 논에 콩깍지 1짐 지고 가서 놓았다	
2/1	*식전/창건너 논에 콩깍지 1짐 지고 가서 놓았다	
2/2	*식전/창건너 논에 콩깍지 조금 지고 가서 놓았다	
2/3	*식전/창건너 논에 보릿짚 1짐 지고 가서 놓았다	
2/9	*식전/고개만당 논에 거름 1짐 지고 가서 놓았다	
2/17	*식전/창건너 논에 거름 1짐 지고 가서 놓았다	
2/18	*식전/고개만당 논에 거름 1짐 지고 가서 놓았다	
	*오후/고개만당 논에 거름 1짐 지고 가서 놓았다	
2/19	*오후/고개만당 논에 거름 1짐 지고 가서 놓았다	
2/20	*식전/고개만당 논에 거름 1짐 지고 가서 놓았다	
3/2	*식전/창건너 논에 '마굿돔(마굿거름)' 1짐 지고 가서 놓았다	
3/7	*식전/고개만당 논에 마굿돔 1짐 지고 가서 놓았다	
3/12	*식전/창건너 논에 보릿짚 1짐 지고 가서 놓았다	
3/16	*식전/고개만당 논에 마굿돔 1짐 지고 가서 놓았다	
3/17	*식전/창건너 논에 마굿돔 1짐 지고 가서 놓았다	
3/18	*오전/'갱자리풀' 조금 캐 왔다	갱자리풀 뜯기 시작
3/20	*오전/고개만당 논에 마굿돔 1짐 지고 가서 놓았다	
3/22	*오후/재넘어에서 '갱자리풀' 1짐 캐 왔다	
3/23	*오후/갱자리풀 1짐 캐 왔다	
3/24	*오후/재넘어에서 갱자리풀 1짐 캐 왔다	
3/25	*식전/창건너 논에 마굿돔 2짐 지고 가서 놓았다	
3/26	◎큰아들이 갱자리풀 2짐 캐 왔다	
3/28	*오전/창건너논 못강에 마른 갱자리풀 3짐 지고 가서 놓았다	
	*오후/창건너논 못강에 마른 갱자리풀 1짐 지고 가서 놓았다	
4/6	*오후/숨기풀 1짐 뜯어왔다	숨기풀 뜯기 시작
4/8	*오전/뒷산에서 숨기풀 1짐 뜯어왔다	
	*오후/숨기풀 1짐 뜯어왔다	
4/10	*오전/숨기풀 1짐 뜯어왔다	
	*오후/숨기풀 1짐 뜯어왔다	

월/일(음력)	내용	비고
4/11	*오전/숨기풀 1짐 뜯어왔다	
4/12	*식전/마른 갱자리풀 1짐 지고 가서 놓았다	
	*오전/방농정비알에서 숨기풀 1짐 뜯어왔다	
	*오후/방농정비알에서 숨기풀 1짐 뜯어왔다	
4/13	*식전/숨기풀 1짐 반 뜯어왔다	
	*오후/숨기풀 1짐 뜯어왔다	
4/15	*오후/숨기풀 1짐 뜯어왔다	
4/16	*오전/숨기풀 1짐 뜯어왔다	
	*오후/숨기풀 1짐 뜯어왔다	숨기풀 합계 14짐
4/17	*오전/숨기풀 1짐 뜯어왔다	
	*오후/숨기풀 1짐 뜯어왔다	
4/18(소만)	*오전/숨기풀 1짐 뜯어왔다	
4/29	*오후/숨기풀 1짐 뜯어왔다	숨기풀 합계 18짐
5/2	*오후/숨기풀 1짐 뜯어왔다	
5/3	*오전/숨기풀 1짐 뜯어왔다	
	*오후/숨기풀 1짐 뜯어왔다	
5/15	*식전/뒷골에서 '무룩메' 반 짐 뜯어왔다	

김홍섭 어르신은 일기에 "나락농사는 땅의 힘으로 짓고, 보리농사는 거름 힘으로 지어라!"라고 하였지만, 나락농사를 위한 논거름도 결코 만만하지 않았다. 논거름의 종류와 생산방법은 다음과 같이 다양했다.

1. 마굿돔(마굿거름)

마구간에서 걷어낸 거름을 '마굿돔'이라고 하였다. 집 안에서 소를 매어 기르는 곳을 두 가지로 구분하였는데 지붕이 있는 외양간을 '마구간', 지붕이 없는 외양간을 '마닥'이라고 하였다. 봄, 여름, 가을에는 밤에는 마구간에 들여 매었고, 낮에는 마닥에 내 매었다. 그리고 비가 오거나 추운 겨울에는 밤낮 마구간에 매었다.

2. 마닥거름

'마닥거름'은 마닥 바닥에서 쇠스랑 따위로 긁어내어 마당 구석에 쌓아두던 거름이다.

3. 콩깍지

콩깍지는 세 가지(콩대, 잔가지, 콩 껍질)로 구분하여 쓰였다. 콩대는 땔감으로 삼았고 잔가지는 논의 밑거름으로 주었다. 콩 껍질은 소에게 여물로 주었다.

4. 보릿짚

보리의 난알을 떨어낸 뒤에 남은 짚이다. 정이월에 논에 보릿짚과 콩깍지를 깔아주었는데, 이는 거름의 효과와 함께 유다른 목적이 있었다. 고개만당 논에 있는 어느 논배미와 창건너 논의 못강 논배미에는 '갈(갈풀)'이 많이 자생했다. 2모작 논보다 1모작 논에 더욱 많았다. 갈은 볏과의 여러해살이풀로 번식률이 놀라웠다. 이 마을에서는 "갈은 하루 저녁에 고손자까지 본다."는 속담이 전승되었다.

갈은 땅속 깊이 뿌리를 내렸다. '훌칭이(극젱이)'로 논을 갈아도 뿌리

3분의 2 정도는 땅속에 남아 있을 정도로 깊숙이 들어가 있었다. 그러니 맨손으로 뽑아낼 수밖에 없었다. 논바닥 속으로 들어간 보릿짚과 콩깍지는 썩어들면서 가스가 발생되어 논흙을 부드럽게 해주었다. 그러면 논바닥 속으로 팔을 밀어 넣고 갈 뿌리를 캐어내기 좋았다. 갈 뿌리를 손쉽게 뽑아낼 목적으로 논에 보릿짚과 콩깍지를 거름으로 주었던 것이다. 창건너 논의 못강 논배미의 갈 없애기 노력은 3년 만에 끝이 났다.

5. 거름

지난해 가을에, 논밭 밑거름으로 주려고 산야에서 채취한 칡넝쿨 등 거름용 잡초다. 이러한 잡초를 '막거풀'이라고 했는데 마당 구석에 차곡차곡 쌓아두었다가 마구간에 깔아 주거나 논밭에 밑거름으로 주기도 했다. 김홍섭 어르신은 아시갈이 때에 밑거름 19짐을 지게에 지고 가서 논바닥 여기저기 깔아주고 홀칭이로 마른 논을 갈았다.

6. 갱자리풀

'갱자리풀'이란 '못강(못자리논)'에서 못자리 앉히기에 앞서 깔아주는 밑거름이다. 이 마을 사람들은 못자리 앉히는 논자리를 '못강', 물이 괴어 있도록 논의 가장자리를 흙으로 둘러막은 논두렁을 '논두름'이라고 하였다. 못강의 논두름은 논물이 새지 않게 두껍게 다져놓았다. 겨울에 눈이 녹은 한 방울의 물이라도 못강에 대려고 애를 썼다. 논에 물을 대는 일을 '물 잡는다'고 하였다.

김홍섭 어르신은 1962년 음력 3월 18일부터 3월 26일까지 산야에서 지게 5짐 정도의 갱자리풀을 뜯어왔다. 음력 3월 26일에는 김홍섭 어르신의 15세 큰아들이 갱자리풀 2짐을 뜯어왔다. 갱자리풀은 가시비단풀을 비롯하여 이른 봄밭에 나는 온갖 잡풀이었다. 갱자리풀은 마당에 널어 말려서 마당 한 귀퉁이에 저장하였다. 갱자리풀은 생풀 3짐을 말리면 1짐이 되었다. 음력 3월 28일에 마른 갱자리풀을 오전에 3짐, 오후에 1짐을 지어다 놓고, 다음날 3월 29일에 못자리에 깔아 넣었다.

7. 숨기풀

'숨기풀'이란 볏모를 심을 논에 거름으로 주는 나뭇잎이나 풀이다. 이 마을 사람들은 벼 따위를 심는 일을 '숨다'라고 했다. 숨기풀이란 벼를 '숨을' 때 밑거름으로 주는 풀이라는 말이다. 이 마을 사람들의 논갈이 과정에서 숨기풀을 살펴보았다.

논바닥에 밑거름을 넣고 아시갈이를 하였다. 그다음 논에 물을 대어놓고 숨기풀을 깔고 두 번째 논갈이를 했다. 이때의 논갈이를 '풀물갈이'라고 했다. 풀물갈이 하고 나서 물이 넉넉하면 곧바로 모를 심었다[도2-6]. 풀물갈이 한 후 물이 부족하여 모를 제때 심지 못하였을 경우, 모심기 바로 직전에 다시 논갈이를 하기도 했다. 이때는 숨기풀을 깔아주지 않고 논을 갈았는데, 이를 '재불갈이'라고 했다.

김홍섭 어르신은 1962년 음력 4월 6일부터 5월 3일까지 산야에서

[도2-6] 모심기(1940년 6월 21일, 평북 철산군 철산면 부영리) 촬영 타카하시 노보루(高橋昇)
남정네들이 논을 고르는 동안, 아낙네들은 모를 심고 있다.

숨기풀을 20짐 정도 뜯어왔다.

숨기풀은 산야의 잡풀이지만, 그중에서도 '갈풀'이 많았다. 갈풀은 참나뭇과의 낙엽 교목의 새순과 잎사귀였다. 참나무를 잘라낸 밑동에서 해마다 생겨나는 움돋이를 '숨기풀' 또는 '갈풀'이라고 하였다. 김홍섭 어르신은 개인 소유의 '갓(임야)'에서도 갈풀을 생산하였다. 이 지역에서는 갈풀을 생산하는 임야를 '분등산'이라고 불렀다. 김홍섭 어르신의 분등산은 약 700평 정도였다.

1962년 음력 5월 15일에 '무룩메' 반 짐을 해왔는데, 무룩메는 음지에서 자라는 1년생의 잡초로 '음달풀'이라고도 하였다. 숨기풀을 깔아준

위에 띄엄띄엄 무룩메를 깔아주었다. 무룩메는 음지에서 자란 풀이라서 비교적 잘 썩었고 숨기풀을 썩게 만드는 촉진제 구실을 하였다.

논거름은 다양한 재료와 방법으로 생산되었다. 밑거름은 아시갈이 이전에 논에 깔아주었다. 김홍섭 어르신 일기에는 '마닥거름', '거름', '마굿돔'이 나오는데, 마닥에서는 마닥거름이, 마구간에서는 마굿돔(마구거름)이 생산되었다. 콩깍지와 보릿짚은 밭에서 생산된 것이다. 그리고 '거름'은 가을에 산야에서 뜯어온 '막거풀'이다. 가을에 채취한 막거풀은 이듬해 논에 밑거름으로 주기 위해 마당 구석에 쌓아두었다.

'갱자리풀'은 '못강(못자리)'의 밑거름으로 초봄에 들이나 밭에서 뜯어온 것이다. '숨기풀'은 논에 풀물갈이 이전에 주는 밑거름이다. 숨기풀은 산야에서 뜯어온 참나무의 1년생 가지와 나뭇잎이 주종을 이루었다. 이를 '갈풀'이라고도 하였다.

원초 경제사회 때 김홍섭 어르신은 마닥거름과 마굿돔의 마구간 부산물, 콩깍지와 보릿짚의 밭의 부산물, 그리고 갱자리풀과 숨기풀로 논의 기운을 북돋우며 논농사를 지었다. 논거름 중의 막거풀, 갱자리풀, 숨기풀은 소위 '벌거숭이'라는 산야에서 생산되는 거름이었다.

밭거름의 1년

김홍섭 어르신은 다음의 두 밭에서 밭농사를 지었다.

① 큰밭

'고개만당'에 있는 열 마지기 밭이다. 이 지역에서는 밭은 100평을 한 마지기라고 하였다.

② 덕거리밭

'덕거리'에 있는 서마지기 밭이다.

김홍섭 어르신은 1955년부터 지금까지 농사짓는 일을 일기로 남겼다. 김홍섭 어르신의 농사 일기 중에서 1962년 1년의 밭거름 내용만을 뽑아내어 그 내용을 정리하고 상세히 살펴보았다[표2-3].

김홍섭 어르신의 밭거름은 다양하였다. 이 마을에는 "보리농사는 거름 힘으로 지어야 한다!"라고 하는 밭거름 소재의 속담이 전승되고 있다.

1. 인분거름

이 마을 사람들은 뒷간을 '칙간'이라고 하고 칙간에서 인분을 저장해두는 곳을 '구덩이'라고 하였다. 구덩이는 칙간 구석에 가로, 세로, 깊이 각각 2m 정도의 크기였다. 구멍 좌우 쪽 판자에 발을 디디고 팔다리를 오그려 몸을 작게 옴츠리고 앉아 대소변을 보았다. 그리고 칙

〈표2-3〉 김홍섭 어르신 농사 일기의 밭거름 1년(1962)

월/일(음력)	내용	비고
1/18	*식전/보리밭에 똥오줌 1장군 쳤다	
	*오전/보리밭에 똥오줌 2장군 쳤다	
1/19	*식전/보리밭에 똥오줌 1장군 쳤다	
	*오전/보리밭에 똥오줌 1장군 쳤다	소계(小計) 5장군
1/20	*식전/보리밭에 똥오줌 1장군 쳤다	
	*오전/보리밭에 똥오줌 2장군, 마늘밭에 똥오줌 2장군 쳤다	
1/21	*오후/칙간 똥오줌구덩이에 물 4장군 부었다	
2/7	*식전/개똥 주었다	
2/10	*식전/덕거리 밭에 거름 1짐 지고 가서 놓았다	
2/12	*식전/보리밭에 똥오줌 1장군 쳤다	
2/13	*식전/보리밭에 똥오줌 1장군 쳤다	
	*오전/보리밭에 똥오줌 1장군 쳤다	
2/14	*식전/덕거리 밭에 거름 2짐 지고 가서 놓았다	
2/16	*오후/덕거리 밭에 거름 2짐 지고 가서 감자 심다	
2/17	*오전/덕거리 밭에 '윗돔' 2짐 지고 가서 주었다	
	*오후/덕거리 밭에 거름 1짐 지고 가서 놓았다	
2/25	*식전/보리밭에 똥오줌 1장군 쳤다	
	*오후/보리밭에 똥오줌 3장군 쳤다	
2/26	*식전/보리밭에 똥오줌 1장군 쳤다	
2/27	*오후/보리밭에 똥오줌 2장군 쳤다	
2/28	*식전/보리밭에 똥오줌 1장군 쳤다	
2/30	*오전/감자밭에 똥오줌 1장군 쳤다	
3/1	*식전/보리밭에 똥오줌 1장군 쳤다	
3/3	*식전/보리밭에 '윗돔' 1짐 지고 가서 주었다	
3/13	*식전/감자밭에 똥오줌 2장군 쳤다	감자 싹 나오기 시작
3/15	*식전/고추 모종 심을 밭에 거름 1짐 지고 가서 놓았다	
3/18	*식전/개똥 주어다 칙간 구덩이에 넣다	
4/3	*오전/감자밭에 똥오줌 2장군 쳤다	
	*오후/고추 모종밭에 똥오줌 4장군 쳤다	
4/4	*식전/감자밭에 똥오줌 1장군 쳤다	

월/일(음력)	내용	비고
4/5	*식선/삼사밭에 똥오줌 1상군 쳤나	
4/11	*식전/밭에 '구들메(구들미)' 1짐 지고 가서 놓았다	
6/23	*식전/참깨 밭에 똥오줌 1장군 쳤다	
	*오전/ 덕거리 콩밭에 똥오줌 1장군 쳤다	
	*오후/ 참깨 밭에 똥오줌 1장군 쳤다	
6/24	*식전/참깨 밭에 똥오줌 1장군 쳤다	
6/25	*식전/참깨 밭에 똥오줌 1장군 쳤다	참깨밭 똥오줌 소계 5장군
6/27	*식전/덕거리 밭에 똥오줌 1장군 쳤다	
7/1	*식전/큰밭 들깨 밭에 똥오줌 1장군 쳤다	
7/13	*식전/무밭에 똥오줌 1장군 쳤다	
7/15	*식전/무밭에 똥오줌 1장군 쳤다	
7/17	*식전/무밭에 거름 3짐 지고 가서 놓았다	
7/23	◎2, 3일 전부터 더러 보리풀을 베는 모양이다	
7/26	*오후/막거풀 1짐 뜯어왔다	
7/27	*오후/노개골에서 보리풀 1짐 뜯어왔다	
7/28	*오후/삼박골에서 막거풀 1짐 뜯어왔다	풀 3짐
7/30	*종일/어머님 산소 발초(拔草)하고 보리풀 1짐 뜯어왔다	풀 4짐
8/1	*오전/부땅골에서 보리풀 1짐 뜯어왔다	
	*오후/범골에서 보리풀 1짐 뜯어왔다	
8/2	*오전/범골에서 보리풀 1짐 뜯어왔다	
	*오후/범골에서 보리풀 1짐 뜯어왔다	
8/3	*식전/'마닥거름'과 '마구짓'을 섞었다	
	*오후/담밭등에서 보리풀 1짐 뜯어왔다	보리풀 9짐
8/4	*오전/보리풀 1짐 뜯어왔다	보리풀 10짐
8/5	*종일/거름 뒤집었다	
9/3	*오후/무밭에 똥오줌 2장군 쳤다	
9/4	*식전/무밭에 똥오줌 2장군 쳤다	
9/7	*식전/무밭에 똥오줌 1장군 쳤다	
9/9	*식전/소똥을 주었다	
9/10	*식전/무밭에 똥오줌 2장군 쳤다	
9/17	*오전/큰밭에 거름 4바리 3짐 운반했다	보리밭거름 운반 시작
	*오후/큰밭에 거름 4바리 운반했다	오늘 8바리 7짐

월/일(음력)	내용	비고
9/18	*오전/큰밭에 거름 4바리 운반했다	오늘 7바리, 합계 15바리
9/19	*오전/큰밭에 거름 3바리 3짐 운반했다	
	*오후/큰밭에 거름 3바리 3짐 운반했다	오늘 6바리 6짐(합계 21바리)
10/22	*오전/덕거리 보리밭에 똥오줌 4장군 쳤다	
10/23	*오전/똥오줌 1장군 쳤다	
11/2	*식전/똥오줌 3장군 쳤다	
11/3	*식전/덕거리 보리밭에 똥오줌 3장군 쳤다	
11/4	*식전/똥오줌 2장군 쳤다	큰구덩이 끝(덕거리 목화밭 외 모두 침)
11/7	*식전/똥오줌 2장군 쳤다	
11/10	*식전/똥오줌 1장군 쳤다	
11/28	*식전/똥오줌 1장군 쳤다	
11/29	*식전/똥오줌 1장군 쳤다	
11/30	*식전/고개만당 밭에 똥오줌 1장군 쳤다	
12/1	*식전/똥오줌 2장군 쳤다	
	*오후/ 고개만당 밭에 똥오줌 2장군, 마늘밭에 1장군 쳤다	
12/2	*식전/똥오줌 2장군 쳤다	
12/4	*식전/칙간 똥오줌구덩이에 물 3장군 지어다가 부었다	
12/19	*식전/똥오줌 1장군 쳤다	
12/24	*식전/큰밭에 똥오줌 1장군 쳤다	

간 구덩이에 가끔 물을 부었다. 김홍섭 어르신은 일기에서, 정월 21일 4장군, 섣달 초나흗날 3장군의 물을 냇가에서 지어다 부었다. 장군은 똥오줌(인분)거름을 담아 지게로 지어 나르는 통이다. 김홍섭 어르신은 주로 밭작물 밭에 인분거름을 주었는데, 그 내용은 다음과 같다.

① 보리밭

1962년 음력 10월 17일 보리를 갈았다. 보리이삭이 패기 이전의 생장 과정은 다음과 같이 크게 세 가지로 구분된다.

보리를 갈고 15일 정도 지나서 보리 싹이 돋아나는 것을 '촉 튼다'고 하였다. 보리 촉이 트기 이전에는 보리를 심은 보리고랑(폭 15㎝ 정도)에 인분거름을 준다. 이때의 인분거름은 보리밭의 밑거름이다. 이 무렵에는 보리밭에 인분거름을 마구 주어도 거름독(-毒)이 오를 염려가 없었다. 김홍섭 어르신은 보리가 움트기 전 음력 10월 22일부터 음력 11월 10일까지 16장군의 인분거름을 보리고랑에 주었다. 보리가 움튼 뒤에는 보리고랑에 인분거름을 주면 거름독이 오를 염려가 있기 때문에 보리가 없는 헛고랑(폭 35㎝ 정도)에 인분거름을 준다. 김홍섭 어르신은 음력 11월 28일부터 음력 12월 24일까지 11장군의 인분거름을 보리 헛고랑에 주었다.

이듬해 정이월에 보리가 6~7㎝ 정도 자랐을 때, 보리는 인분거름을 주어도 거름독이 타지 않는다. 보리고랑과 헛고랑을 가리지 않고 인분거름을 주었다[도2-7]. 김홍섭 어르신은 이듬해 정월 18일부터 3월 1일까지 21장군의 인분거름을 보리고랑과 헛고랑에 마구 주었다. 1962년에도 같은 시기에 21장군을 주었다.

② 마늘밭

여름에 심은 마늘밭에 섣달 초하룻날 웃거름으로 인분거름 1장군, 정월 20일에 웃거름으로 인분거름 2장군을 주었다.

③ 감자밭

음력 2월 26일에 심은 감자밭에 음력 2월 30일부터 음력 4월 5일까지 7장군의 인분거름을 웃거름으로 주었다.

④ 고추 모종밭

음력 3월 16일에 심은 고추 모종밭에 음력 4월 3일, 4장군의 인분거

[도2-7] 장군과 오줌바가지(1940년 11월 16일, 경남 거제시 거제면 서정리)
인분의 거름을 지어 나르는 목통을 '장군'이라고 한다. 위에는 부리가 나 있고, 몸통에는 쪼갠 대나무를 단단하게 동여 묶었다. 오줌바가지는 바가지에 소나무 자루를 붙여 만들었다.

름을 웃거름으로 주었다.

⑤ 깨밭

음력 5월 22일에 심은 참깨와 들깨 밭에, 음력 6월 23일부터 음력 7월 1일까지 웃거름으로 5장군의 인분거름을 주었다.

⑥ 콩밭

음력 5월 23일에 심은 콩밭에 음력 6월 23일 인분거름 1장군을 주었다. 콩밭의 인분거름은 웃거름 목적이 아니었다. 잡식동물 고라니는 콩잎을 뜯어먹기 일쑤였다. 인분거름을 주어 악취를 풍기면 고라니가 콩밭에 범접을 못 하였다. 콩밭에 인분거름을 주는 것은 고라니

피해를 줄이기 위한 수단이었다.

⑦ 무밭

음력 7월 13일과 음력 7월 15일에 1장군씩, 무를 심을 밭에 인분거름을 밑거름으로 주고 나서 음력 7월 18일에 무를 심었다. 그리고 음력 9월 3일부터 9월 10일까지 7장군의 인분거름을 웃거름으로 주었다.

2. 개똥

원초 경제사회 때 사람들은 개똥을 소중하게 여겼다. 개똥을 줍는 도구까지 전승되었던 것도 이 때문이었다. 호미 날을 긴 자루에 끼워 만들었다. 이를 '개똥호미'라고 하였다. 어깨에 망태기를 메었다. 이를 '개똥망태'라고 하였다. 길가에 나뒹구는 개똥을 개똥호미로 뜨고 개똥망태에 주워 담았다. 개똥은 먼저 본 사람이 임자였으니, 이른 아침에 경쟁적으로 개똥을 주우려고 집을 나섰다. 노름꾼들 사이에서 다음과 같은 이야기가 전승된다. 노름꾼들은 밤을 새우면서 노름을 하곤 하는데, 돈을 딴 사람이 노름판을 깨려고 꾀를 부릴 때 쓰는 말로, "개똥망태가 얼쩡거리고 있으니 노름을 끝내자."고 한다. 즉 개똥을 아침 일찍 주우러 가야 하니 노름판을 끝내자는 것으로 그만큼 개똥 줍는 일이 중요했다는 것이다.

김홍섭 어르신은 음력 2월 7일과 3월 18일 식전에 개똥을 주워다가 칙간에 넣었다. 인분거름을 조금이라도 더 늘리려고 개똥을 주워다가 칙간 구덩이에 넣었던 것이다.

3. 보리풀 거름

보리풀이란 보리밭에 밑거름으로 줄 거름을 만들려고 산야에서 베어온 풀이다. 김홍섭 어르신은 1962년 일기 중 음력 7월 23일, "2, 3일 전부터 더러 보리풀을 베는 모양이다."라고 기록하였다. 이 마을 사람들이 보리풀을 베기 시작하였다는 말이었다. 보리풀에는 '막거풀(갈풀과 넝쿨 따위의 1년생 잡초)'도 들어 있었다. 김홍섭 어르신은 음력 7월 26일부터 음력 8월 4일까지 산야에서 막거풀과 보리풀 10짐을 베어다가 보리풀 거름을 만들었다. 막거풀과 보리풀을 작두로 썰어 마당 한쪽 구석에 쌓아놓고 그 위에 인분을 끼얹었다. 열이 생기면서 보리풀 거름으로 숙성되었다.

4. 잿밭거름

이 마을 사람들은 따뜻한 날 마당 한 구석에 소를 매어두는 공간을 '마닥'이라고 하였다. 마닥에서 걷어내는 거름을 '마닥거름', 마구간에 넣어주는 건초를 '마구짓'이라고 하였다. 김홍섭 어르신은 음력 8월 3일 '마닥거름'과 '마구짓'을 섞었다. 그리고 음력 8월 5일에는 마당에 거름을 깔아놓고 종일 뒤집었다. 이것을 거름창고인 잿간에 차곡차곡 쌓아두었다. 마닥거름과 마구짓을 섞어 만든 거름을 '잿밭거름'이라고 했다. 김홍섭 어르신은 잿밭거름을 어디에 썼을까.

① 보리밭

김홍섭 어르신은 음력 9월 17일부터 음력 9월 19일까지 3일 동안 잰 밭거름을 보리 갈 예정의 '큰밭'에 집중적으로 지어 날랐다. 소는 옹구[도2-8], 사람은 지게로 거름을 지어 날랐다. 옹구 한 짐을 '바리', 지게 한 짐을 '짐'이라고 한다. 옹구 1바리는 지게 6짐의 분량이다. 모두 21바리의 거름을 소와 사람이 지어 날랐다. 그리고 음력 3월 3일에는 '윗돔' 거름 1짐을 보리밭에 웃거름으로 주었다. 윗돔은 거름더미 위쪽에 있어서 발효가 덜 된 거름이다.

[도2-8] 옹구로 거름 나르기(1940년, 촬영 타카하시 노보루[高橋昇])
한 농부가 소 등에 올리는 길마에 옹구를 올려놓고 거름을 담아 나르고 있다.

② 감자밭

음력 2월 14일부터 음력 17일까지 (잿밭)거름 5짐, 윗돔 거름 2짐을 지게에 지고 가서 부려놓았다. 김홍섭 어르신은 음력 2월 26일 '덕거리' 밭에 감자를 심었다. 잿밭거름과 윗돔은 감자 밭의 밑거름이었다.

5. '구들메' 거름

이 마을 사람들은 방구들에서 긁어내는 재거름을 '구들메(구들미)'라고 하는데, '밀개(고무래)'로 구들메를 긁어내는 일을 '후벼낸다'고 하였다. 김홍섭 어르신은 음력 4월 11일 '구들메' 1짐을 밭거름으로 주려고 삼[麻]밭에 지어다 놓고, 여기저기 구들메 거름을 주었다. 구들메 거름 기운이 독하여 일반 밭작물의 거름으로 주기를 꺼렸지만, 삼은 비교적 거름독에 강한 농작물이었다.

김홍섭 어르신의 밭거름은 다섯 가지로 분류된다. 칙간 구덩이에서 생산된 인분거름은 보리밭, 마늘밭, 감자밭, 고추 모종밭, 깨밭, 콩밭, 무밭의 웃거름으로 주었다. 다만 콩밭의 인분거름은 잡식동물 고라니 방어 목적이었다. 개똥은 인분거름의 분량을 불리기 위한 수단으로 작용하였다. 이를 위한 목적으로 개똥호미와 개똥망태가 전승되고 있다는 점이 돋보였다. 보리풀거름은 보리밭의 밑거름으로 주기 위해 산야의 잡초와 인분으로 만든 거름이다. 잿밭거름은 마닥거름과 마구짓을 섞어 발효시켜 만든 거름으로 보리밭과 감자밭의 밑거름으로 주었다. '구들메(구들미)' 거름은 삼밭의 웃거름으로 주었다.

고개만당의 운명

천봉답(天奉畓)은 빗물에 의하여서만 벼를 생산할 수 있는 논이다.

김홍섭 어르신은 해마다 정월과 이월에 올해의 강수(降水) 확률이 어떠할까를 미리 헤아려보았다.

정월 14일 저녁, 50㎝ 정도의 수수목대를 세로로 자른다. 한쪽의 수수목대에 12개의 구멍을 내고 구멍에 콩을 한 개씩 넣었다. 수수목대 반쪽을 뚜껑으로 덮고 실로 묶는다. 이것을 옹기그릇 밑바닥에 놓고 돌로 누르고 물을 가득 부어 놓았다가 정월 보름날 아침에 꺼내본다. 콩이 물을 먹은 모양을 보고 1년 열두 달 강수 확률을 예측하였다. 물을 먹은 콩알이 들어 있는 달에는 비가 많을 것으로, 물을 먹지 못한 콩알이 들어 있는 달에는 비가 적을 것으로 가늠하였다.

정월 20일 저녁에는 하늘을 보았다. 그날의 일기가 1년의 일기를 대변한다고 믿었다. "정월 스무날 구름만 끼어도 대국 사람들 잘 먹고 산다!"는 말이 전승되었다. 정월 20일 저녁에 구름만 끼어도 그해에는 심한 가뭄이 들지 않을 징조였다. 그러니 대국(大國)의 수많은 백성들도 잘 먹고 살 징조였다. 그러면 한반도 백성들도 잘 먹고 살 것임은 물론이었다.

음력 2월 20일 밤에 하늘을 보았다. 별무리와 달이 멀리 떨어져 있으면 비가 많을 징조였고, 가까이 있으면 비가 적을 징조였다. 정월과 음력 2월에 어떠한 강수 확률 예측 결과가 나왔건 천봉답의 논농사는 포기 대상이 될 수 없었다.

천봉답, '고개만당 논'의 구조

김홍섭 어르신의 천봉답, 고개만당 논은 조상 대대로 물려받았다. 고개만당 논은 크게 위아래로 구분하였다. 위쪽 논을 '윗서마지기'라고 하였는데 위쪽에 있는 서 마지기(이 지역 한 마지기는 200평) 논이라는 말이다. 윗서마지기는 다시 ①'윗머릿도가리'와 ②'외도가리'로 나누었다. ①은 한 마지기, ②는 두 마지기였다. 아래쪽 논은 '아래서마지기'라고 하였다. 아래서마지기는 ③'아래머릿도가리', ④'못강', ⑤'못강밑도가리', ⑥'맨밑도가리'로 나누었다. ③은 한 마지기, ④⑤⑥은 일곱 되지기였다. ①~⑥의 높이 차는 1m 정도였다.

②와 ③은 '물 받는 논', '저수답(貯水畓)'이었다. ②와 ③의 물이 물꼬를 지나 '못강'으로 흘러들었다. '못강'은 못자리를 앉히는 논이다. 물 받는 논은 특별하게 다루었다. 고개만당 논(이하 '고개만당'이라고 함)은 매우 진흙이어서 기와를 만들 재료로 활용이 가능할 정도였다. 이런 진흙을 '참질'이라고 하였다. 참질 천봉답의 논물은 땅속으로 스며들지는 않았지만, 논두렁으로 빠져나갈 가능성은 높았다. 참질 흙의 땅은 배수가 어려워서 밭은 만들 수 없다. 고개만당은 숙명적으로 천봉답이 될 수밖에 없었다. 그러나 고개만당은 하루 종일 그늘이 생기지 않아 일조(日照)의 조건이 좋아서 물만 잘 받아놓으면 기름진 쌀 생산은 따 놓은 당상이었다.

논두렁 단속은 다음과 같았다. 고개만당의 논두렁 폭은 40㎝ 정도였다. 1962년 정월 26일과 28일 사이에 첫 논갈이를 했는데, 이때의 논갈이를 '아시갈이'라고 한다. 아시갈이 때 '훌칭이(극젱이)'로 논을 갈면서 논두렁을 20㎝ 정도 떼어내는 것을 '논두렁 떤다'고 했다. 논에 물을 받고 홀칭이로 논두렁을 12번 정도 오가면서 논흙을 풀었다. 이를 '논두렁 흘긴다'고 했다. 논두렁 흘긴 논흙을 삽으로 뜨면서 차곡차곡 논두렁에 붙였다. 이런 일을 '끌어 댄다'고 했다. 정이월에 맨발로 논물 속으로 들어가 끌어 댔다. '장단지(종아리)'가 다리에서 떨어져 나가는 것처럼 논물은 차가웠다. 어떻게든 음력 2월 보름 전까지 물 받는 논에 물을 잡아놓아야 그해 천봉답의 논농사를 안정적으로 할 수 있었다.

1962년에는 봄 가뭄이 예사롭지 않았다. 김홍섭 어르신은 정월 26일부터 29일 동안에 첫 논갈이를 생땅 없이 전경(全耕)했다. 정월 29일, 김홍섭 어르신은 일기에 고개만당의 '춘경(春耕)을 완료(完了)'했다고 기록하였다. 1962년 봄 가뭄으로 고개만당의 물 받는 논은 말라버렸다. 음력 3월 4일, 기다리는 비가 왔으나 고개만당의 물 받기는 역부족이었다. 김홍섭 어르신은 그날의 일기에서 다음과 같이 기록하였다.

> '개홈'에 물이 내려오기에 논에 물을 잡으려고 갔지만, 물이 소량(少量)이므로 잡지 못하고 왔더니, '큰밭' 뒷도구물은 저녁때까지 내려오는 것을 볼 때 물만 잡았으면 충분히 '두마지기 도가리'는 물을 잡을 뻔했음.

빗물을 잡아야겠다는 간절함이 넘친다. '개홈'은 이 마을 앞산에서 발원(發源)한 실개천 이름이다. 비가 80㎜ 이상 내릴 때만 빗물이 흘렀다. 이 정도의 물로는 고개만당에 물을 잡지 못했다. 고개만당이

개흙의 물을 잡으려면 최소한 100㎜ 이상 빗물이 내려야 했다. '두마지기 도가리'는 고개만당 윗서마지기 중에서 '외도가리'의 물을 받는 논이다. 조금만 더 비가 내렸더라면 윗서마지기 물 받는 논은 물을 받을 수 있었다는 것이다.

고개만당에 물을 받지 못한 채 곡우(음력 3월 16일, 양력 4월 20일경)를 넘겼다. 곡우 전후 3일에 앉혀야 하는 못자리 시기가 지났다. 두 번째 논갈이를 '거시린다'고 했는데 보통은 논밭에 물을 받아놓고 거시리지만 1962년 음력 3월 18일, 김홍섭 어르신은 물을 받아놓지 않고 고개만당을 거시렸다. 논에 거름으로 깔아놓은 '숨기풀'을 묻고, 논흙 일광욕도 시켰다. 논의 흙밥을 부드럽게 만들 목적이었다. 1962년 음력 3월 21과 22일의 일기에서 비를 기다리는 마음은 간절하였다.

> 고대(苦待)하던 비 님(任)이 오기 시작하였다. 종일 조금씩 왔으나, 보리는 구(求)하였지만 고개만당 논에 물을 못 잡았음. 보다 많은 비님이 오기를 축원(祝願)함.
>
> 논에 잡을 물 대는가 싶어서 갔다가 물이 적어서 못 잡음.

못자리 앉히기

1962년 음력 4월 3일 일기에, "'창건너'에 고개만당 논에 심을 씨나락을 늦게까지 쳤음"이라고 하였다. 못자리 앉히는 적기(適期)인 곡우가 지나서 16일째 되는 날이었다. 고개만당에는 물을 받지 못했으니 고개만당에 심을 볏모를 생산하는 못자리를 '창건너' 논에 앉혔다.

1961년에 못물로 논농사가 가능한 창건너 논을 사두었던 것이 천만다행이었다.

못자리 앉히기('퀀모한다'고 함)를 하는 못자리배미를 '못강'이라고 했다. 못강의 퀀모 과정은 다음과 같다. 훌칭이로 못강을 거시리고 써레로 골라서 줄을 놓았다. 모판을 '만골', 골을 '도랑'이라고 했다. 만골의 폭은 4자, 도랑의 폭은 1자 정도였다. 삽으로 도랑의 흙밥을 만골로 올려놓았다. 이런 일을 '만골친다'고 하였다. 만골을 손으로 문지르면서 고르고 물을 빼고 말렸다. 씨나락(볍씨)이 만골 깊이 들어가면 모찌기가 힘들기 때문이다. 다시 물을 대고 씨나락을 흩뿌렸다. 이를 '허친다'고 했다. 씨나락을 허치는 분량은 논에 따라 달랐다. 1모작 논 못강에는 한 마지기당 3되, 2모작 논 못강에는 2.5되를 쳤다. 1모작 논의 벼 뿌리는 거름이 덜 되어 새끼를 넉넉하게 치지 못했고, 2모작 논의 보리 뿌리는 거름이 잘 되어 새끼를 넉넉하게 칠 수 있었기 때문이었다. 창건너 논은 1모작 논이니, 고개만당 여섯 마지기 논에 심을 씨나락 18되를 쳤다.

모심기

하지(양력 6월 21일경)가 지났지만 물 부족으로 고개만당에 모를 심지 못했다. 1962년 음력 6월 4일, 지난밤에 가는 비[細雨]가 내렸다. 혹시나 싶어 고개만당에 물 잡으러 갔으나 허탕 치고 말았다. 구암댁(九岩宅)과 양동댁(兩東宅) 논에 벼를 심어주었다. 구암댁 논은 너 마지기 봇논이고 양동댁 논은 열 마지기 못논이다. 오늘의 비로는 고개만당의 모심기는 역부족이었다.

1962년 음력 6월 9일, 점심때부터 비바람이 불며 비가 줄기줄기 거세게 내리기 시작하였다. 다음 날 음력 6월 10일 고개만당에 물을 잡았다. 1962년 음력 6월 11일, 6월 9일부터 내린 비 덕택에 모심기를 끝냈다. 하지 후 20일, 소서 후 6일, 초복 전 10일이었다. 초복에 모를 못 심으면 그해 논농사를 포기할 판이었다. 다행히 초복 10일 전에 모심기를 끝냈다.

제초·관리

김홍섭 어르신은 1962년 음력 6월 21일 일기에, 고개만당에 "도사리 '지심(김)'을 매었다"고 했다. 도사리 지심은 '방동사리(방동사니), 피, 다부살이' 등의 잡초였다. 도사리 지심을 맬 때는 잡초의 씨앗이 논바닥에 떨어지지 않게 논에 남겨두지 않고 논 바깥으로 내보냈다. 그리고 고개만당 "나락이 제법 사람을 했음"이라고 기록했는데 벼가 왕성하게 살아났다는 의미다.

김홍섭 어르신은 1962년 음력 6월 22일 일기에, "오늘 나다리 먹는 날이므로 당수나무로 갔다"고 했다. 나다리 먹는 날은 대서(양력 7월 23일) 날이다. 이 마을 사람들은 해마다 이날 '당수나무(당산나무)' 아래에서 나다리를 먹고 나서 두레를 결성하였다.

이 마을로 이주해 와서 농사를 짓는 사람은 농청에 새로 입적(入籍)하는 예를 갖추었다. 이를 '들예(-禮)'라고 했는데 들예로 막걸리 등 어느 정도 음식을 대접하였다. 그리고 이 마을 공동 소유의 밭 100평을 소작하는 사람은 소작료로 떡을 마련하였다. 농청에 모인 마을 사람들은 여러 가지 음식을 서로 나누어 먹었다. 이것이 '나다리 먹는 것'이었다. '나다리'는 나[出]고 듦[入]의 의미를 갖는 말이다.

나다리를 먹고 나서 두레를 결성하는 일은 이 마을 농청(農廳)에서 주관하였다. 농청에서는 올해 농사를 경영하는 동안의 여러 가지 규약을 의논하였다. 예를 들어, 일소가 남의 논의 벼를 먹었을 때 벼 몇 포기당 얼마를 변상해야 한다는 내용도 들어 있었다. 그리고 두레 조직을 결성하였다. 이 마을 18세 남성은 두레꾼이 될 수 있었다. 두레꾼들은 초불 논매기 다음부터 두불 논매기와 세불 논매기를 했다. 그래서 이 마을 사람들은 두불 논매기와 세불 논매기를 '두레 논매기'라고도 했다. 김홍섭 어르신은 고개만당에 초불 논매기도 아직 못 한 상태여서 두레 가입을 하지 않았다.

음력 7월 5일부터 김홍섭 어르신네 가족들은 띄엄띄엄 고개만당의 논매기를 했다. 논밭의 김을 맨손으로 매고 논바닥으로 우겨넣는 것이었다. 음력 7월 23일, 김홍섭 어르신은 일기에 "금일 오전으로 논매기 완료함"이라고 했다.

1962년 음력 8월 8일, 김홍섭 어르신은 일기에서 고개만당에 "섶가지 쪄다가 나락 위김"이라고 기록하였다. 벼가 익어갈 즈음, 벼 이삭은 고개를 숙였다. 길가로 내민 벼 이삭을 안쪽으로 밀어 넣는 일을, 이 마을 사람들은 '위긴다'고 했다. 나락을 위기는 방법은 두 가지가 전승되었다. 나뭇가지를 꽂아 밀어 넣기와 새끼줄을 쳐서 묶어 넣기였다. 김홍섭 어르신은 밤나무 등의 섶 가지를 꽂아 벼 이삭을 안쪽으로 밀어 넣었다.

1962년 음력 9월 9일, 김홍섭 어르신은 일기에 고개만당에 '도구쳤다'고 했는데 도구 친다는 것은 벼를 거두어들이기에 앞서 논의 물을 빼는 일이다. 고개만당은 참질의 땅이니 물 빠짐이 쉽지 않아서 도구를 더욱 잘 쳐야 했다. 도구를 칠 자리의 벼를 90㎝ 정도 베어냈다. 벼 세 포기의 간격이었다. 이때의 벼를 '도구나락'이라고 하는데 베어낸 도구나락은 논둑에 널었다. 도구나락 자리를 훌칭이로 갈고 삽으로 논흙을 떠냈다.

1962년 음력 9월 10일, 김홍섭 어르신은 일기에 '도구나락으로 찐쌀 고봉(高峰) 1되를 생산'했다고 기록하였다. 큰솥에 떡을 찔 때 사용하는 '떡채반'을 앉히고 그 위에 도구나락을 올려놓고 물을 넣고 쪄서

[도2-9] 떡채반(직경 45.0㎝, 높이 8.0㎝)
송편이나 떡을 찔 때 솥에 넣어 받치는 채반이다. 경북 의성군 옥산면 실업1리 최태순 씨(1949년생, 여)가 쓰던 것이다. 싸릿개비로 결어 만든 것이다. 다리도 붙었다.

뜸 들였다[도2-9]. 멍석에 널어 하루 정도 말려서 디딜방아에서 빻았다. 찐쌀 밥은 구수하였다. 그 이후에도 도구나락으로 찐쌀은 제법 생산되었다.

1962년 음력 9월 25일부터 3일 동안 고개만당의 벼를 베어냈다. 1962년 음력 9월 28일, 김홍섭 어르신은 일기에 '동가리 쳤다'고 했다. 동가리를 쌓는 것을 '친다'고 하였다. 동가리를 친다는 것은 단으로 묶은 벼를 쌓아 무더기를 만드는 것이다. 고개만당의 동가리는 모두 12개였다. 동가리 하나에 250단, 1마지기당 2동가리가 생산되었다. 그리고 동가리 하나에 한 섬의 벼가 생산되었다. 그러니 고개만당에서 나락 12섬이 생산된 것이다.

1962년 음력 10월 20일, 김홍섭 어르신은 '나락을 두지에 넣었다'고 하였다. 여기에서 두지는 바닥에 '소깝(솔가지)'을 깔고, 옆에 '영개(이엉)'를 두르고, 위에 영개를 덮고, 다시 그 위에 '웃주지'를 덮어 만든 것을 말한다.

천봉답은 질땅인 경우가 많았다. 질땅은 배수가 원활하지 못하였으니, 밭이 될 수도 없었다. 고개만당은 질땅이었고 자신이 처한 운명대로 천봉답이 될 수밖에 없었다. 천봉답을 물려받은 동해안 지역의 농부들은 하늘만 바라보며 논농사를 지어왔다. 동해안 지역의 수많은 천봉답은 수많은 생활사를 간직하고 있을 것이다.

두레

1962년 음력 6월 22일(양력 7월 23일), 김홍섭 어르신은 일기에 다음과 같이 기록했다.

> 식전, 나다리 먹는 날이므로 당수나무 周圍(주위) 淸掃(청소)하러 나갔음
>
> 后, 나다리 먹고 休息(휴식)함

이날은 대서(大暑)였다. 왜 하필 대서 날이었을까. 이 마을 사람들은 하지 무렵에 논에 모를 심었다. 모를 심고 나서 1개월쯤 지난 대서 무렵은, 논밭 '아시매기(애벌매기)'가 끝날 즈음이었다. 이때 이 마을에서는 농청(農廳)을 결성하였다. 1970년대까지 삼정리(두동면) 하삼정마을과 고지평마을 45가호는 하나의 영농 공동체를 결성했었다.

농청의 사전적 해설은 "마을 사람이 모여 농사일을 의논하거나 놀기 위하여 지은 집"이라고 하고 있지만, 과연 한반도에 농사일을 의논하거나 놀기 위하여 지은 집은 있었을까. 농청은 마을 농경지를 합리적으로 관리하기 위한 자발적 영농 공동체 조직이었다.

하삼정마을과 고지평마을 사람들이 농청을 결성하는 장소는 이 마을 성황당이었다. 성황당의 신목(神木)을 '당수나무'라고 했고 당수나무는 서어나무였다. 당수나무 밑은 그늘이 좋았고 커다랗고 펀펀한 바윗돌이 하나 놓여 있었는데 '닥돌'이라고 불렀다. 닥돌은 탁자와 식탁 구실을 해주었다. 김홍섭 어르신은 이날 식전에 "당수나무 周圍(주

위) 淸掃(청소)하러 나갔음"이라고 했는데 성황당 당수나무 밑은 바로 농청을 결성하는 장소였기 때문이다. 이날 이곳에서 농청, 곧 이 마을 영농 공동체가 결성되었다.

김홍섭 어르신 일기에는 '나다리 먹는 날'이라고 했는데, '나다리'는 나[出]고 듦(入), 곧 농청 조직의 재편성의 의미를 갖는 말이었다. 농청의 으뜸을 '황수'라고 했는데 이 마을은 이장이 황수를 겸임하여 농청 모임을 이끌었다.

이 마을 이장은 농청 모임에 참여한 마을 사람들의 의견을 모아 규정을 정했다. 예를 들어 소가 밭에 들어가 농작물을 헤쳤을 경우, 벼 포기당 벌금 또는 배상의 정도를 정하는 것이었다. 이를 '방목(放牧) 매긴다'고 했는데 방목은 소를 '이까리(고삐)'에 매지 않았기 때문에 일어난 것이었다. 방목으로 인하여 농작물을 헤친 벌칙으로 받는 곡식을 '수곡(收穀)'이라고 했다.

하삼정마을과 고지평마을은 모두 4개 반(班)으로 구성되었다. 1개 반마다 '방목강구[放牧監考]' 2~3명을 선임하였다. 김홍섭 어르신은 1959년 무렵에 방목강구를 역임하였다. 방목강구는 농사 피해 현장을 확인하고 방목 규정에 따라 수곡을 받아내는 사람이었다. 예를 들어 이웃 마을의 소가 이 마을 농경지로 와서 농작물을 헤쳤을 경우, 이 마을 방목강구들은 이웃 마을로 가서 농경지 가해(加害) 쪽 마을의 방목강구를 만나 농작물 피해의 정도를 전하고, 농경지 규정에 따라 수곡을 받아왔다. 수곡은 피해 농가에 주었다.

그리고 두레를 조직하였다. 두레 조직의 으뜸을 '수총각(首總角)'이라고 하였다. 유사(有司) 한 사람을 두었고 유사는 두레 품삯을 받았다. 두레 구성원을 '두레꾼'이라고 하였다. 두레는 개인의 의사에 따라 참여 여부는 자유였다. 김홍섭 어르신은 해마다 농청 나다리에는 참여하였지만, 두레꾼에는 참여하지 않았다.

두레꾼의 자격은 17세부터 60세까지 이 마을의 남정네들이었다. 이 마을에서 머슴살이를 하는 남정네들도 참여했다. 이 마을에서는 3번의 논매기를 했다. 첫 번째 논매기를 '아시매기', 두 번째 논매기를 '두불매기', 세 번째 논매기를 '만시논매기'라고 했다. 두레꾼들은 두불매기와 만시논매기 때 논을 매었다. 이를 '두레논맨다'고 했고 유사는 두레꾼들을 대표하여 논마다 일정한 품삯을 받았다.

두레꾼들은 일정한 장소에 모여서 기수를 앞세우고 모든 악기를 울리며 위탁받은 논으로 김매러 갔다. 논을 매는 동안, 선소리꾼이 북을 치면서 논매기노래를 선창하면, 두레꾼들은 뒷소리를 받았다. 두레논매기가 끝나면 품삯을 계산했다.

두레꾼들이 음력 7월 하순에 일정한 날을 택하여 하는 뒤풀이를 '장원례(壯元禮)'라고 했다. 농청에서 비교적 부잣집이면서 농사가 잘 된 집을 정하면 그 집 머슴이 이 마을 농사짓기 장원(壯元)이 되었고 그 집에서는 주안상(酒案床)을 제공했다. 장원 머슴을 소에 태우고 농악에 맞추어 마을 한 바퀴를 돌았다. 그 이후에 그해 두레는 해산되었다.

김홍섭 어르신의 일기에 기록된 하삼정마을의 농청은 사전적 의미의 "마을 사람이 모여 농사일을 의논하거나 놀기 위하여 지은 집"이 아니라, 마을 단위의 자연 발생적인 영농 관리 조직체였다. 농청은 마을 행정 수반인 이장과 별도의 조직으로 황수[鄕首?]가 주도적으로 이끌었지만, 소규모의 마을인 경우에는 이장이 농청의 황수를 겸임하였다. 농청에서는 으뜸(황수 또는 이장) 밑에 여러 명의 '방목강구'를 두었다. 방목강구는 농경지 가해 농가(특히, 방목으로 인한)와 피해 농가의 분쟁을 조정하고 해결하는 사람이었다. 농청의 조직에 참여하는 사람은 일정한 예를 갖추기도 했는데, 이를 '들예'라고 하였다.

그리고 농청 산하에는 두 번째 논매기와 세 번째 논매기를 공동으로 이루어내기 위한 두레 조직이 있었는데, 그 으뜸을 '수총각(首總角)'이라고 했다. 두레는 개인의 의사에 따라 참여가 자유였다. 두레꾼들은 두레가 끝난 뒤에 서로 품삯을 계산하였다. 그리고 음력 7월 하순에 일정한 날을 택하여 뒤풀이를 하였는데, 이를 '장원례(壯元禮)'라고 하였다. 그해 농사 장원은 농청에서 결정했는데 장원한 농가에서는 장원례의 술잔치를 제공했다.

언양장에 나타난 바닷물고기 추적

언양장은 울산광역시 울주군 언양읍에 매월 2일, 7일에 서는 오일장이다. 언양장은 청도, 밀양, 동래, 양산, 경주, 영천, 그리고 울산까지 7개 고을 산물이 모이는 오일장이라고 해서 옛날에는 '7읍장'이라고 불렀다.

1962년 음력 1월 13일(양력 2월 17일), 김홍섭 어르신은 어머니 제사상(祭祀床)에 올릴 제물을 사려고 언양 오일장으로 갔다. 옛사람들은 제사 때에 쓸 제물을 마련하기 위하여 보는 장을 '제사장(祭祀場)'이라고 하였다. 김홍섭 어르신은 제사장의 내용을 일기장에 적어두었는데, 그 내용은 다음과 같다.

실과	
배	50환
능금 3個	90환
밤, 대조	30환
꼬감 3個	60환
포	80환
이까 2匹	80환
소계	**390환**

해어(海魚)	
정괴이 3匹	500환
민어 1匹	300환

상어 2匹	250환
대구 새끼	200환
까지메기	200환
소계	**1,450환**

기타	
술잔 2個	100환
오료(午料)	80환
생메러치 1升	200환
소계	**380환**

그 당시 화폐단위는 환(圜)이었다. 김홍섭 어르신은 제사장 물목을 크게 실과(實果), 해어(海魚), 기타로 나누었다. 해산물은 세 항목에 모두 들어 있고 포(脯)와 '이까[오징어]'는 건어물이라서 '실과(實果)' 항목에 넣었다. '생메러치'는 생(生) 멸치임에도 불구하고 '기타' 항목에 기재되었다. 멸치는 제물의 대상이 아니기 때문이었다. 생물의 바닷물고기는 '해어(海魚)'와 기타 항목에 들어 있었다. 이들 바닷물고기는 언제 어느 갯마을에서 잡았던 것일까. 이를 추적하여 보았다.

1. 정괴이(전갱이)

김홍섭 어르신은 500환을 주고 '정괴이' 3마리[匹]를 샀다. '정괴이'는 전갱이라는 말이다. 전갱이는 방패 비늘이 발달한 바닷물고기다.

[사례1] 울산광역시 동구 주전동 장만조 씨(1939년생, 남)

전갱이의 어기(漁期)는 삼동(三冬)이었다. 이때 전갱이들은 이 마을 연안으로 몰려왔다. 어부 2명이 1척의 풍선을 타고 어장으로 가서 닻을 드리우고 손낚시로 전갱이를 낚았다. 낚싯줄의 끝에 '추(낚싯봉)'를 맸다. 추에서부터 낚싯줄 위쪽으로 90㎝ 간격마다 보채줄 12개를 맸다. 보채줄 길이는 약 60㎝ 정도였다. 보채줄에 털낚시를 하나씩 맸다. 전갱이는 털낚시를 물었다.

2. 민어

김홍섭 어르신은 300환을 주고 민어 1마리[匹]를 샀다. 민어는 한반도 서해와 남해에 서식하며 일본 서남부에도 분포하는 것으로 알려져 있지만, 동해안에서도 잡혔다.

[사례2] 부산광역시 기장군 일광면 이천리 이동마을 방현호 씨(1936년생, 남)

이 마을 민어 어기는 음력 2월부터 음력 4월까지였다. 이 마을 사람들은 '주벅'에서 1년 내내 물고기를 잡았다. 주벅의 구조는 간단하지 않았다. 우선 육지에서 바다 쪽으로 길게 그물을 설치하였다. 말뚝을 박고 그것에 '장등'이라는 그물을 걸었다. 그 끝에 '원통'이라는 통그물을 설치하였다. 원통 모서리에 '불통'이라는 그물주머니를 붙였다. 불통이 둘이면 '이각망(二角網)', 불통이 셋이면 '삼각망(三角網)', 불통이 다섯이면 '오각망(五角網)'이라고 했다. 2~3일에 한 번씩 주벅 그물 속에 든 물고기를 잡아냈다. 이때 민어도 잡혔다.

[사례3] 울산광역시 동구 주전동 장만조 씨(1939년생, 남)

민어는 1년 내내 이 마을 앞바다 물속 갯바위에 정착하고 있었다. 어부 2명이 풍선 1척에 타고 어장으로 가서 닻을 드리우고 각자 손낚시로 민어를 낚았다. 낚싯줄의 끝에 '추(낚싯봉)'를 매고 추 아래쪽에 보채줄 두 가닥을 맸다. 짧은 것은 30㎝, 긴 것은 70㎝ 정도였다. 보채줄마다 각각 하나씩 낚시를 맸다. 미끼는 미꾸라지였다.

3. 상어

김홍섭 어르신은 250환을 주고 상어 2마리[匹]를 샀다. 동해안 사람들은 상어를 그물과 주낙으로 잡았다.

[사례4] 부산광역시 기장군 일광면 이천리 이동마을 방현호 씨(1936년생, 남)

이 마을 사람들은 '고빠리(참상어)'를 상어주낙으로 많이 낚았다. 어장은 이 마을 앞바다였다. 어기(漁期)는 정월부터 음력 3월까지였다. 이때는 고빠리 산란기였다. 상어주낙의 원줄을 '모리'라고 하였다. 모리 7m 간격으로 보채줄(3m)을 묶었다. 미끼는 오징어를 토막낸 것이었다. 상어주낙 하나에 낚시 200개 정도를 맸다. 이 마을 사람들은 낚시를 '자리'라고 하였다. 보통 어부 4명이 상어주낙 10바퀴 정도를 어선에 싣고 어장으로 갔다. 상어주낙은 조류 따라 밑바다에 깔아놓았다가 물살을 거스르면서 걷어 올렸다. 어획물은 배와 상어주낙 몫으로 1깃, 어부 각각 1깃씩 차지하였다. 고빠리를 끓는 물에 넣었다가 들어내어 껍질을 벗겼다. 고빠리 10마리를 하나의 줄에 걸어 묶었다. 이를 한 '테'라고 하였다. 이것을 시장으로 유통시켰다.

[사례5] 울산광역시 울주군 강동면 구유리 김명출 씨(1941년생, 남)

이 마을 사람들은 상어 수컷을 '차랭이', 상어 암컷을 '알싸'라고 불렀다. 어장은 이 마을 앞바다였고, 어기는 삼동(三冬)이었다. 곱상어가 주종을 이루었다. 이 마을 사람들은 곱상어를 상어그물로 잡았다[도2-10]. 그물코의 길이는 17㎝ 정도였다. 상어그물의 윗줄을 '구세', 아랫줄을 '빌'이라고 하였다. 구세 줄에 2m 간격으로 부표를 매달았다. 부표는 오동나무로 만든 것으로 '틉'이라고 하였다. 빌에 2.5m 간격으로 돌을 매달았다. 이를 '돌'이라고 하였다. 상어그물의 폭은 5m, 길

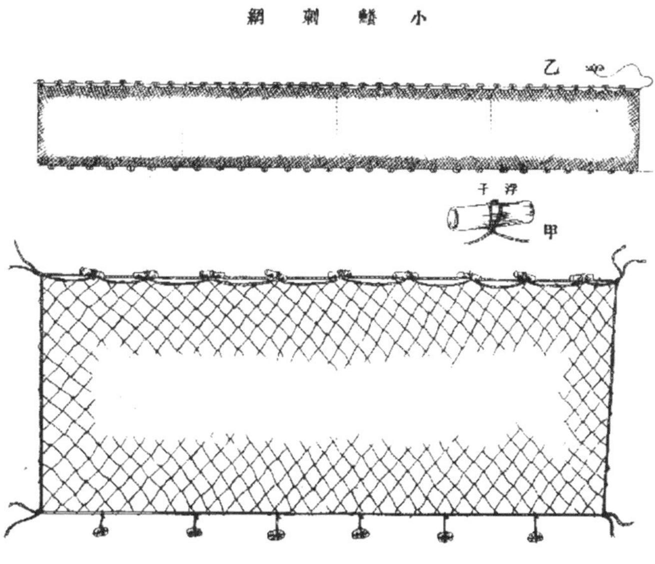

[도2-10] 상어그물 《한국수산지(韓國水產誌)》에서.

이는 200m 정도였다. 한 척의 배에 5명의 어부가 같이 타고 다니면서 상어그물로 곱상어를 잡았다. 한 사람이 각각 상어그물 2틀을 마련하였다. 어장에 10틀의 상어그물을 쳤다. 상어그물 10틀을 이어붙이는 순서는 시곗바늘 돌듯이 윤번되었다. 그물 한가운데 곱상어가 많이 몰리기 마련이었으니, 공평을 기하기 위함이었다. 자기 상어그물에 든 상어는 자기가 차지하였다. 어부들은 뱃삯으로 5분의 1 정도의 상어를 선주에게 주었다. 다만 상어잡이 진두지휘자 사공은 뱃삯이 면제되었다. 이때 잡은 상어는 끓는 물에 데쳐내어 껍질을 벗겼다. 배를 째어 내장을 도려내고 칼로 토막을 내었다. 이를 '상어포'라고 하였다[도2-11]. 상어포를 시장에 내다 팔았다. 상어포는 산적(길쭉길쭉하게 썰어 갖은 양념을 하여 대꼬챙이에 꿰어 구운 음식)감이 되었다.

4. 대구 새끼

김홍섭 어르신은 200환을 주고 대구 새끼를 샀다. 대구는 명태, 이면수어 등과 함께 한대성 물고기다. 대구의 남방한계선은 진해만(鎭海灣)이었다.

[사례6] 경북 경주시 감포읍 오류4리 조성근 씨(1937년생, 남)

정월부터 음력 2월까지 대구는 산란을 위하여 이 마을 갯밭으로 찾아왔다. 이 마을에는 '눈본대구'라는 말이 전승되었다. "눈[雪]을 보아야 맛있는 대구"라는 말에서 비롯되었다. 한반도 동해안을 따라

[도2-11] 상어포(2016년 10월 9일, 강원도 삼척시 원덕읍 갈산1리)
이 마을 어느 집에서 빨랫줄에 상어포를 걸어 말리고 있었다.

산란하러 내려온 대구는 맛이 뛰어났다. 또 이 마을에는 '눈먼대구'리는 말도 전승되었다. 산란을 하려고 몰려온 대구의 눈[眼]에는 백태(白苔)가 끼어 있는 경우가 많았다. 그러면 대구는 앞이 잘 안 보였다. 이와 같은 대구의 생태에 맞는 어구가 탄생되었다. 그것이 대구주낙이었다. 원줄 20㎝ 간격으로 보채줄(길이 15㎝ 정도)을 묶고 그 끝에 빈 낚시를 매었다. 하나의 대구주낙에 400개의 낚시를 매달았다. 하나의 대구주낙을 한 '꼬지'라고 하였다. 어부 1~2명이 풍선을 타고 어장으로 나갔다. 어부 한 사람당 한 꼬지의 대구주낙을 마련하였다. 해안선 따라 수심 7m 어장에 대구주낙을 드리웠다가 아침에 들어올렸다. 대구주낙에는 대구는 물론 문어도 걸려들었다.

5. 까지메기

김홍섭 어르신은 200환을 주고 '까지메기'를 샀다. 가자미(넙칫과)를 까지메기라고 하였다.

[사례7] 울산광역시 북구 구유동 제전마을 김명출 씨(1941년생, 남)

가자미의 어기는 삼동(三冬)이었다. 어장은 이 마을 앞바다였다. 가자미는 산란하려고 이 마을 앞바다로 몰려왔다. 이때 이 마을 사람들은 가자미주낙으로 가자미를 낚았다. 가자미주낙 원줄에 1m 간격을 두고 보채줄(길이 70㎝ 정도)을 묶고 그 끝에 낚시를 매었다. 가자미주낙 하나에 360개의 낚시를 매달고 낚시마다 오징어 미끼를 달았다. 하나의 대구주낙을 '바꾸(바퀴)'라고 하였다. 배 한 척에 가자미주낙 25개를 실었다. 선원은 3명 정도였다. 새벽 3시 무렵에 어장으로 가서 가자미주낙을 드리우고 1시간 후에 걷어 올렸다. 선주는 배와 어구의 몫으로 60%를 차지했고 어부 3명은 40%를 차지하여 서로 분배했다.

6. 생메러치(생멸치)

김홍섭 어르신은 200환을 주고 '생메러치' 1되[升]를 샀다. '생메러치'는 생(生) 멸치라는 말이다.

[사례8] 울산광역시 동구 주전동 장만조 씨(1939년생, 남)

이 마을 사람들은 밤에 불을 밝혀 멸치를 잡는 배를 '화선(火船)'이라고 하였다. 화선의 노는 5개였다. 동해안의 조수 간만의 차이가 보잘것없기 때문이었다.

화선으로는 1년 내내 멸치를 잡았다. 어장은 이 마을 가까운 갯밭이었다. 물때는 가리지 않았고 밤에만 멸치를 잡았다. 화선 한쪽에 그물을 묶은 다섯 발 정도의 소나무로 만든 '쳇대'를 설치하고, 맞은편에 '곳대'라고 하는 막대기에 그물을 걸면 '체[箕]' 모양의 그물이 되었다. 화선의 모든 것을 진두지휘하는 으뜸을 '사공'이라고 했다. 화선에서 불을 밝히는 '불쟁이'가 한 명 있었다. 옛 사람들은 '솔공(솔방울)'으로 불을 밝혔다. 그 이후 가스로 불을 밝혔다. 사공이 "체 놓아라!" 하고 외치면, '체쟁이'가 쳇대를 바다로 내려놓았다. '그물쟁이'는 그물을 물속으로 들어가게 기다란 막대기로 눌러주었고, '곳대쟁이'는 기다란 막대기로 곳대를 눌러주었다. 갯바위에 화선이 부닥뜨리지 않게 '옆사공'이 배를 조절했다. 체쟁이와 그물쟁이가 그물을 들어올리기를 반복하며 멸치를 잡았다.

멸치 분배도 간단하지 않았다. 배의 몫으로 '뱃짓'을 1깃, 그물 몫으로 '그물짓' 1깃을 나누었다. 선주 몫으로 '선주짓' 1깃, 사공 몫으로 '사공짓' 1.5깃을 나누었다. 나머지 모든 선원들은 '선원짓'으로 각각 1깃씩 차지하였다.

1962년 정월 13일, 언양 오일장에 나타난 물고기의 추적 결과는 다음과 같다.

'정괴이(전갱이)'는 사례1의 갯마을 사람들이 털낚시로 잡았을 가능성이 있다. 민어는 사례2의 지역에서 주벅에서 잡았을 가능성이 있다. 언양 오일장의 장날(1962년 정월 13일)과 사례2 갯마을 주벅에서 민어를 잡는 어기(음력 2월부터 4월까지)는 달랐다. 사례3의 갯마을에서는 1년 내내 민어 낚시가 가능하였다고 하지만, 이 마을에서 줄낚시로 낚은 민어가 언양 오일장까지 올라왔을지는 의문이다.

사례4의 갯마을에서는 주낙으로 '고빠리(참상어)', 사례5의 갯마을에서는 그물로 곱상어를 잡았다. 사례4의 갯마을 사람들은 고빠리를 통째로 팔았고, 사례5의 갯마을 사람들은 상어포로 팔았다. 그러니 언양 오일장에서 김홍섭 어르신이 250환을 주고 샀던 상어 2마리[匹]는 사례4의 갯마을에서 주낙으로 낚은 '고빠리(참상어)'일 가능성이 높다.

사례6의 갯마을에서는 대구주낙으로 대구를 낚았다. 김홍섭 어르신이 200환을 주고 샀던 대구 새끼는 사례6의 갯마을에서 잡았을 가능성이 있다. 그러나 김홍섭 어르신이 샀던 대구는 '새끼'라고 하였다. 1959년 1월 14일, 《경향신문》에는 다음의 기선저인망(機船底引網) 어업에 대한 기사가 실렸다.

> 대구는 해류(海流)가 순조롭지 못해서 흉어(凶漁)를 면치 못하였으나 최근 동해안 방어진(方漁津) 앞바다에 알맞은 수온(水溫)이 흘러들어 다소 호전될 것이 기대된다.

그 당시 울산 방어진은 기선저인망 근거지였다. 기선저인망으로 마구 잡은 대구 새끼가 언양 오일장으로 올라갔을 가능성도 없지 않다.

사례7의 갯마을 사람들은 가자미주낙으로 가자미를 낚았다. 김홍섭 어르신이 200환을 주고 샀던 '까지메기(가자미)'는 이 마을 사람들이 잡았을 가능성이 높다.

사례8의 갯마을 사람들은 화선(火船)으로 멸치를 잡았다. 김홍섭 어르신이 200환을 주고 샀던 '생메러치(멸치)'는 이 마을 사람들이 잡았을 가능성이 높다.

콩쿨대회 이전

울산광역시 울주군 두동면 삼정리(三政里)는 원래 상삼정마을, 하삼정마을, 고지평마을로 구성되었다. 1928년 전후에 이장(里長)과 성황당을 각각 따로 거느리는 2개의 마을, 상삼정리와 하삼정리로 나누었다. 하삼정리는 하삼정마을과 고지평마을로 구성되었다.

이 마을에는 "보름날 삼 한 광주리 삶고, 나무 열 짐 해야 부자가 된다."라는 말도 전승된다. 음력 정월 보름날에도 쉬지 말고 부지런히 일을 해야 한다는 말이다. 이 마을에는 "설은 질어야 좋고, 정월 보름은 맑아야 좋다."라는 말도 전승된다. 설에는 세배 다녀야 할 곳이 많은데 날씨 핑계로 세배를 걸러도 무방하기 때문이다. 정월 보름날은 맑아야 여러 가지 놀이에 참석할 수 있어 좋다. 이 마을에도 정월 보름날 여러 가지 민속놀이가 전승되었다.

1962년 정월 보름날 김홍섭 어르신은 하삼정리 주최로 열린 '음악 콩쿨대회'에 참석하여 300환을 희사[賻儀]하였다고 일기에 기록하였다. 그 당시 이 마을 청년회에서는 언양 전파상에 가서 소위 '밧데리(전해액과 화학 물질을 종이나 솜에 흡수시키거나 반죽된 형태로 만들어 유동성 액체를 사용하지 않고 제조한 건전지)'와 마이크를 빌려다가 콩쿨대회를 열었다. 악기라고는 하모니카 정도였다.

이 마을에 전승되었던 정월 보름날의 민속놀이는 콩쿨대회로 대체되고 만 셈이다. 1962년 정월 보름날 콩쿨대회 이전, 이 마을에는 어떠한 행사가 전승되었을까. 김홍섭 어르신에게 가르침을 받았다.

1. 줄다리기

하삼정리는 본동(本洞)과 고지평마을로 구성되었다. 본동은 다시 웃깍단과 아래깍단으로 구성되었다. 웃깍단과 고지평을 합치면 23가호, 아래깍단은 24가호다. 줄다리기는 웃깍단과 아래깍단이 겨루었다.

이 마을 줄다리기는 정월 보름에서부터 정월 20일 사이에 벌어졌다. 정월 14일쯤에는 1가호마다 볏짚 20단을 갹출(醵出)하였다. 이때는 설을 쇠러 집에 갔던 일꾼들이 돌아올 때쯤이었다. 이 마을에 거처하는 일꾼들이 주도하여 줄다리기 줄을 만들었다.

줄은 '큰줄'과 '애기줄'로 구성되었다. 큰줄 지름은 25㎝, 길이는 50m 정도였다. 큰줄 양 옆에는 실제 줄다리기 때 사람이 잡고 당기는 줄을 한쪽에 2개씩 4개를 연결시켰다. 이 줄을 '애기줄'이라고 하였다. 애기줄 길이는 10m 정도였다.

이 마을 줄다리기는 이 마을 유 씨네 소유 '집앞논'에서 벌어졌다. 집앞논은 3마지기(1마지기 200평)로, 2모작 논이었다. 정월 보름쯤에는 보리가 무성하게 자라고 있을 때였다. 보리밭 위에서 줄다리기를 하면 누이 좋고 매부 좋은 격이었다. 마을 사람들은 줄다리기 공간을 마련할 수 있어서 좋았고, 집앞논 주인은 줄다리기 하는 동안 보리를 밟아주어서 좋았다.

한쪽에 남녀노소 구별 없이 40명 정도가 애기줄을 잡고 당겼다. 줄다리기에서 웃깍단이 이기면 웃깍단 풍년, 아래깍단이 이기면 아래깍단 풍년이라고 믿었다.

2. 우거지밥

김홍섭 어르신은 밤나무가지 단을 세워 집의 울타리를 둘렀다. 이를 '울'이라고 하였다. 묵은 울에 밤나무가지 단을 덧붙이고 칡넝쿨 따위로 얽어 묶었다. 정월 보름날에는 울 위에 5~6군데 밥을 올려놓았는데, 이를 '우거지밥'이라고 하였다. 우거지밥 그릇은 볏짚으로 만든 것이었다. 볏짚 한 줌 정도를 위아래로 묶었다. 가운데 홈을 냈다. 그 안에 오곡밥을 넣었다. 이것이 우거지밥이다. 고양이, 새, 쥐 따위 동물에게 "금년 농사 풍년을 도와 달라."는 의미로 주는 밥이었다.

중국의 북부에 있는 천진 지방을 중심으로, 재복(財福)을 가져다준다고 믿는 5가지 동물(여우, 고슴도치, 뱀, 쥐, 족제비) 신인 오가지신(五家之神)을 숭배하는 풍속에서 유래되었을 가능성을 배제할 수 없다. 그렇다면 우거지밥은 오가지신을 위한다는 '오가지밥'과 전혀 무관하지 않아 보인다.

3. 보름밥

이 마을 사람들은 음력 정월 보름에 지어 먹는 오곡밥을 '보름밥'이라고 하였다. 보름밥은 찹쌀에 기장, 찰수수, 검정콩, 붉은팥의 다섯 가지 곡식을 섞어 지었는데, 보름밥에 대한 여러 가지 행위가 전승되었다.

① 보름밥 동냥

정월 보름날, 이 마을 10세 전후 소년들은 비교적 성긴 체[篩]를 가지고 보름밥을 얻으러 다녔다. 이를 '보름밥 동냥'이라고 하였다. 보름밥과 나물 반찬을 얻어다가 디딜방앗간에서 서로 나누어 먹었다.

② 보리 보름밥

정월 보름쯤에는 보리가 한창 자랄 때이다. 이날 보리밭에 '오줌(인분 거름)' 1장군을 쳤다. 그래야 보리가 깜부깃병에 걸리지 않아 풍년이 든다고 믿었다.

4. 소 대접

정월 보름날 소반 위에 밥과 나물을 올려놓고 일소에게 대접하는 것이다. 어느 것을 먼저 먹는가에 따라 그해 농사의 풍흉(豐凶)을 가늠하였다. 일소가 밥을 먼저 먹으면, 일소는 흉년이 들 것임을 미리 알고 밥을 먼저 먹었다고 가늠하였다. 일소가 나물을 먼저 먹으면, 일소는 풍년이 들 것임을 미리 알고 나물을 먼저 먹었다고 가늠하였다. 일소가 밥을 먼저 먹으면 농사 흉년, 나물을 먼저 먹으면 농사 풍년이었다. 그러나 정월 보름날 하루 동안 개에게는 아무것도 먹이지 않고 굶겼다. 개는 농사에 도움이 안 되는 동물이기 때문이었다. 남들은 다 잘 먹고 지내는 명절 같은 날에 제대로 먹지도 못하고 지냄을 비유적으로 이르는 말인, "개 보름 쇠듯 한다."라는 말도 이 때문에 생겼다.

5. 새 흩기

정월 보름날, 어른들은 아이들에게 마당에서 새를 쫓는 시늉을 시켰다. 마당은 논이 되는 셈이었다. 아이들은 마당에서 '허이, 허이!' 새를 쫓는 시늉을 하였다. 그래야 올해 논농사를 하는 동안 새[鳥] 피해가 없게 된다는 것이었다. 이때 아이들이 새를 쫓으면서 내는 소리를 '새 흩는 소리'라고 하였다. '흩는'은 "한데 모였던 것을 따로따로 흩어지게 한다."의 의미를 갖는 '흩다'에서 온 말이다.

원초 경제사회 때 정월 보름날, 울주 지역에서 이루어졌던 민속놀이(줄다리기, 우거지밥, 보름밥, 소 대접, 새 흩기 등)는 보름밥만 남기고 자취를 감추었다. 1962년까지만 하더라도 콩쿨대회가 민속놀이를 대신하였다. 지금은 콩쿨대회도 사라지고 보름밥만 남았다.

후기

이 책 원고를 끝낼 수 있었던 것은 여러분의 고마움 때문에 가능한 일이었다.

김홍섭 어르신은 기꺼이 일기를 보여주셨고, 또 사진 촬영도 허락하여 주셨다. 어르신은 나의 선생님이 되어주셨고 나는 어르신의 학생이 되어 오랫동안 일기 내용을 전화로 공부하였다. 김홍섭 어르신의 가르침이 없었다면, 《고개만당에서 하늘을 보다》의 탈고는 불가능하였을 것이다. 김홍섭 어르신의 청력(聽力)은 남달리 건강하였다. 그 덕분에 이 책이 탄생하게 되었다.

제주도에 있는 한그루의 김영훈, 김지희 두 분 선생님께서 제주도의 내용이 아니라는 이유로 거절하였다면, 《고개만당에서 하늘을 보다》 출판은 어려웠을 것이다.

여러분의 도움으로 《고개만당에서 하늘을 보다》를 세상에 내놓게 되어 다행스럽다. 한국의 정치, 경제, 사회, 문화의 중심 도시인 서울이 위치한 백두대간 서쪽 중심으로 치우쳐 있는 현실에서, 《고개만당에서 하늘을 보다》는 백두대간 동쪽의 생활사를 들여다볼 수 있는 거울이라는 믿음에 의심의 여지가 없기 때문이다.

2019년 6월

고광민

참고문헌

타카하시 노보루(高橋 昇, 1998), 《조선반도의 농법과 농민(朝鮮半島の農法と農民》), 일본 미래사(未來社).

국립민속박물관(2008), 《향수 -1936년 울산 달리》.

울산대곡박물관(2009), 《나의 살던 고향은…》.

울산대곡박물관(2016), 《울산 역사 속의 제주민 - 두모악·해녀 울산에 오다》.

김홍섭 어르신
연보

1932. 05.	두동면 삼정리 하삼정마을에서 출생
1949. 03.	결혼
1950. 08.	6·25전쟁 발발로 군 입대
1954. 12.	만 4년 3개월 만에 제대
1955. 10.	농사일기 작성 시작
1955. 11.	부친 별세
1960. 12.	논 600여 평을 처음으로 매수
1961. 11.	삼정 김씨 문중 유사직 재임(이후 30년간)
1967. 12.	출생한 옛집에서 옮길 새 집 매입
1975.	상삼정 마을에 전기 가설
1976. 04.	초가 지붕 걷고 기와 얹음
1977. 10.	집 안에 우물 팜

1979. 11.　전화 가설, 상수도 공사 완료

1980. 11.　경운기 구입

1981. 01.　족보(族譜) 수단(修單) 정리

1984. 09.　아래채 초가 지붕 헐고 슬래브 공사

1987. 02.　수리조합에 가입하여 천수답의 한을 풀고 몽리답을 얻음

1989. 08.　삼정마을에서 인보까지 도로 포장

1991. 07.　하삼정리 마을회관 준공

1998. 03.　결혼 50주년

2000. 01.　대곡댐 수몰 이주민 이주비 결정

2000. 05.　현재 집(두서면 서하리 대정마을) 상량

2000. 12.　현재 집으로 이사

2001. 04.　칠순 잔치(내외가 동갑이라 같이 함)

2001. 09.　보훈지청에 6·25 참전용사 등록하고 증서 받음

2004. 03.　대정마을 노인회장 추대

2008. 02.　본인 명의 산림계원을 장남에게 승계

2008. 12.　두서면 유도회 회장 추대

2009. 05.　울산대곡박물관 요청으로 삼정리 마을 생활사 작성

2010. 05.　가정화목상 표창패 수상

2010. 10.　대동보(大同譜) 수령

2013. 03.　6·25 참전유공자회에서 모범유공자 표창 수상

2014. 08.　부인 최임필 별세

2018. 01.　병배미 논에 축사 짓기로 함

2018. 05.　87번째 생일, 고개만당 논에 모 심음

찾아보기

ㅁ

제3장

울주 김홍섭 어르신 일기의 원본

〈울주 김홍섭 어르신 일기의 원본〉이다.
김홍섭 어르신의 일기 중에서 1962년도 부분을 원본 그대로 소개한다.
김홍섭 어르신 일기는 울산박물관에 기증 약속을 주고받았다고 한다.

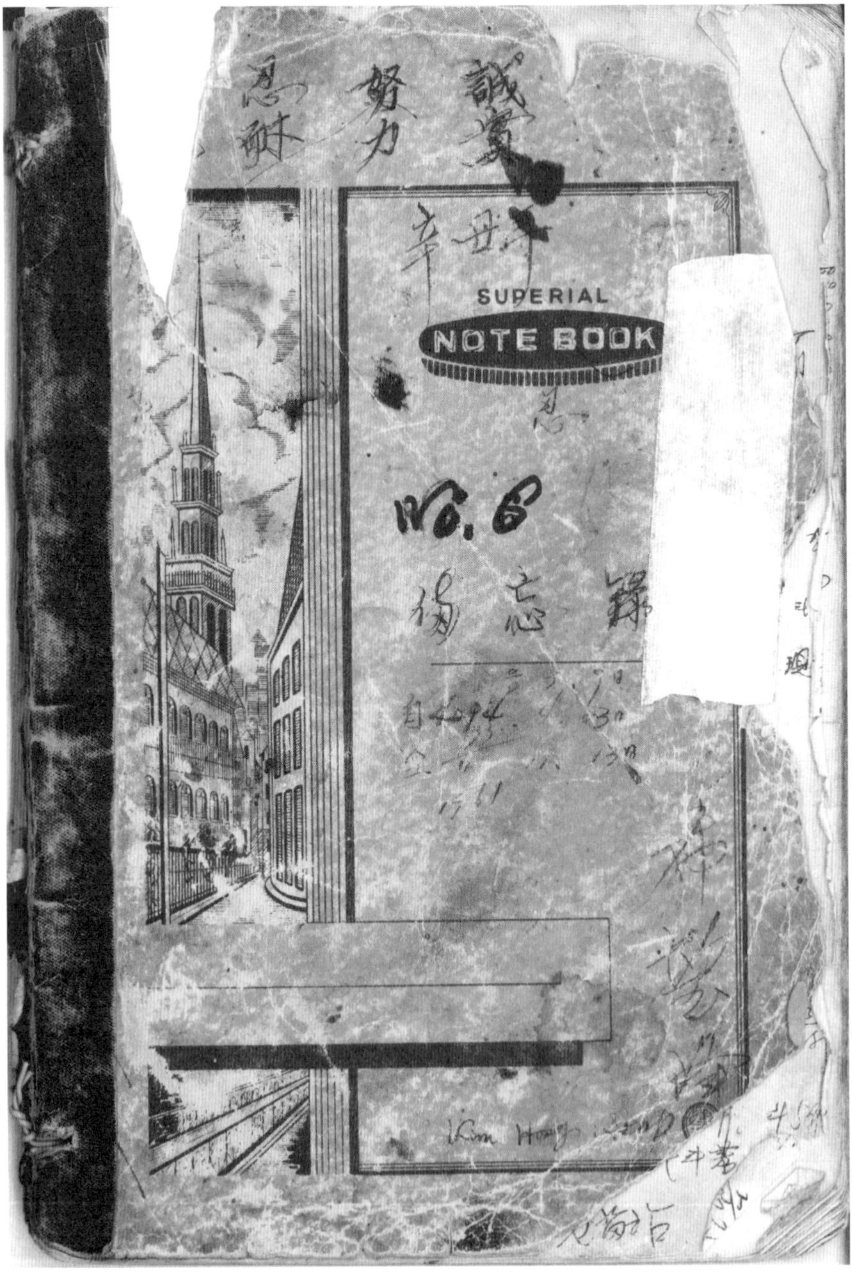
SUPERIAL
NOTE BOOK

4295 ~ 1962. 壬寅年 正月初一日

1月1日 新年 上三政 祖父母 山所 參拜하고 —옴
金同長宅 賻儀 300환 —
맑고 온화함

1/2 晴. 午前 休息하고. 어른을 歲拜 드리고 옴.
午後 〃 〃 錢谷 出嫁姪家

1/3 晴. 午前 別興味없이 놀았음. 午後 〃 歸家
午後 고기잡는 求景하고 으뜸 놀았음.
金丁守氏 40000환 貸與

1/4 晴. 休息 — 午前 고기잡고. 午後 徐炳澤氏 집에서 놀았음

1/5 晴. 재미없이 銀行 갔음.

1/6 曇雨. 終日 나리고. 妻家에서 놀았음.

1/7 曇 午前 故家 앞에서 点心 먹고. 斗東 面事務所에서
앉았고 選擧 擔當 하였고 —. 도왔음
◎ 尚州 銀行 出張. 生活費 100환, 中 30 — 以 鉛筆
50
80환 —

1/8 晴. 午前 斗東 新村 마을까지 갔음
午後 故家 갔음. 在鄕軍人 參事審理書 提出次.
印章도 맡기고 왔음.

1/9 晴. 아침 빗재까지 갔음.
午前 물거리 1짐 했음 ◎ 白米 5斗 360환式 — 1,800
午後 물거리 1짐 함 ◎ 바늘 ~20. 흙20 = 40
◎ 前 ... 氏 宅에서 회계 하기로 ~250환 支.

1/10 晴 午前 물거리 1짐함
午後 물거리(싸리) 1짐함

1/11 晴. 前 불거리 1짐 사찬. 德在見道講了.
后 〃 1짐

1/12 晴. 불거리 前 1짐
后 1짐

1/13 晴. 사찬 精米. 12斗 6斗 3升 [illegible]. 20.1
1.8
18.3

◎ 白米 小斗 18斗
[illegible] 祭祀 [illegible] 보리 [illegible] 白米 6俵 370-2,220 [illegible]

海魚	정래이 ~ 500 3匹	1,450
	민어 ~ 1匹 300	
	상어 ~ 2匹 250	
	대구새끼 ~ 200	
	까지깨이 ~ 200	

술잔 2개 ~ 100
두 [illegible] ~ 80
생깨러치 ~ 1 [illegible] 200
380

실과
배 ~ 50
능금 3개 50
밤. 대조 30
고 감 3개 ~ 60
포 ~ 80
이까 2匹 ~ 80
390

2,220 [illegible]

◎ 불거리 9부. 36束

1/14 晴. 보리 2짐 [illegible] ([illegible]). 製粉. 6斗 ~ 150 [illegible]

扶助 [illegible]

1/15 晴. 休息. 音楽 [illegible] 大会에 參席 ~ 300 [illegible]

[illegible] 代 ~ 100.

1/16 晴. 休息
2/20 母親 入 [illegible]

1/17 晴. 祭祀 [illegible] 버찬들 과 親友들을 [illegible]

1/18 晴. 사찬 [illegible]. 오즌 12장구이
[illegible] 〃 22장구이

[illegible] 市 [illegible] [illegible]
[illegible] 3人 [illegible]
[illegible] 子 [illegible] 고기 [illegible]
오즌 12장구이 [illegible].
([illegible] 5장구이 [illegible])

1/19 晴. 사찬 오즌 12장구이 [illegible].
[illegible] 内 [illegible]
[illegible] 300 [illegible]

担保 [illegible] (20) 2,000 [illegible]

過去 酒代 ~ 1,600 [illegible] 賛助金 300 [illegible] (青年会)

56. [illegible] 家 [illegible] [illegible] 日. 2,000 [illegible]

1/20 晴. 사천 — 2중 12상구에 치고
萬 ~ 2중 42상구에 치고
⊙ 까는 品말은 2중 22상구에 치고.
夜 2중 12상구에 치고 — 休息

회계
⊙ 650환

1/21 晴. 萬. 사천 늦잠이 되어 늦잠자고 — 깨서 松葉 훌정 한발리 받음
夜 ~ 2중 구멍에 훌 42상구에 치고 보냈음.
비가나 별방을 나갔다.

1/22 晴. 近來 還하고 한 날씨가 繼續되더니 今日은 어젯밤에 다시 얼고 제법 추운 날씨였음.
萬. 둥거리 1짐
夜. 수레에 뒷山에가서 훌정을 비고 끌다리 1바리 묶어 — 2束 묶음. ⊙ 소계 83束

1/23 晴. 萬. 뒷山에가서 둥거리 1짐 (3束) 소계 2束 했음. 소계 85束
~1/26. 夜. 뒷山 도래솔 하나 배어 까비 1짐 끄러옴.

1/24 晴. 萬. 31本 市場 ⊙ 소계 5束 賣 每束 ~ 140 = 700 (환)
⊙ 白米 2升 ~ 360환式 = 720환 (환)
外上 — 550 支出. 當日 나무 1짐 해옴
치개고리 ~ 230환
물감 其他 ~ 30환
정리이 ~ 250.
대구새끼 ~ 100
깡대비 ~ 100
메리 치 ~ 100
상어 ~ 100
實果 ~ 180
담배 ~ 50

1,420 환
前殘 1,300
1,640 ー
50
10
1,700 ー

夜. 범골가서 나무 1짐 함.

1/25 晴. 사천 마하 거름 1짐 져다 놓고 옴.
萬. 고개 밭담 2희 只良 메리도가리 논 整地 함.
夜 훌정나무에 還補 (完)에 整地함.
夜 (夜) 나무 깎은 빼기의 失敗 지내의 失敗함.
夜間. 雪. (눈이 조금 옴)

2/26 晴. 前 논이 被害되었으나 하고, 논 2斗只 논고름
갈았음.(인력가는사람)
3/2.
開始. 后. 고름갈고 — 훌치이가 너무 빨아서 고름갈을
너무 도라와서 훌칭이 옥구로 고침
◎ 伯父 祖 祭 올림.

2/27 晴. 終日 논갈.(2斗只 다갈고, 머리 도가리 1/4 播 가래놓았음
◎ 早春耕은 秋深耕에 못지 않다 함)
3/3
회처拡 ~ 650.

2/28 晴. 새벽, 훌청 修理.
前, 昨日갈던 머리 도가리 끝마침. ◎ 3日 거름.
后. 밑 3斗只中의 1斗只 갈았음.
(도가리)

2/29 晴. 黑雲晴 새벽, 普通보다 일찍 이러나서 풍가지 2짐
져다 놓았음.
3/5.
前, 풍가지 1짐 지고가서 밑 3도가리(即 2斗只)
午后, 가래 갈아서 6斗只 春耕 끝마침
◎ 복습 冊代 870원 支拂함. ◎ 今日, 4日 채가래 함

3/1 晴. 새벽, 풍가지 1짐 지고가서 창건너 모강에 놓고
논두름 몇군데 손질해놓았음.
前. 채田에서 놀았음.
后. 마을에서 놀았음.

3/2 晴. 새벽, 풍가지 고름 져다놓고 — 방천함.(창건너)
前. 논도가리 2의1 갈.(卽. 1斗只 2마지기 갈)
后. 논도가리 남은것 가래 놓고, 더가는 머리 도가리 갈
(餘. 1斗只 半程)
◎ 貞淑 冊代 700원 支拂함.

2/3 晴. 아침. 보리짚 1짐 져다 놓은 (소용간에)

午. 休息. 회재(부엌) 190원

暮. 江南市場 白米 2斗. 350 = 700원

고기 ~ 100. 메러치 ~ 200. 마께 ~ 60

鉛筆 ~ 60. 藥值. 200 } 570원 =

夕. 休息. 논에 거름 1짐 져다 놓음.

2/4 晴. 아침. 거름치고 논에 갖다가 [illegible] 修理 [illegible] 해서 놓았음

午. 창간에 논 남어지 마저 갖다놓음.

夕. 회재 [illegible] ~ 100. 대명을내기 ~ 800원

2/5 晴. 아침. 몸이 疲困해서 늦게 일어났음.

午. 93年度에 貸與했든 새 명게(5마지기)을 今年부터 받아서 영게 부어갔이고 뒷비알에 새워 保管함.

◎ 마을부터 莫識의 感氣에 神經을 쓰고 "노바킹" 200원分을 當番가 사와서 먹음

夕. 몸이 大端히 疲困하고 頭痛이 생기니 流行性 感氣나 않인가 걱정이됨.

◎ 耕春 [illegible] 氏에게 ¥19000 [illegible] 貸付함 (2장은 내년에 갖고감)

2/6 晴. 아침. 道講堂(德巨里) 사라은 [illegible] 以來의 방설, [illegible] 今日 早朝에 마침

午. 洞会에 參席치 않고 少青年들과 대부러 고지 3장 보는에 고기 잡음

夕. [illegible] 長 집에서 [illegible] 職員들과 같이 [illegible] 하도록 놀고감.

2/7 晴. 아침. 개똥주었음.

午. 보리밭 [illegible] (藤山) 고기 잡을 곳에다 ~ 가서

夕. 들에서 愉快히 잡음

今日 하기 4.00원

2/8 晴. 새벽. 골안 설거지. (집배가리 하고)
3/13 前. 고구마. 還來하고 {種子 비료 2炭에 - 흙 그고}
※ 그리고. 뒷山 묵은 土방. 38束 움져 가져 보태 1짐
入市市場 ◎ 白米 3升. 360원式 ~ 1080원 공책 3卷 - 40
藥價 ~ 400. 고기 ~ 100. 妻家 고기 ~ 200 } 700원
※ 고구마. 무덤(짚 덮음) 后. 소막가서 나무 1짐 해옴.
2/9 晴. 새벽. 논에 거름 1짐 져다 놓고 德巨里 모두 치고 옴
前 振興部 在地 肥料 갖다 놓음. 灰素 ~ 多袋
后. 뒷山 土방 가져옴 ◎ 現在 76束 가짐
2/10 晴. 새벽. 德巨里 감자 밭 거름 1짐
前 〃 〃 〃 4짐
后 〃 무밭 감자 사올라고 가려놓았음
고추밭
◎ 鍾旻 藥及注射代 400원 雪糖 半斤 150원
공 2160
2/11 晴. 灰素 ~ 12K5. 硫安 ~ 18K 過石 ~ 5K } 새벽. 配給肥料 受配
3/16 前 ~ 肥料 갈라 놓고. 愉快히 놀았음
后 ~ 說 日夕 晴. 거름 1짐 져다 놓고 옴.
2/12 晴. 새벽. 보리 及 시나싯과에 오줌 1짐 주어놓
前. 방천 1짐. 돌 5짐 져다가 밭 방천 했음
后. 그리고 보리 고개만대이 논에 數仙處 방천 했음
尚秀 공책代 ~ 180원
※ 감자 밭 肥料 硫安 過石 5.8合 7部 1斤 3合
2/13 晴. 새벽. 오줌 1짐 주어
前 오줌 1짐 주어 치고 나무 1짐 (울가리 土방 4束)
5日市場 ◎ 白米 1升. 360 소금 2束 ~ 260원
◎ 감자씨 ~ 2斗. 270 = 가 (150+120) ◎ 大根 ~ 400원
미리치 ~ 100. 담배 ~ 50. 其他

2/14 曇 아침. 거름 감자밭에 2짐 져냄. ◎ 昨日 하다 남은 감자 마자 감.
午. 재너머 소갑(4束) 1짐함
后. 〃 1짐함

實數 去 18K中 15 3.5

◎ 被布. 總合肥料量 硫安 1俵 36
昨年度 貸與 新 尿素 ~ 12.5
即 硫安 ~ 6

◎ 夜間에 비가 조금식 오기 始作함.

2/15 雨曇 午前 施肥. 尿素 12.5K中 約 11K 分量으로서 德巨里밭 보리에 치고 残 1.5K는 큰밭에 뿌
3/20
◎ 硫安 36K 即 8分俵 으로서 큰밭 5.5/10 分量 치다.
后. 비가 계속 많이 오므로 남은 밭 施肥하려 갔다가 도라옴.

2/16 曇. 午. 고개만당 큰밭에 施肥 硫安 1俵로서 分量 [illegible] 하고 마침
春分 ◎ 新播 보리는 늦게 가려서 치기 없으므로 施肥 않음.
后. 德巨里밭 남은데 감자 갈고. 고개만당 떠났는 도가리에 감자 심음 (거름 2짐 져다가)

2/17 晴 아침. 저건너 [illegible]강에 거름 1짐 져다 놓고 德巨里밭에 [illegible] 2짐 져다 놓고 갔었음.
午.
后. 거름 1짐 져다 놓고. 솔 1짐 져내고 와서 닭의 소갑 1짐함

◎ 白米 新 360원 ~ 1080 ~ 2,080 메러치 ~ 100
보리쌀 新 320 = 640 비누 ~ 100
주봉 ~ 1600
借用 ~ 500원 ~ 감자代 ~ 300 ※ 家庭用 ~ 314원
◎ 德巨里 보리밭 맴 (完了)

2/18 晴 아침. [illegible]강 거름 1짐 져다 놓고 옴
午. 나무 1짐 (소갑)
后. 쉬어서 거름 2짐 (강)

2/19 晴 午. 나무 1짐
后. [illegible]강에 거름 [illegible]

2/20 晴 晴而風雪 아침. 6時 [illegible]강 거름 1짐 져다 놓고 옴
午. 2人이 큰밭 맴

◎硫安 1俵 42K } 午. 畓1斗 해서 맞 4/10 斗賣明
尿素 12.5K } 거름 1斗 주어 놓고 맞明

K ◎ 協同組合에 印章주고 돈 받은것 70斗 [illegible]

K

K 2/20 晴 [illegible] 사철. 거름 1斗 지고 가서 [illegible]

2/21 晴. 朝. 누워서 休息.
午. 북을 가서 불거리 1斗 해 午 맞明

2/22 晴. 사철 [illegible] 教育. ◎ 英雨母 1日半맞

3/27 朝. 북을가서 소가 1斗 [illegible]
午. 보리찌검 [illegible] ◎ 3回 1石 8斗
◎ 第 [illegible] 맞明 보리쌀 7 7斗. 7合

2/23 晴. 朝. 三東部 [illegible] 거쳐서 銀行갔다 옴 [illegible] 50원 / 1,800 / 950 / 850
妻. 外祖母 [illegible] 맞明

◎ [illegible] 10.5斗 = 7,800원 [illegible] ~ 2枚 200. 머리 OK [illegible] ~ 550원

午. 銀行에서 [illegible] 農資金. 10000원 [illegible] / 18.3 / 1.2 / 17.1

◎ [illegible] 불거리 ~ 4斗. [illegible] ~ 3,926 } 4,570원 / [illegible] ~ 645

2/24 晴. 朝. 故家 [illegible]. ~ 妻. 고추가루 (5斤半) [illegible]
午. 소가 1斗 [illegible]

[illegible] 全料 800원

(已長)

2/25 晴. 사철 오전 1강의 [illegible]
朝. 나무 1짐
午. 오후 3강의 이야기. (돈맞)

2/26 晴. 朝. 사철 오후 1강의
나무 1짐 [illegible] (불거리) 15,000원 寄贈
午. 銀行갔음 李英雨 돈 6000원 [illegible]

2/27 晴 前. 放水하다가 上畓 [illegible]大役
后. 놀다가 와서 오줌 22장구이 치움 (뒤)
夜間부터 ⓒ [illegible]하는 비가 옴.

2/28 雨 새벽. 큰방 오줌 12장구이 치움
前. 그 비가 옴으로 [illegible]에서 [illegible] 쓰고 놀다옴
后. [illegible] 가림. 15K (硫安) 그리고 [illegible]

2/29 晴. [illegible]에 [illegible] 갔다옴.
后. 放家[illegible]. [illegible] → 50[illegible]

2/30 晴. [illegible] 前. [illegible] 放家[illegible].
오줌 12장구이 [illegible]에 [illegible] [illegible] [illegible]
后. 풀거리 1[illegible]

3/1 [illegible] 새벽 오줌 치움. 22장구이
前. 풀거리 1[illegible] 后. [illegible] 나무 1[illegible]
ⓒ 거리고. ⓒ 구덩이에 풀 져다 부음.

3/2 [illegible] 새벽. [illegible] 거름 1[illegible] 져다 놓고 옴.
前. 〃 논에 [illegible] ⓒ 때로 비가 옴
后. 풀거리 1[illegible].

3/3 雨 새벽 큰방에 있는 1[illegible] 져다 깔고
前. [illegible] 큰방, [illegible] [illegible]에 [illegible]
[illegible] 堆肥[illegible]
后 金[illegible] 집에서 親睦契 [illegible] [illegible] 하로를 놀았음
夜間에 비가 제법 많이 옴.

3/4 [illegible] 細雨가 개임.

4/8 새벽 개울에 물이 내려오기에 논에 물잡으려고 갔다
가 물이 [illegible]으로 넘쳐 흐르고 있드니, 큰방 [illegible]
도구 물은 13時까지 내려오는것을 볼때 물이
넘었시며 [illegible]히 그러므로 [illegible] 물잡을 [illegible] 했음.

前日 江華市場에 고치 4束 지고가서 팔았음. 每束 150환式 600환
" " ◎白米 5升 380환 = 1,900
◎삼잡(農笠) 1枚 330환 메러치~100 도시이 250
底木外上代 ~ 1,100 성냥 其他 160
后 위에서 고개넘당 맥花함. ([illegible])

3/5 晴 새벽, 논에 돌라봄. 도구에 물이 나려오는가 살혀 가
보았드니, 孫炳哲氏 밭도구에 물은 아직 맥는
과 같히 쉬쉬히 나려옴
前. 물거리 1짐함 (몸이 大端히 不平함)
后. 위에서 감접(柿接木) 뒷山에 2株함.

3/6 晴 새벽, 祝辞 1枚씀
前. 三東邦花代, 농銀을 갔다옴. 5000환
(利息)
都合 24000환

3/7 晴 새벽, 거름 1짐해나놓고 옴
前. 참전너 못(池) 大役하고 옴 ◎양동원 500환
4/11 后. 물거리 1짐함 ◎肥料代 650환支拂,
現在까지 完拂함

3/8 晴 새벽, 精米 나락 1叭 白米 7斗 ◎白米小斗 7斗
前. 참전너 논고름
后. 물거리 1짐함 ◎ 17.1 − 7 = 16.4 ... 한나락 3 = 16.4

3/9 晴 새벽, 道路大役 上里
前. 江華市場 ◎白米 28升 4合 ~ 390환式 11,080환
前에 借用한 것 6000, 妻借用 600 6,600
利子 賣代 ~ 3400 4,480
祭祀場 ~ 海菜 200, 栗米 220환 멸치 200
가재미 100, 대구새끼 100 [illegible] ~ 70
后. 가시 못물이 내려와서 참전너 못밑게가 넘어므로, 其番을
利用하여 논도가리 앞, 뒤, 뒤 돌러 물기 거려대 놓고
[illegible] 건너 맥花 및 畓地 돌리고 늦게 도라옴.

3/10 晴 새벽 부터 논두룩 흙이고
午 일찍 [illegible] 흙이 놓고, [illegible] 거러대고—
갔음

4/5 后 銀行 [illegible] 같이 갔음

3/11 晴. 銀行에서 [illegible] 하는데 [illegible] 돌아옴.
4/15

◎ 저녁때 참먹고 논두룩 2回 쳐 거러매놓고 [illegible]
(늦게 다 거러 [illegible])

3/12 晴 새벽 참먹고 논에 보리 [illegible] 놓고옴
4/16 午 昨日 夕晴, 2回 거러대 놓은 두룩 마치음.
后 고기 잡고 [illegible] 조기 좀 가옴.
◎ 祖母任 入祭日임.

3/13 曇 새벽 [illegible] (가지) [illegible] 2 [illegible] (가지가 물고기 始作함)
4/17 午 재 넘어 물러 [illegible] 옴
后 [illegible] 에서 고개 [illegible]

3/14 晴 새벽 ◎ 精米 16.4 − 0.6 = 15.8 白米 [illegible] 15.1 + [illegible] = 15.8
仁川市場 ◎ 白米 1斗 賣 ~ 400 [illegible] 7,200
콩나물콩 1升 ~ 270 [illegible]
{ [illegible] ~ 100 [illegible] 400 } 衣木 200 [illegible] 750 [illegible] 200 [illegible] 6,520 [illegible]
午 市場에 들러서 논에 [illegible] 하고 돌아옴.
后 [illegible] 고개 [illegible] 논에서 [illegible] 作業함.

3/15 晴 새벽 고추 [illegible] 거름 [illegible] 놓고 도구치고 참먹
[illegible] 너 논에 들러옴
4/19 午 [illegible]
后 [illegible]
[illegible] 싸우라는 [illegible] 있었음.

3/16 曇 아침, 고추苗밭 거름가려 거름려 올리줌
4/20 午, 門中돈, 借用金, 5000환 返濟, 利子 630환 計 5630환
4294. 유. 7. 30 ~ [illegible] 3. 15日 [illegible]
[illegible] 午后 고추밭에 물질러 [illegible] 져다 놓고, 고추苗種 부었음
고개만당 菊강에 거름 1짐 져다 놓고 와서 安心 됐음 ◎ [illegible]
右 위에서 뒷山에서 웃털히 소깝 7束 해놓고 고개만당 ([illegible]行中)
菊강 거름 1짐 져다 놓고음 ◎ 봄날이 甚히 가무러 [illegible]이 [illegible])

3/17 晴 아침 菊강(창건너)에 거름 1짐 져다 놓고음
4/21 午, 재 너머 가서 둥거리(주진접지) 1짐 해음(주진접지)
右, 뒷山에서 웃털히 소깝 3束 해놓고 논에 거름 1짐 져다 놓고음.

3/18 晴 아침, 개똥주워서 돌가리 구덩이에 놓음
4/22 午, 논에 거름 1짐 져다 놓고 갱자리 조금 캐음
(논갱지 ◎ 開始) 右, 위에서 고개만당 6되只 菊강 거시리고 共히
1되只 거시리 놓고, 창건너 물 줌대 놓고
어두워서 도라옴
[illegible] 신나락 入 [illegible] 2되 갔다 놓은 (交換) [illegible] 5
되只 [illegible]

妻, [illegible]이 매우 떠나온. (25年內) 水晶

3/19 晴 [illegible] 雨氣가 있는, 天[illegible]히 무더운 날씨임
午, 아침 早起하여 창건너 논에 물대러 갔다 온 거름 3짐 [illegible]
× [illegible] 土[illegible] [illegible] ~ 560환
보리쌀 2되 ~ 390 = 780환
右, 內[illegible] 300환 [illegible] 집에 도라옴
布木 ~ 170환 式 5尺 半 ~ 1000 外上
玉[illegible]木 ~ 800
메러치 ~ 200
기름 ~ 50
비나리 ~ 80
이러 [illegible] 000
[illegible] 110
[illegible] ~ 200

3/20 曇 午后 비가 조금 온 (해갈무렴) 아침 거름 1짐 菊강
4/24 [illegible] 午, 둥거리 1짐
메나락 ~ 8되
찰나락 [illegible] 2되
右, 精米 ~ 1.5 ~ 1.0
[illegible]實數 ~ 두지에 3.9되 [illegible] ◎ [illegible] 小되 8되

3/21 雨、 苦待하든 비가 오기 始作하였.
終日、王子式 왔으나. 보리는 求하여지만 고개
마당 논에 물은 못 잡음. 呉播種 — 300
◎ 보다 많은 비가 오기 祈願함.

3/22 曇 4/26 새벽、 논에 물대는가 살펴러 갔다가 물이 적으서 못잡음. ◎ 참건너 물 넘어놓은음.
午、 참건너 앞의 도가리 물잡고. 논두룩 한번 깨러대 놓은음.
閑遊 后、 재 넘어가서 갱자리 1짐 해음. (切草)

3/23 曇 4/27 日夕時 비가 조금오다가 개임.
새벽、 참건너 논에 막아잡은 물 논두룩 二個째 깨러대 놓고 苗강 물 빼 놓은음.
午、 참건너 3斗只 完勞함. 基肥 { 硫安 平 2升、 過石 平 1升、 加里、 약 2승 }
后、 뒤에서 갱장리 깨러 갔다 — 비가 옴으로. 苗강 물대 놓은음. 金[illegible]字 17升 平 무지에 나락으로 나주었음.
◎ 今日도 비가 天幸히 [illegible]함 ◎ 13.9 − 0.2 ◎ 13.7
◎ 種籾 나락 倭種、 6斗只 17升 (高木)

3/24 晴 4/28 새벽、 논에 둘러봄.
午、 [illegible] 4束 × 150 = 600원 } 3,100
白米 ~ 5升 ~ 420 = 2,100 / 400 } 外上 1,500
보리쌀 1升 ~ 400 / 1,600
고기 200、 [illegible] 250、 담배 100、 미나리 − 50、 김 ~ 40、 미역 100 } 840 / 100 / 760원 / 760
공책 [illegible] ~ 100.
◎ 宋人씨은 재 넘어 完勞을 1짐 반

3/25 晴曇 夜間 南西、東北間 강은 화재구름이 [illegible]이었
새벽 — 苗강지랑 (재光) 220번

前 ~ 苗강 乾畓 물나고 가시러서 을 갈러놓고
햇대 비가 올때나 살히 나둠 (기다림)
后 고지정 뚝다리 옆 근기 에아서 삼었 (높이 22곳)
4/30 尙存 갱자리 22자리 됬
3/26 晴 사전 — 창건너 苗강에 種粟 나야 함
30 (滿) 前. 새논 3斗못 苗강 乾畓분.
四回 곧 갈러 놓은데 덩거리 깨서 땅두둑 만들고 硫安 二十匁
生日 混合한 肥料中 ... 一平 3斤 계분
씨앗 뿌리고 覆土함. (모래흙으로)
后. 송골서 갱자리 1자리 해옴.

3/27 晴 사전, 보리짚 다 재 (稾) 쥐나가 乾畓에 被覆
前, 갱자리 1자리 치움.
后, 쉬다서. 갱자리 및 솔가지 써러서
창건너 논에 갖다 놓고 옴.
◎ 前 씨앗 ~ 솔1자리 ~ 논갱자리 1자리
后는 3자리, 尙存 一 3자리
5/2
3/28 晴后曇 저녁에 새로 變動이 있다가, 夜 2時 넘어 비가 개였음
終日. 해 볼을 애왔다가, 夕時에 해볼이 나고, 구름
이 끼며, 저녁해는 구름에 쌓임.
前. 창건너 苗강을 갈어고 (6斗못) 갱자리 3자리 져다놓음
后, " " 에 갱자리 1자리 져다 놓고 저녁때 정관 만들~
郵便에서 黃宮이 2석님. 會 칠때 1時半
5/3
3/29 雨 (細雨) 사전. 창건너 논에 가랑가. (물빼고옴)
休. 前 논둑 보내놓고, 6斗못 苗강 창건너에 苗板
蔬菜 雨가 와서 도와줌.
后 苗강이 젖어므로, 고개밭당에 乾畓 한 ...
더 부쉬놈 肥料는 今日 안 함

◎ 메밭 갈려다가 너무 붙어서 그냥 두었음.
마는 繼續 [illegible] 그른 음, 물기를 빼지 않은 것이 [illegible]
◎ 本週 비가 옴. 그러나 물 [illegible]

4/1 曇. 새벽, 昨日 참깨 [illegible] 해놓은 것 메운지 [illegible]
5/4 ◎ 基肥, 硫安 4斤, 過石 4斤 (单利) 갖고 가서
上記 配合 施肥 [illegible] 6斤 치고
午前 위에서 [illegible] 가리고 [illegible]
午後 재너머 [illegible] 1자 해놓고 [illegible] 논에 갔다
◎ [illegible] 보리는 [illegible] 始作 [illegible] ◎ 德巨里 밭 보리는 재 [illegible]
◎ 고추 苗를 까 보니 싹이 나와 있은 [illegible] 約5日에
(地上에는 아직 않을 마음)

4/2 晴. 새벽 참깨 苗床에 물 매러 갔다 옴. (거름 1 [illegible])
午前 고지평에 黃土 [illegible]
午後 논에 물대 놓고 거름 1짐 져다 놓고 上里
面事 갔다 옴. ◎ 몸이 大端히 疲困함

4/3 5/6 晴 새벽 참깨 [illegible] 苗床에 [illegible] (늦게 [illegible])
午前 위에서 오줌 22장구이 치고 (감자)
午後 4장구이 치고 (고추苗밭)

5/4 5/7 晴 새벽 오줌 15장구이 치고
終日 [illegible] 市場 갔음 ◎ 白米 3斗 420 = 1,260원
집에는 [illegible] 2,200원 ◎ 計 3,460원
◎ 주봉(夏服) 바지감 1,500 上衣 800
3.31 [illegible] 1個 160 5개 800 [illegible] 40
[illegible] 150 과자 20

4/5 晴 새벽 감자밭 오줌 128장구이 치고
午前 [illegible] 자동 [illegible]
5/8 午後 [illegible] 1자 해놓고

仁川市場 ◎보리쌀 2升. 380=760 ◎精米 13,538
[illegible] 3足 [illegible] 와서 고기 ~200 50 [illegible] 13,340원
[illegible] 와서 [illegible]
13,4

(음3月 20日 精米 8斗 一 今日 約 4~5升 (白米 [illegible])

4/6 晴 새벽 앞건너 [illegible] (3斗只) 初물거둠 ◎今日부터 소줄[illegible]
◎ 피를 뽑았음
前: 피를 /뽑지마 놓고 쉬어서 [illegible] /[illegible]
后: 10구시 (싸리) /[illegible] 물 (숨기물) /뽑았다
◎ 숨기물 開始. [illegible] 3000원 [illegible]

4/7 晴 5/10 새벽 早起하여 앞건너 논에 물대 놓은데 가서 손보고 놓고 와서 머리 [illegible] 준비하다가 [illegible] 가와서 [illegible] 手記에 [illegible] 燒酒 半升 ~ 350원

4/8 晴曇 새벽 구렁에 /뽑지고 갔다가 앞건너 논에 물대[illegible]
前: [illegible]으로 가서 물 /뽑아옴
后: 쉬어서 숨기물 /뽑아놓고 [illegible] 물로 돌려음

◎ [illegible] 3곳
4/9 晴 5/10 새벽 [illegible] 하고 옴
前: ◎白米 4升 갖고 仁川市場 갔음. 420원씩=1,680원
◎ [illegible] 으로, [illegible]
后: 가게 服上衣 交換하고 고기 100, 午料 200 [illegible] 논에 200 車費 130원=630 30 660
◎ 殘金 1,000원 藥子 ~30.

4/10 晴 5/13 새벽 [illegible] 논에 물대음
前: 물 /뽑았 仁川市場 물 [illegible]
后: 물 /뽑았 ◎[illegible] 18升 1,5[illegible] 3升3合
마가루 300원 ◎利益金 1,800원 420원씩
머리고 100.
어린것 [illegible] 500원 共[illegible] 406원

4/11 曇後雨 새벽. 비오는 땅고. 방구들에 1짐가량 놓은 것
5/14. 前. 풀 1짐 따고
午后 비가 오므로 흙 ... 놓았음.

4/12 晴 새벽, 참외밭에 苗床(6평) 늦지마는 初물 거름
5/15 前. 개울둑 비알 풀 1짐
午后 〃 풀 1짐 } 풀 8짐 째.

4/13 曇 새벽. 東天이 前에 풀할려 갔음. ◎ 풀. 1짐. (半)
5/16 曇. 前. 풀 1짐 뜯고. 苗床에 풀 베 놓았음
午后 풀 1짐 비고 — 苗床에 풀이 적으므로. 풀 베 놓았음. ◎ 石油 4合 100환 買入

4/14 晴 새벽 풀 4 뽀오비 놓았음 풀 11짐.
5/17 前. 腹痛으로 彦陽 가서 M.T.B ~ 2,700환
車費 ~ 100. 其他 30 = 2830환
午后 家에서 休息함 ◎ 米商(家) ~~2,000 借用~~

4/15 晴 前 몸이(腹痛) 낫아서 ... 답보니 당께
5/18 찾아 가려는
午后 풀 1짐 째 ◎ 白米 2升. 410 = 820환
메러치 ~ 200. 명태구리 ~ 100. 雪糖. 糖 ~ 140환
其他 ~ 30. 치마감 外上 ~ 2,500환

4/16 晴 새벽. 늦게 논에 둘러옴 (거름) 쳤음
5/19. ◎ 乾畓에 재벌 갈이 했음 計 18日間 했음
前. 아래 못골 便에서 풀 12짐 째
午后 풀 1짐 째 ◎ 풀 1本짐 째

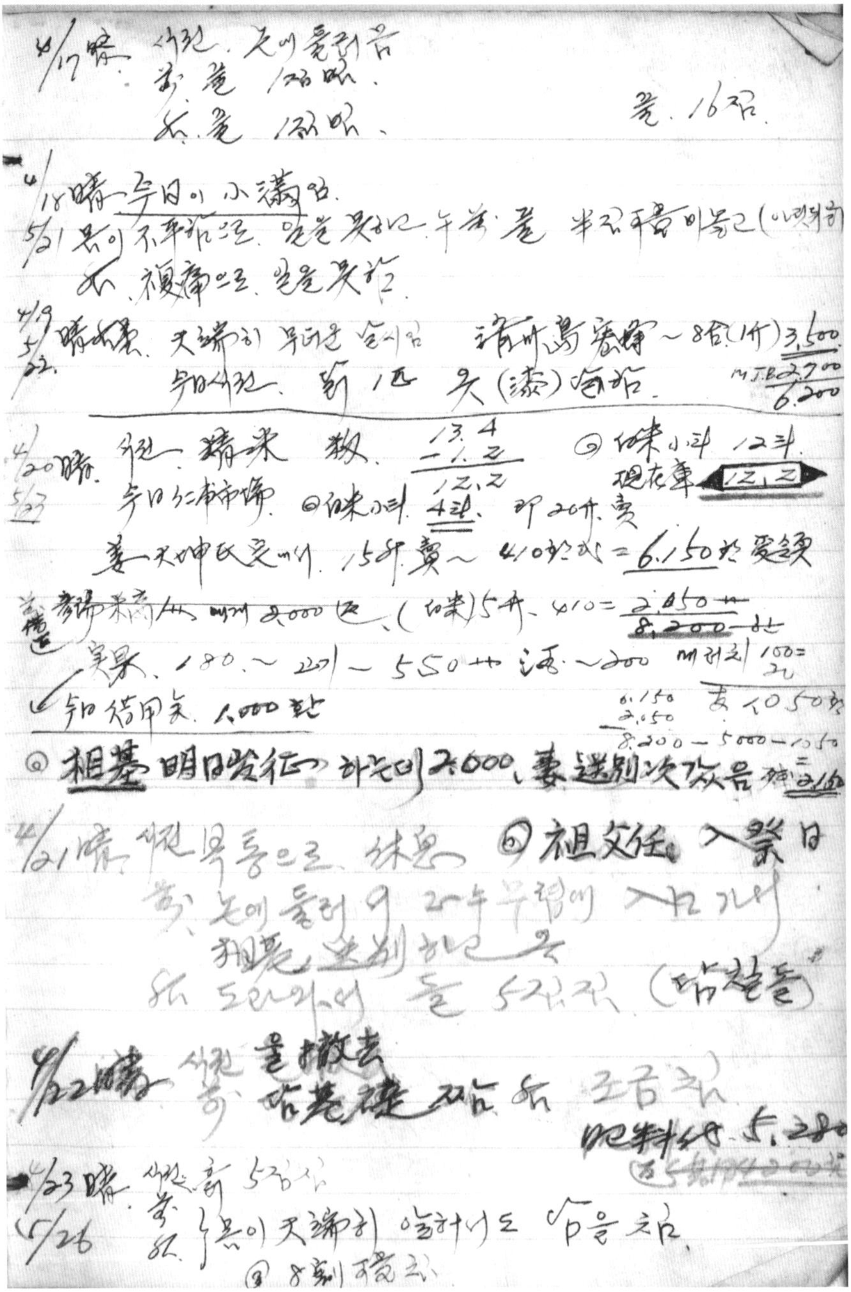

4/17 晴. 새벽. 논에 물대러 감
前 畓 [illegible].
後 畓 [illegible]. 畓. 16짐.

4/18 晴. 今日이 小滿임.
5/21 몸이 不平하므로 일을 못하고 午前 畓 [illegible] (이[illegible])
後. 腹痛으로 일을 못함.

4/19 5/22 晴後雲. 天端이 무리를 [illegible] [illegible] ~ 8合(1升) 3,500
今日새벽. 前 [illegible] (漆) [illegible]. M.T.B 2,700 / 6,200

4/20 5/23 晴. 새벽. 精米 數 13.4 / 1.2 / 12.2 ◎ 白米小斗 12斗. 現在庫 12.2
今日 仁川市場. ◎ 白米小斗 4斗. 卽 20升 賣
妻 [illegible] 15升 賣 ~ 410환式 = 6,150환 受領
[illegible] 2,000 [illegible] (白米)5升. 410 = 2,050 / 8,200환
[illegible] 180 ~ [illegible] ~ 550 [illegible] 酒 ~ 200 [illegible] 100 = [illegible]
今日 借用金 1,000환 6,150 / 2,050 / 8,200 − 5000 − 1,050 = 2,150 殘 1,050환
◎ 相基 明日發往하는데 2,000, 妻 送別次 갔음 [illegible]

4/21 晴. 새벽 몸통으로 休息 ◎ 祖父任 入祭日
前. 논에 물대러 9. 2斗 무렵에 入力가서
相基 送別하고 옴
後 [illegible] 돌 5짐져 ([illegible])

4/22 晴. 새벽 [illegible] 撒去
前. [illegible] [illegible] 後 [illegible]
肥料代 5,280

4/23 晴. 새벽. 前 5짐져
5/26 前 後 몸이 天端히 [illegible] [illegible]
◎ 8割 [illegible]

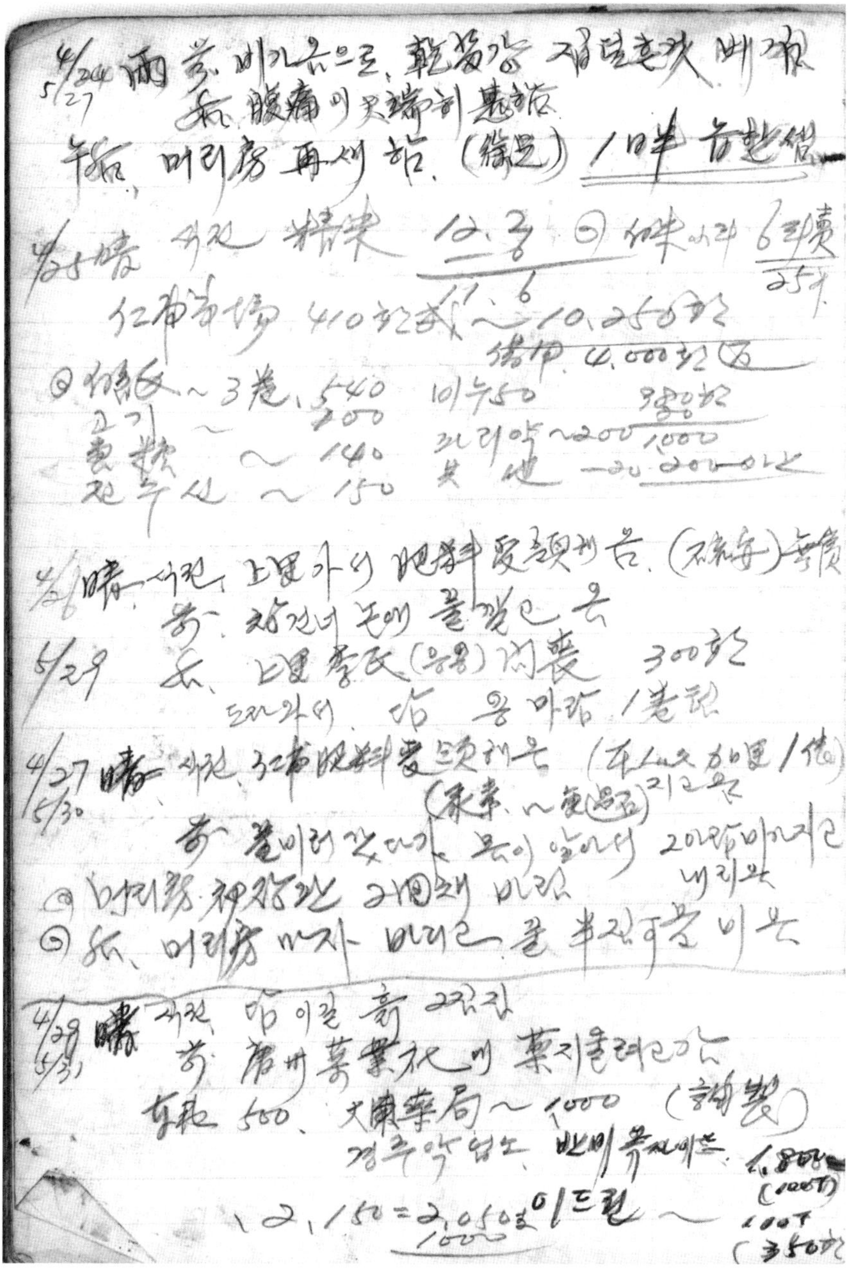

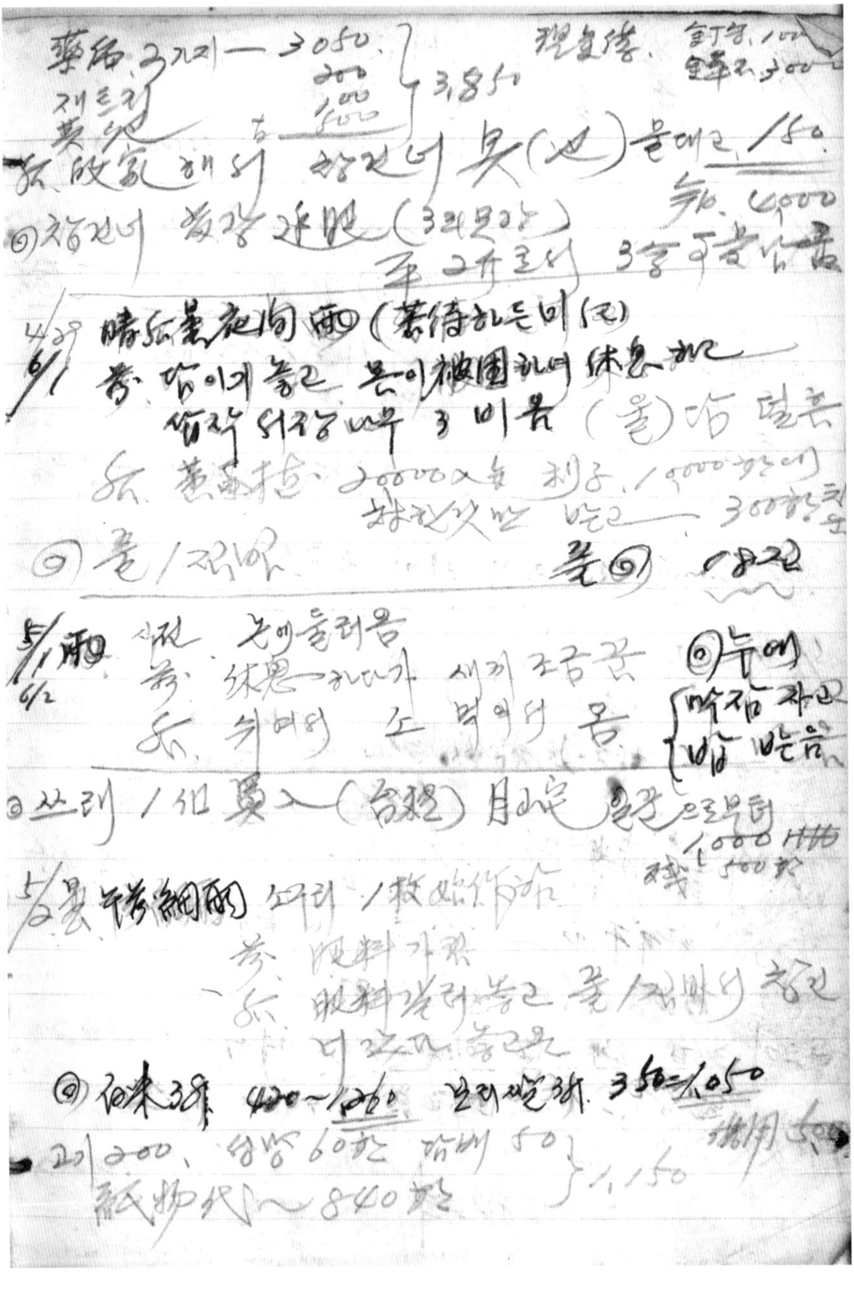
藥品 3가지 — 3,050
200
600
3,850
4/30 晴后曇 夜間雨 (苦待하든 비(雨))
5/1 雨
5/2
5/2 曇 午後細雨
⊙ 白米 3升 420 — 1,260 350 — 1,050
고기 200、 60원 50
1,150
紙物代 — 840원

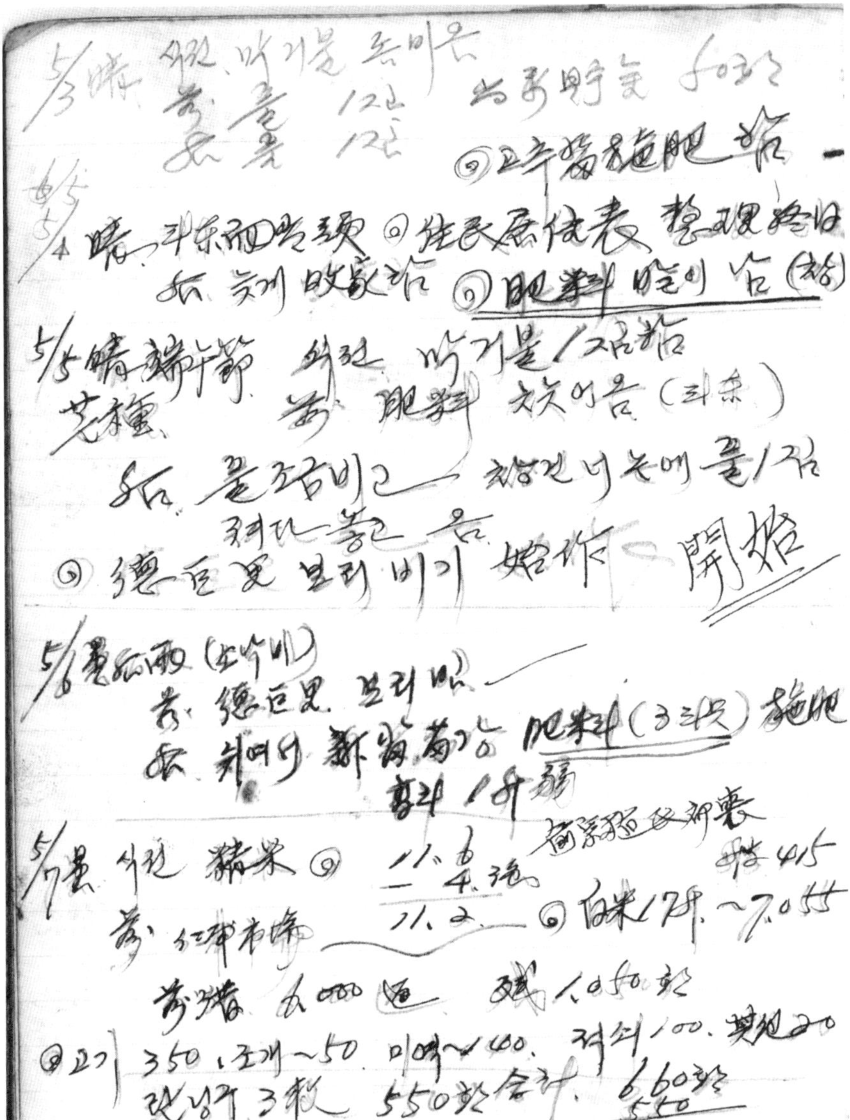
5/3 晴 사과、밭거름 주었음 出荷時 [illegible]
[illegible] 12元
[illegible] 12元
◎ 2年生 施肥 始 —
5/4 晴. 北東風 [illegible] ◎ 住民 [illegible] 代表 整理 [illegible]
[illegible] 收穫 [illegible] ◎ 肥料 [illegible] (…)
5/5 晴 端午節 사과 밭거름 / [illegible]
芝種 [illegible] 肥料 주었음 ([illegible])
[illegible] 물 [illegible] 물 / [illegible]
[illegible]
◎ 德 [illegible] 보리 베기 始作 — 開始
5/6 曇後雨 (오후에)
[illegible] 德 [illegible] 보리 [illegible]
[illegible] 新 [illegible] 肥料 (3 [illegible]) 施肥
[illegible] 1升 [illegible]
5/7 曇 사과 精米 ◎ 11.6 / 4. [illegible] / 11.2 [illegible]
[illegible] ◎ 白米 17升 ~ 7.055
[illegible] 6000 [illegible] 1050원
◎ 고기 350, 조개 ~ 50. 미역 ~ 100. 저울 100. [illegible] 20
[illegible] 3枚 550원 合計 660원
550
1210
東人 [illegible] 300 外上
◎ 肥料 12叺 硫 ~ 46K + 10.3
複合 ~ 21.6K
尿素 11.3
[illegible]

5/8 午前. 마거름 12짐 내
6/9 晨 午后. 斗西仁本 南中里 獸医師宅 오신다기에 注射하주려 왔다가 相面못하고

漢藥([illegible])등에 對한 약 10첩 (50分) 3,000환을 주고 지어옴

夕. 남자 고정 德丘里 보리 베기 完了 始作하다 하고, 毛隱 밭에 부터 베기

5/9 6/10 晴 午前. 麥刈 毛隱보리 開始 ◎ 1962 6.10日
終日 3人이 毛隱 보리 베다
定期에 貸付
◎ 昨日 藥代 3,000환 返
◎ 10:1 比率로 交換

5/10 6/11 晴 后曇.
午前. 아침 일을 便 물 12짐 비료 섞은것 머리 1斗只에 치다 넣고옴
午后. 毛隱 보리 베는데 腹痛이 甚하여 苦痛이 尤甚하다.
夕. 보리 베다가 面協同組合에 가서, 저금에는 舊貨 17,600환 新円中으로 17,100 計 34,500환 交換하옴 3450원
◎ 今日은 雨天이 있는데 다시 개임

5/11 6/12 曇 后初夜에 비가 옴 ◎ O.P. 注液 ~40환
午后. 草取하고서 毛隱 보리 베고. 妻는 德丘里 밭 보리 거둠
夕. 德丘里 밭 보리 걷고 고개 밭에 보리 조금 걷고, 동아리 2개 치웠고 → 동아리 2개

	販賣	40K	1962
外上	硫安	18K	6月10
	調合	1俵半	現在 水稻作
	加里	2K	

近 2,3日間 腹痛을 먹었는데 今日은 조금 腹痛이 便...

5/12 小雨 晨細雨 ◎精米 12.2 / 10.3 ◎白米3斗 9斗[illegible]

◎白米 40斤式 1升

◎[illegible] 鞋(夏)1足 [illegible] 700[illegible] 20[illegible]　旧貨830 新貨83[illegible] / 930 / 10.3

前 메리야스 ~10원 [illegible] 3원

　[illegible]油 ~10원 마가리 10원 (製粉)

後 上里에서 5叭와서 [illegible] 보리 베기 完了

[illegible] 1[illegible] [illegible]

5/13 曇 [illegible]

6/14 前 [illegible] 3[illegible] 新[illegible] 보리 [illegible]

　[illegible] 보리 [illegible]

後 [illegible] 上里[illegible] [illegible] 母子 [illegible]

　보리 [illegible] 完了 [illegible] ◎[illegible] 보리 3[illegible]

上里 [illegible]에게 [illegible] 購入해 [illegible] 300원 新貨 [illegible]

5/14 晨夕 晴

6/15 [illegible] 보리 [illegible] 上里 [illegible]

　[illegible]

晝 午後 [illegible] 보리 [illegible]

◎[illegible] 500원(新貨) ◎[illegible] 30원 [illegible]

5/15 晴 [illegible] [illegible]

前 [illegible] 除去 [illegible]

後 [illegible] 完了 [illegible] 新[illegible] 보리 [illegible]

[illegible] 1[illegible]　보리 ([illegible] 1[illegible] / [illegible] 1[illegible])

~~[illegible]~~ ([illegible])

5/16 晴 [illegible] 1[illegible]

6/17 前 [illegible] [illegible]

　[illegible] ~ 十二指腸[illegible] [illegible]

今日藥代. 花蛇京素 100T~ 290원 米商人借用 220원
十二指腸藥 ~40T~ 55원 茶花~20원
午料~ 7원
妻 ⓞ 鍾根 勞力은
ⓞ 尚秀 小麥 갈은. ⓞ 做家하여 石 石式
本人分 持參金 755원. 旧貨 37,20
借用金 220 30借
375 3,750
※ 今日는 大端히 무더웠으나. 비는 오지 않음

5/17 曇 바람이 굉장히 세게 붐
6/18. 식전, 거름 1짐 쳐나 놓고. 보리 1짐 지고 옴
晝. 점심 먹고서 앞강에 農藥(메다시 톡스) 撒布하고
ⓞ 오후에 보리 1짐 지고 옴
三一市場에서 메리치~100 우물터 패밥 3말
까치메기~100 과자 10. 240 ...
· 여기에서 持參金. 120.
45
75원 ...
오후에 1짐 지고 옴
저녁 과자 갖고 1짐 지고... 昨日 보리 ...
오후(早熟小麥) 보리 6짐 그리 尚秀 3짐

6/19
5/18 晴 식전 (마구간) 풀 1짐 쳐나 놓고 보리 1짐 지고 옴
晝 머리 도가리 풀 깔려서 거시랑
(腹痛이 甚하여 겨우 마쳐 놓고 일찍 내려옴)
夕. 그리뭇 도가리 거시랑. (풀 넣어서)
石油 11원
4合 110원

5/19 曇 午후부터 비 오기 시작하여 밤새 내림
식전 거름 1짐 쳐나 놓은 후 쪼르간에 지고 옴
晝. 점심 먹고서 基肥 ⓞ 調合肥料 平 9升
鹽 安 平 8升 } 17升
外. 밑가리 다 쳐 놓고 오후엔 3리뭇 ... 6리뭇 ... 도가리

夜. 밥을 조금 먹었드니 腹痛보다. 가슴이 쓰리고 아파서
勞藥의 採取 밤 설거지 (접연) 해 놓고 苦痛이 甚함
休息 午后부터 비가 제법 많이 옴

5/20 曇后晴後曇 새벽. 풀치러 갔다가 休息
徐炳哲氏 옴
晝. 本人은 苦痛을 참고 논두름 치고 몸이 (속이) 좋아
지지 않아 못함
孫兄은 新設 밭 내놓다 갈고 머리 2도가리 논
두름 떼 놓고 끝내 저물음
夜. 머리도가리 (2도가리) 가러놓고 위 1드락 두름떼
놓고 위에서 치다 남기고 창건너 큰도가리 2도가리다
물가치 함
※ 今日. 고기 반찬 갈치 값 ─ 320 사는 60
메러치 ─ 100
本人 이잡약 ─ 400 } 1020
夏 고추 ~ 200 50
=담배 50 총액 1070
※ 新設 畓에 (3드락) 塩安 약 1斤 增施함

5/21 曇 夏至 畓 5人 (이영우 2 金鍾根 ① 未要畓
朴正用 ① 생畓 ③ 金石道
黄子植 ① 1 (本人) 묶아서 ② ①)
※ 일찌기 다 심음 (다 끝남)
日 끝치고 와서. 고추 苗 밭 매고 고추가 6고랑 심음
苗代 苗 除草 (混合 半
配合 半) 不要. 정함
夜 晴後 朝 2斤. 晝. 2斤半 } 4斤半 今日은 胃腸이 좀 괜찮음

5/22 曇后晴后晴曇 前夜에 雨
6/23 새벽. 德巨里 깔개 (풀깨) 갈고 콩 큰콩 가르
晝. 고추가 移植해 놓은데 보러 갔다 오고

老隱에 걸 부침

江南市場 ◎ 白米 6升半 8合 43원 225원 35전

前借 280円中 220円除 殘 即 280円 / 50円 [illegible] 未收 1円

◎ 고기 10円 [illegible] 37円 [illegible] 2円 {47円 支出}

今 오늘의 걸 부치러 가서 일은 조금 했으나 가슴이 쓰리고 아파서 일을 제대로 못하고 옴. 全体의 3/5 [illegible] 即 6割强 부침

5/23 6/24 晨 사천 고개 논에 老隱 몽 마저 갈다. 늦게 가느지 해서 겨우 맞치 놓고 ◎ 들깨도 뿌리고 今日 播種

前 [illegible] 고개 논에 [illegible] 의 [illegible] 남은 절반 도가리 耕地 해놓고 고구마 被

今 覆해 놓은 것 마저 밭갈고 → 보리 작 老隱 [illegible]

5/24 6/25 晨 고추 苗移植하고 △ 마늘 캠 그리고 일함.

△ 감자 5/21 6/22 심음 [illegible] 今日 2回 [illegible] 1回 [illegible] 1回

5/25 晨 [illegible] 일하고 팥(赤豆) 모두 심음

6/26 [illegible] (梁山場) [illegible] 病院에 가서 診察 받고 一週日分 [illegible] 服藥 지어 옴. 藥代 560원 / 75 / 15 / 650원

車費 45+30=75 + 午料 其他

旧貸 6,500원 (十二指腸 治療와 驅虫藥)

◎ 梁山서 7K 往復 [illegible] 24K 步行

梁山 ~ [illegible] 汽車 7時半 8時에 發車하여 [illegible] 9時 21分

5/26 晴. 天候히 무더운 날씨였음.
6/27 사전 거름 新肥에 1斗 쳐가 놓고
의 보리 1斗. 后~ 보리 2짐. 쳐가 가림.
后 午后에 是肥料 좀 주고 참건너 밭에 가서
地 拔秧及 除草하고 보리 1짐 지고 옴.
2, 3日 前부터 腹痛이 좀 있음.

5/26. 늦은 저녁
11時頃에 송아지 낳음.
昨日夜에 낳고

5/27 晴. 天候히 무더운 날씨였음.
사전 十二指腸藥 服用함. (노란 두명환藥 3個)
(매자 딴추 같은 것)
藥을 먹은 后 얼마 안 있어 天候하여
鎭靜했음. 約 2時間后 늦은 아침 때가 되어서
下淸을 먹고 조금 后 泄瀉하니 뒤를 보니 蛔蟲이 1匹 나옴.
午后 버지랑 같이 새끼 꼬아서 우장 1枚 만들고 休息
后 참건너 밭에 가서 ... 除草 하다가 시장기가 甚해서 돌아왔음.

5/28 晴. 사전 머리를 1짐 베옴. ○ 小麥 約 2叺 (6升 之斗)
6/29 后 보리(小麥) 打作함.
后 麥. 梨花와 같이 本人도 打作함.
의 메리케 10원 일당 共히 3원 ... 2의 ... 13원 ... 130원

5/29 晴. 사전 老人 보리 2짐 지고 午日 一6짐
6/30 后 " " 2짐 지고
后 밭갈이 가려 놓고 풀이(배추) 마저서 休息 보리 2짐 지고

尙秀는 70원 제[illegible] 李校 2원 = 今日치 7원
비누 3　　　　昨日 " 13원　20

◎ 물동이 45원 — 1個買入　◎(白米 1斗 로 의 [illegible])

今日도 午至[illegible] 지나서 소낙비 몇 방울 옴

5/30 晴. 새벽 早起하여 큰밭 보리 2짐 하고
7/1 　晝 큰밭 보리 — 22짐 + 德巨里 1짐
　　夕. 德巨里 보리 　3짐 짐 그리고 조개 웅덩이
　　　에서 고기 할때꺼리 잡았음

◎ 妻. 보리打作함. ◎ 보리는 [illegible] 德巨里 밭 (開取 3斗)
보리는 마자 [illegible].

◎ 夕時부터 바람이 多少 [illegible]함 ◎ 어찌저 비가 올 법도 함. ◎ 早魃이 極甚
　　밤에 비가 몇 방울 나림　　1짐 1300
　　　　　　　　　　　　　　(합계 900)
　　　　　　　　　　　　　　7 고리

6/1 晨前 보리 짐 가리고 休息 —
7/2 　夕. 참전네 [illegible] 품 받음　　尙秀주봉 55

彥陽 本[illegible]、 콩나물콩 3升 40、 120. 옹기 30
　　　　5省 用　　　　110 고기 10
　　　　집에 [illegible]　　40 요구 50
　　　　　　　　　　　　270
　　　　　　　　　　　　265　　200
　　　　　　　　　　　　　　　　40

6/2 晴. 새벽. 精米 10.3　　⊕ 於[illegible] 15
7/3 　　　　　　1.1　　[illegible] 15
　　　白米나의 10升 5合 9.2　　감기비 5

맏 1石 4斗 ◎ 白米 17升 賣 [illegible] 45원式 — 765원 中
　　名[illegible] 外上 [illegible]　　— 10 未[illegible]
　　　　　　　　　　　　　　755 [illegible]
　　[illegible] 5근 [illegible] 1 = 6원 씩　(外上 [illegible] 615원 6180[illegible])

午后 보리 打作함. ·보리 진 것 3[illegible] 가 1石 8斗
　　새끼 도리 3[illegible] (기계 보리) 4[illegible]

6/3 晴 大端히 무더운 날씨임
7/4 사전、 산리장 가다고
前、 [illegible] 裏 맞다 옴 (賻儀 500원) (400원)
午後、 [illegible] 作業 (논에 들러옴)
昨日夕에 [illegible]하여 비가 제법 많이 옴(아침)까지.

6/4 7/5 曇 夜 細雨
사전、 논에 물이 되니 [illegible] 갔다가 비가 적게 옴으로、 물을 못 대움.
前 [illegible] 畓에 물 [illegible]
后、 [illegible] 논에 가서 물 메고 오다가 九岩兄、 西東兄 畓 [illegible] 옴
妻 [illegible] 畓 [illegible] (1日)
金[illegible] [illegible] 50원 [illegible]
[illegible] 夜 間에 細雨 若干 왔음으로 많이 좋아함.

6/5 7/6 曇 細雨
사전、 [illegible] 고구마 被覆 [illegible] (보리짚) 베기
그리고 논에 가서、 새논에 [illegible] 조금 [illegible]
午后 晴으로 細雨가 조금 내리고 구름이 끼었기에 乾畓 [illegible] 새논 [illegible] 도라지 [illegible] 머리.
后 [illegible] 도라지 숭구고、 [illegible] 도라지 이[illegible]便 조금 숭구고 [illegible]게 옴

例年 今日까지 卽 7月 6日까지는 숭기를 完了 했는데 今年은 너무 旱魃이 너무 甚해서 [illegible] [illegible]이 [illegible]

6/6 7/7 晴 [illegible] 비 [illegible]이 온다 (제법)
雨 [illegible] [illegible] 이리 [illegible] [illegible] 그렇지?

사친에 留宿 ◎今 郡에 맹단定 1日 [illegible]

苗. 昨日까지 심은 1斗只 도가리 심은 (孝陵市場)

5斤 其도가리 7대지기 묻 심음

◎總籾數中 ◎白米 및, 새로 式 (고씨 [illegible] 여치 부치며)

◎어제 논에 물 [illegible] 넣으러 갔다 비가 새옴. (金岩宇)

많이 왔으므로, 가지 않고.

6/7 雨 △ 사친 비가 오므로 논에 가서. 물이 不足 하므로

7/8 참견이 둘러 도라옴

時期는 늦어가고 經濟이 莫甚하다

妻 △ 고추苗에 肥料 高峰 1斤 갖다 주고옴

◎白米 1升 40원 {명태구리 30원, 감자 10원, 메러치 10} 石油 1升 25

성냥 7원

計 75원, 7원, △ 82원

苗. 尙秀와 來人은 新畓 1斗只 도가리

昨日 심으고 남은것 그의 다심음

今아침에 新畓 上의 심어지 完了하고

其 끝 앞께의 다음(이쪽) 도가리 半斗落 심다음

今日 3日째 심었음 | 其中 苗 1人 [illegible]에게

6/8 晴 [illegible] 사친 [illegible]에서 苗 1人 보내주었기에 [illegible]

新畓 今日 4日째 | 成均院에 1人 [illegible] 2人이 朝飯

먹고 와서 1日式 도와주었음

◎三光中學校 生徒 10名 約 3時間 씩 도와주었음

그리고 그전 고등과, 新畓 심었는 위 도가리 三斗落

물 대어보니 위쪽 물이 적어서 제대로 못함

[illegible] 논에 물조금 [illegible] 사하음

今日、앞머리도가리及. 뒷새싹키中. 毛도가리 한番 혼식을

6/9 사범. 繼續되는 새날이 시작. 今日朝부터는 흐리고
7/10 바람이 불 (구름과, 風向은 시하風)

苗. 그리고 新蒔 (崔之목氏 ... 苗)

◎ 뒷쪽의 물고인 뒤두룸. 가리어 논두름 부치고 고리에 合

新蒔作氏 와서 도와줌 (◎今日 東 5日째)

◎ 点心 一時 후부터 비바람이 불어 가기 좋기는

거새께 나라기 始作함

뒷쪽도가리 웅덩이 저는 조금 하다가 앞밭도가리를 잡음.

◎도랑물 利用 쫌 물이 ... 日夕時까지 마침

◎ ...에 李英雨 母親 와서 도와줌

苗代 (配合 3升, 播 ... 半升) (윗논 웅덩이 1升 (앞밭쪽) 앞밭 ~ 1升 4合; 新蒔, 사문리 (가운데 긴 도가미) (이곳부터 半 ...)

午后부터 비

6/10 晴 사범. 金容守氏 출장.
7/11 肥料 配合 40K 1俵 지고 가서 (보리) 도구 물이 빠져서, 겨우 물을 잡았음

苗代 毛 2斗只, 3升. 새수대 ... 平 1
머리 1斗 " " 1升 새수대 ... 4合 ... 마침
아래 1斗只 " 1升 3合
6斗只 ...

昨日 것도. 俵中에서 ... 平 1" 合付 1俵 40K + 配 5K

新蒔 물 다잡고
6斗只 앞밭 다 잡고
물가리 3斗只 ... 앞밭도가리 4斗只 ...
午后. ... 에서 와서 ...

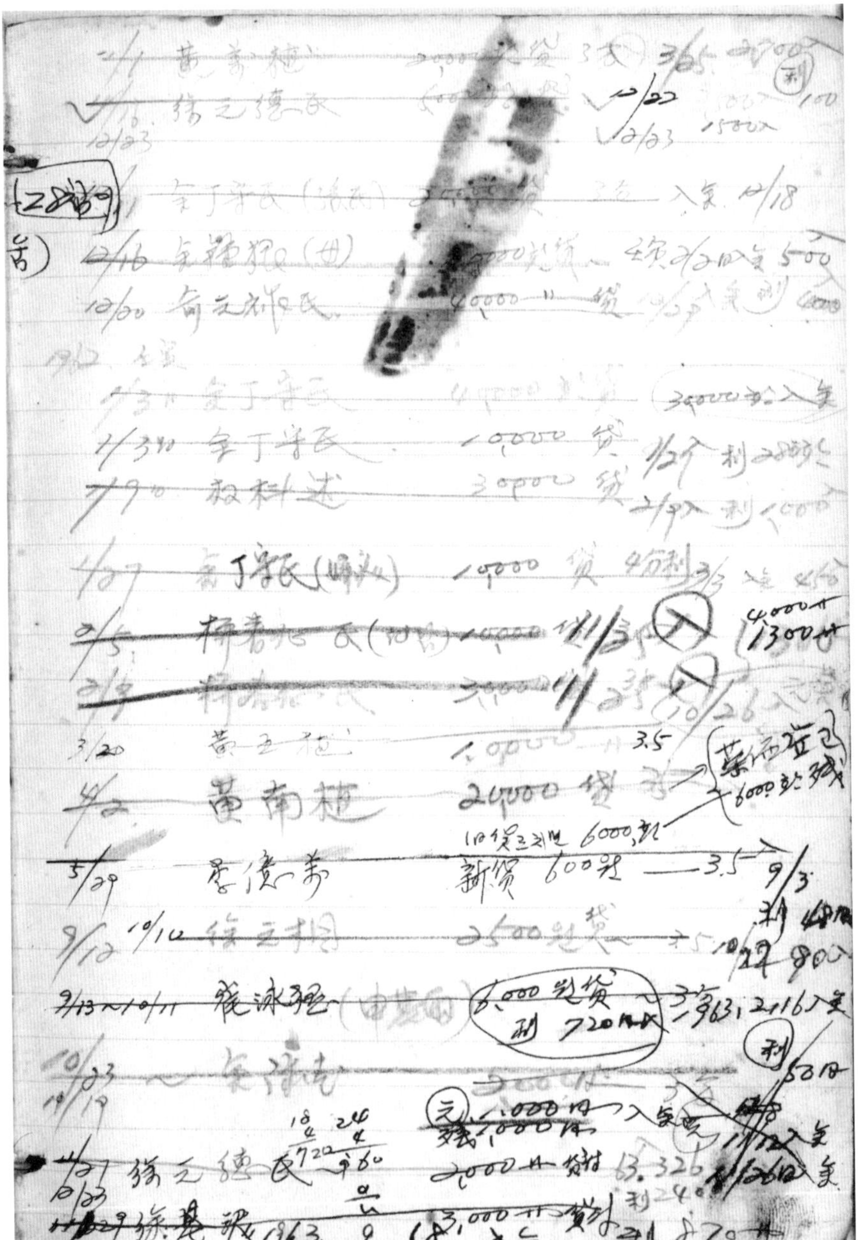

6/25~ 肥料 5280.中、200俵

∨ 落 [illegible] 60. [illegible]

∨ 金 [illegible] 00 [illegible]

◎ [illegible] 가나 [illegible]

[illegible] 00

◎ 白米 3斗~ 4斗 5/7~118

3/63 肥料代 4570.

4/22 〃 5280

9850

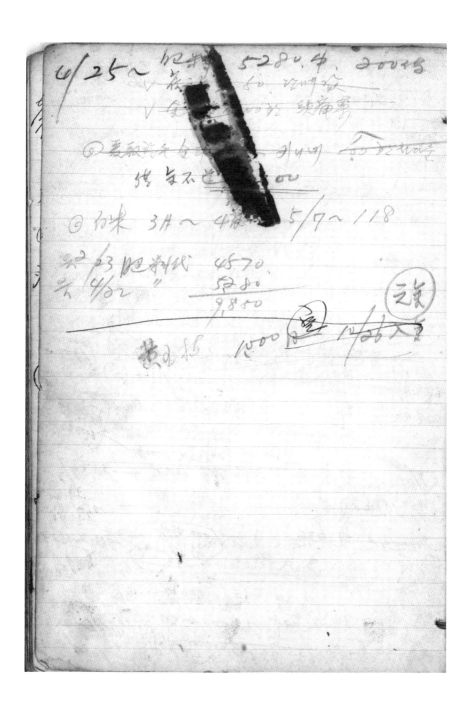

[illegible] 1000 [illegible] 11/26入

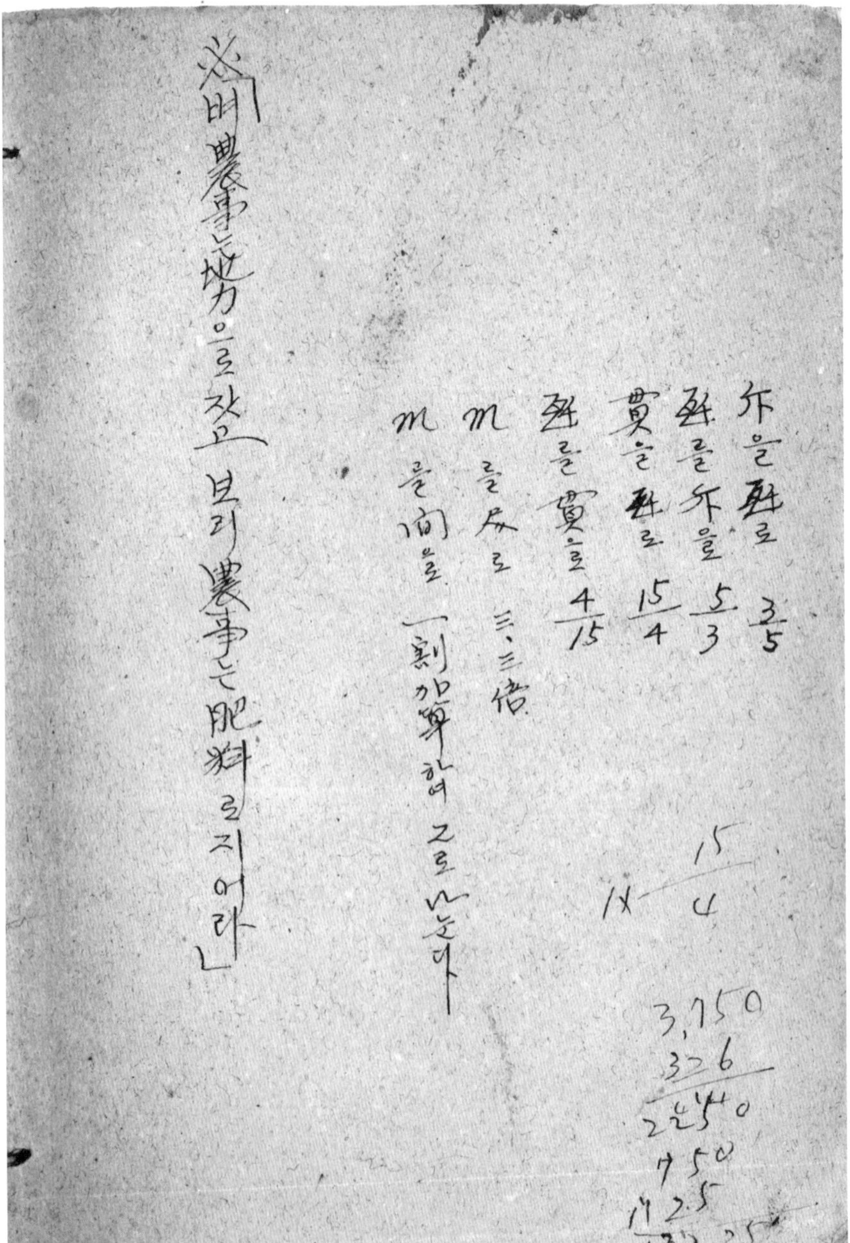
斤을 斗로 3/5
斗를 斤을 5/3
貫은 斗로 15/4
斗를 貫으로 4/15
m를 尺로 三,三倍
m를 間으로 一割加算하여 그로 나눈다

15/4
1X

3,750
3.5
18750
750
1125
13125

「水田農事는 地力으로 짓고 보리 農事는 肥料로 지어라」

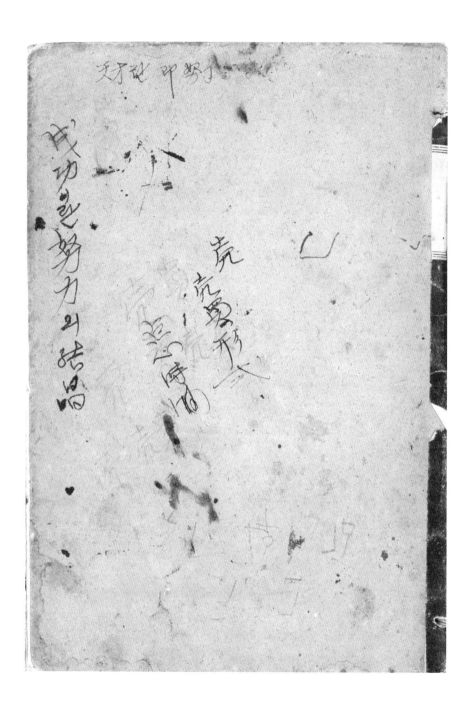
成功은 努力의 結晶

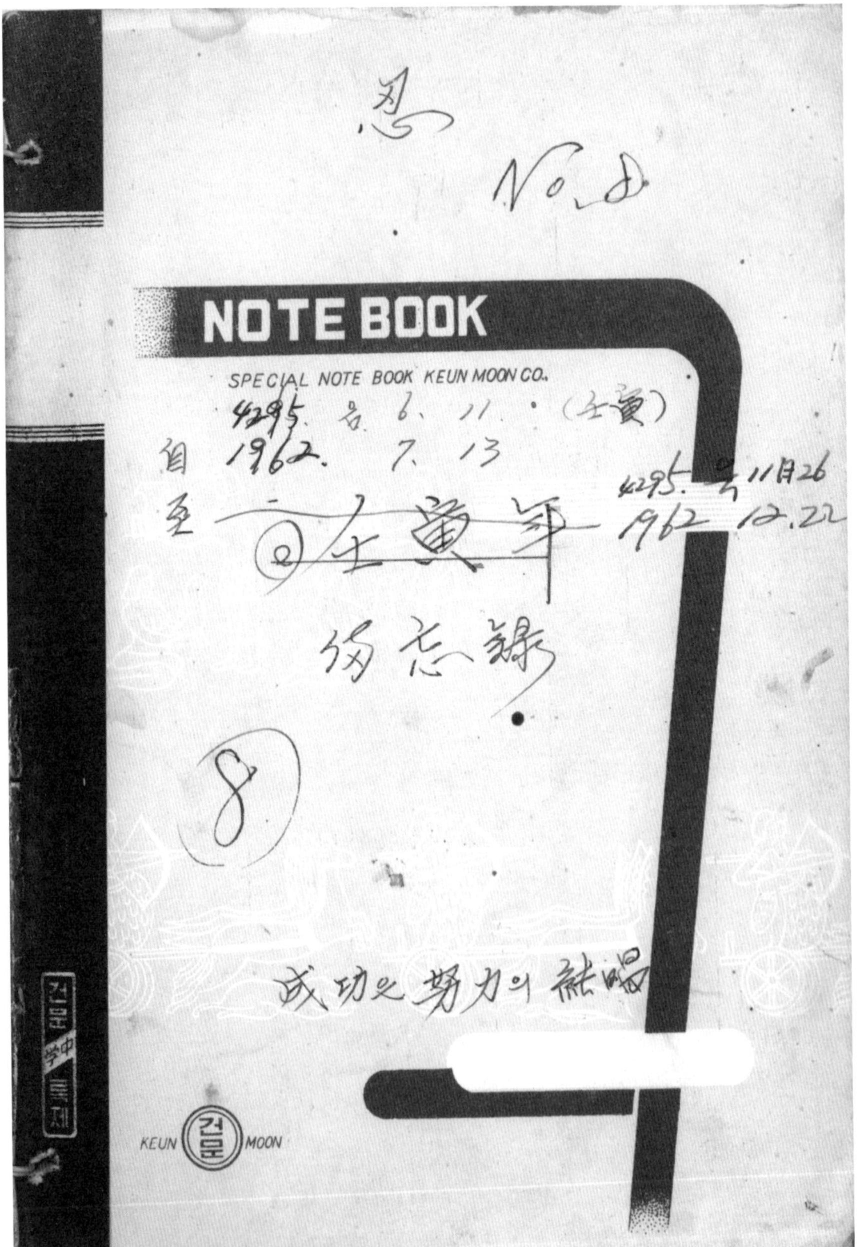
No.8
NOTE BOOK
SPECIAL NOTE BOOK KEUN MOON CO.
4295. 6. 11. (壬寅)
自 1962. 7. 13
至 4295. 11月26
1962 12.22
備忘錄
8
成功은 努力의 結晶
KEUN 건문 MOON

11/29

1962. 6月11日 陽 7月12日

6/11 사천 7/12 暴雨后 晨~晴. ◎ 數箇月의 旱魃이 6/9日 午后부터 나린 비로. 今日 苗代畓

사천 暴雨로 因해 畓移불을 中止했다. 朝飯后. 畓나마지 하고 내려 [illegible] 싫는데. 이른 [illegible]부터 개원으로. 6斗只 新畓 [illegible] 畓[illegible] 完全히 畓내기 完了했다.

夏至后 20日. 小暑后 6日. 初伏前 10日 初伏날까지 [illegible]

△基肥. 配合 平5斤. 硫安 4合 黄石 5合 } 오리에 [illegible] 畓[illegible] ◎ 물[illegible] } 했고. 平2斤 殘

酒代 반되 ~ 90원 ◎ 白米 朝 4斤3合. 보리쌀 3斤.
[illegible] 1正. 合[illegible] ◎ 〃 晝. 5斤半.

9.8. 3

〃日 20名 午后. 부터서 — 28名이 됨. 우리천가 合해서. 저녁할때 31名이 였음.

6/12 晴. 사천 [illegible] 올려옴. 畓. 어제 畓심은데 물끼 보고옴. ◎ 참건너 [illegible]가는 [illegible] 도가리 [illegible]. ◎ 本人은 [illegible] 次男. 妻家 [illegible] 畓심음

妻. 仁本市場 { 갈치 ~ 20 메러치 20 / 내우 ~ 10 담배 10 / 모자 ~ 15 } 75원

午後 妻 개畓 [illegible]. 목화(綿花) [illegible].

6/13 晴. 終日. [illegible]에서 休息함. 妻. [illegible](木花) ~ 고추 [illegible]. (基) 追肥 ◎ 고추畓에 1斤.

6/14 晴后 사천 [illegible]에서 [illegible]家함 ~ 10원 終日 보리 打作함. 完了 ◎ 夜間에 가 [illegible].

6/15 晨~雨(細雨) 7/16 畓. 精米 9.2 / 6 / 8.6 해봄고 [illegible] ◎ 白米 [illegible]

今日 先生任 몸 좋지 않아 休息 보리 5叺 [illegible]

6/16 晴. 비료 製粉 15斤 [illegible] 1斤 8合

7/17. 先生任 [illegible]

[illegible] 先生 [illegible] (田 [illegible] 大 [illegible]) [illegible]

[illegible] (石油 [illegible])

麥 보리 [illegible]

[illegible] 先生 [illegible]

今日 7叺 都合

보리 [illegible]

[illegible] 100원 50원 12叺 6斗 8~ 6石8斗 大麥 12叺

5斗 4~ 小麥 1石 2斗 2叺 2斗

6/17 晴 시장, 보리 [illegible]

[illegible] 先生 [illegible] 仁川 農協 [illegible]

[illegible] 肥料 [illegible]

[illegible] 先生 [illegible] [illegible] 2斤半.

[illegible] 2斤 [illegible] 肥料

仁川市場 白米 2斤 ~ 44원 ~ 88 220

[illegible] 3斤 44원 ~ 132 +170

390

[illegible] 170원 [illegible] 88

120

[illegible] 20원 [illegible] 323

[illegible] 5원 [illegible] 3枚 [illegible] 1枚 90

農銀 [illegible] 28303

28304

6/18 晴. 새벽 감자 採取 4叭 캠. {6~1 / 4~2 / 5~1} 李德善 고기 [illegible]

7/19 前. 2人이 午前中에 다 캠. 支 27원 中 [illegible]

后. 고개 밭 [illegible] 콩밭 [illegible]. 尚孝 冊式 57원 / 寅淑 63원

6/19 새벽부터 비. 새벽 — 콩밭 매러 갔다가 비 맞았음.

雨 오후 5시까지 비가 (소나기) 式으로 계속 왔음.

前. [illegible] 논에 나가서 물꼬 [illegible]

后. 新聞 보고 [illegible]

◎ 精麥 開始 ◎ 보리 찧었음

6/20 晴 前中에 콩밭(콩) 맴. 餘 6斗 [illegible] 보리쌀 27斗

7/21 初伏 錢 [illegible] ~ 1,772 [illegible] 2人 [illegible]

◎ 콩밭 [illegible] 끝마침. {4人 [illegible]}

6/21 새벽 雨 休息

7/22 午前中. 비가 내렸음. 休息 后. 논에 가서 [illegible] [illegible] 내려와서 [illegible] 물 [illegible]

◎ [illegible] [illegible] 고구마에 [illegible]

[illegible] 사람을 [illegible]

6/22 晴. 새벽 [illegible] 매는 [illegible]. [illegible] 淸掃하려

7/23 大暑 前. [illegible] 市場에. [illegible] 에서 700원 借用함

◎ [illegible] 10원 [illegible] 計 710원

夏至 [illegible] 20. [illegible] — 이스트 ~ 5원 [illegible] 5원

[illegible] 무 씨 ~ 5원 [illegible]

메리치 10. 45원

后. [illegible] 休息함 ◎便 [illegible] — 50원 [illegible]

蒸氣 今日 12名分 ~40원式 ~ 480원 支拂.

6/23 晴. 아침. 大개밭(결개)에 오줌 1장구이 치고
7/24 午. 논에 둘러 와서 德石里 콩밭 매었음.
오줌 1장구이
夕. 쉬어서 결개밭 오줌 22장구이 치고
콩밭 매기 完了함

◎ 今日 支長에게 夏穀 土地 代金
442원 中 440원 支拂함

~~◎ 借用金 契中에 300원 借.~~ 7/6 ~ 返清함

◎ 6代兄 某某 온지가 今日 13日째 되는데 ...
으스름 하게 사람을 하고 있음.

6/24 晴. 아침. 大개밭에 오줌 1장구이 치고 4장구이 치고
7/25 午. 논에 가서 논둑 조금 하다가 三西里 面事務所에
가서 土地 取得稅(夏穀) 確認해 보고
왔음 ◎ 德石里 밭매기 完了함
夕. 오후 밭매며 ... 오후 밭 周圍의 풀 베어 놓
고 논에 둘러옴.

6/25 曇后晴. 아침. 오줌 1장구이 치고. 5장구이
7/26 (개밭 및 들깨)
午. 논밭 풀을 ... 完
그리고 메물 갈 때도 논에 놓고옴.
夕. 늦게까지 쉬어서 참외 ... 토마토를
따고, 호박어지 재다가 메물 밭에
재다 놓고옴. ◎ 今日부터 兒童들 放學함.

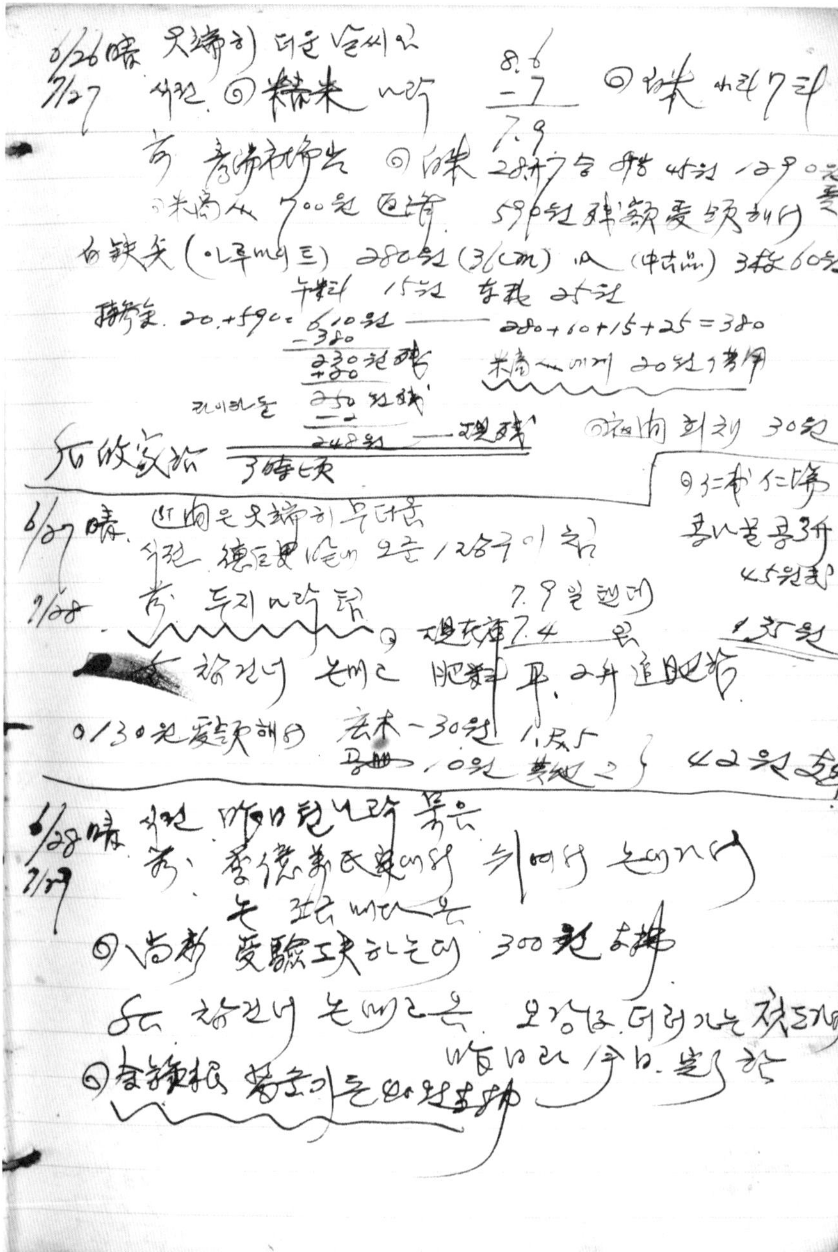
6/26 晴 天端히 더운 날씨임
7/27 사천. ◎精米 나락 8.6 −.7 7.9 ◎白米 세되7리
市 [illegible] ◎白米 28升7合 價 생각 1290원
◎米商人 700원 回給 590원 殘額受領하다
白鉄矢(이루미니트) 280원(36cm) 1本(中古品) 3板 60원
午料 15원 各費 25원
持參金 20.+590=610원 — 280+60+15+25=380
−380
230원 殘
米商人에게 20원 借用
230원 殘
−22
248원 一殘
就寢 [illegible]
◎河內 회치 30원
◎仁[illegible]
6/27 晴 河內는 天端히 무더움
사천. [illegible]
7/28 市 두지나락 [illegible]
7.9
◎ [illegible] 7.4
1.35원
[illegible] 肥料 2升 追肥
◎130원 受領해여
−30원
10원
42원
6/28 晴 사천 昨日 [illegible]
7/29 市 [illegible]
◎尚[illegible] 受驗工夫하는데 300원
◎[illegible]

6/29 晴. 오전 西河 가서 소금(鹽) 1俵 購入해옴

代金 172원 —

7/30 午. 고개밭 앞에서 新畓 가게로서 줄 매다.

夕. 물이 적은데 우리 것 메고 옴.

7/1 中伏 오전 큰댁에 오는 들깨 이 1장귀이 [illegible]

7/31 晴 午: 뒤 1번의 밭은 용기 [illegible], 그 및 물꼬

긴 도가리 及 머리 도가리

夕. 畓과 2번의 中間 도가리 及 긴 도가리 6/10

下畓에 고 半 씨은 물꼬 두대가 옴

7/2 雨 날씨가 連 3日間 오고 丈端히 부었더니 今日 10時

8/1 下畓부터 비가 옴.

오전. 洋銀 矢 거졌음

午. 新畓 매기 앞에 마자 매고 옴

夕. 비도 오고. 몸도 疲困해서 休息 함.

논에 들러 옴

전날 논에는 [illegible] 벼 이삭 [illegible] 옴

今日. 13日만에 비가 오는 셈인데 新畓 2도가리

는 [illegible] 옴

7/3 雨 午後. 비가 오고. 바람이 甚히 불어서. 집에서

8/2 休息

夕. 논에 들러 옴 13日 비가 내림.

7/4 晴 오전. 논에 들러 옴

8/3 午. 전날 논 도가리 물 빼고 [illegible]

夕. 上 [illegible]. 논두렁 좀 메 옴.

[illegible] 白米 3升. 45원式 ~135원 135원

[illegible] 1斤. ~29원 29원 119원

[illegible] 1斤. ~45원 =90 254

高麗靴 ~35 } 70원, 칼치 ~10
高 靴 ~35 } 재봉 바늘 ~5 +2=
70 藥代 ~5원 담배 ~6
5 13원
13
88 — 支出 ~88. 收入 250원
-88
162원 ~ 殘額

7/5 晴. 아침 부터 참깨 牛肉代 -30
8/4. 132원
콩도가리 풀매는데 完了.

[illegible] 콩 2개이 한 풀매서 콩도가리 完了함
오후. 참깨 [illegible] 도가리 [illegible] 오후
한데 [illegible].

穗肥. ~ [illegible] 年4斤 [illegible] 콩도가리에
2회 [illegible] 도가리도 [illegible].

5/21 [illegible]
6/22 [illegible]
卽. 幼穗形成期임 — 1/10月 13日째
[illegible] 後 卽 43日째임

7/6 晴 [illegible] 콩을
8/5 [illegible]
[illegible] 도가리 [illegible].
[illegible] 被用 [illegible]
[illegible] (花肥, [illegible])
追肥 新[illegible] ~ 平 2斤 (硫安) [illegible]
[illegible] 도가리 [illegible]
[illegible].

[illegible] 500원 借用中
7/9日. 200원 [illegible]

[illegible]
土地稅 170원 / 192원
[illegible] 借用[illegible]

7/7 晴 午後 初夜의비 벼심은 이랑

8/6 사건. 南中里 崔海鎭氏 꽃이 좋아서 피기 잠으로 갔드니 "마도시리는 病이며 協力으로 살아가는것

前. 고개까지 벼 3斗只 移秧해그늘

后. 6斗只 移秧 半分을 메고 논에 풀려옴 (之合)

妻 昨日 콩밭메고, 今日메고 그의 다메감.

豐年草 6個 1個 分. 공짜 之是哉

7/8 晴 午後 사건. 德田里 무밭 골지음(耕地)

前. 벼 3斗只中 1(6斗只移秧) 도가리 맴

后. 그외 1斗只 조금 맴

追肥. 硫安. 草2. 벼 그외 도가리 1/3

草2, 그외 도가리 다치고. 6斗只 移秧分.

그리고, 1斗只 조금 草2. 1斗只 다치고, 조금 남음

草2 ,, 그외 2斗只 4/10 이상 치

尚義 배달래 흙다니 취하라

妻 개(犬) 잡은 870원 중 收稅 20원 ... 850원 受領

午~后 양푼이 43원 / 고기 25원 / ... 33원 / ... ~10 — 其他 7원. 118원 支

受 850
支 118
= 732

비지로 3차 ... 交換 1차로 13원 = 39 ... (시계)

4시 { ... / ... / ... }

7/9 墨 細雨 ~立秋~
8/8 새벽. 德田貝 무앞의 두룸 만.

前 (晴) 麦 1斗쯤 조금에다가 聘母氏이 来家
하며 "외상 수낸 [illegible] 를 갖고 오심)

后. 妻와 2人이 1斗 도가리 나자며. (늦게 까지 [illegible])

日) 津市場 [illegible] 中毒部 맛자 갖이고 옴. {昨日 今日 2回 에 40원

[illegible] 米商人 200円 返済 日錢 300円

7/10 墨 새벽. 오개 [illegible] 개앞에 오름 [illegible] 재나 치고 옴
前. 몸이 不平하여 [illegible] 2斗 도가리 [illegible] 베고 옴

[illegible] 2日 后. [illegible] 하고 [illegible] 베고 옴

[illegible] 오고 [illegible] [illegible] 2斗 [illegible] 4斤
마리 1斗 [illegible] 2斤. 7斤
新 [illegible] ~ 1斤

妻. 鳳溪市場에 가서 金 [illegible]
除草機 1台. 350円에 買
[illegible] ~ 其他 1,510

犬代	850
	110
[illegible]	740
米商 返	200
	540
除草機	350
	190

7/11 ~ 8/10 来家 새벽. [illegible] 買入 한 除草機
로서 논에서 [illegible] [illegible]
[illegible] 에 [illegible] 으로 도리옴.

前. 妻와 2人이 논도가리 논에

后. 上 全. 그리고나서 [illegible] [illegible] 3斤 [illegible]

[illegible] 2斤 3合 [illegible] 으로서
마리 도가리 [illegible]
마리 1斗 [illegible] 2斤 [illegible]

新 [illegible]

[illegible] 肥料 7斤 3斤 計 10斤

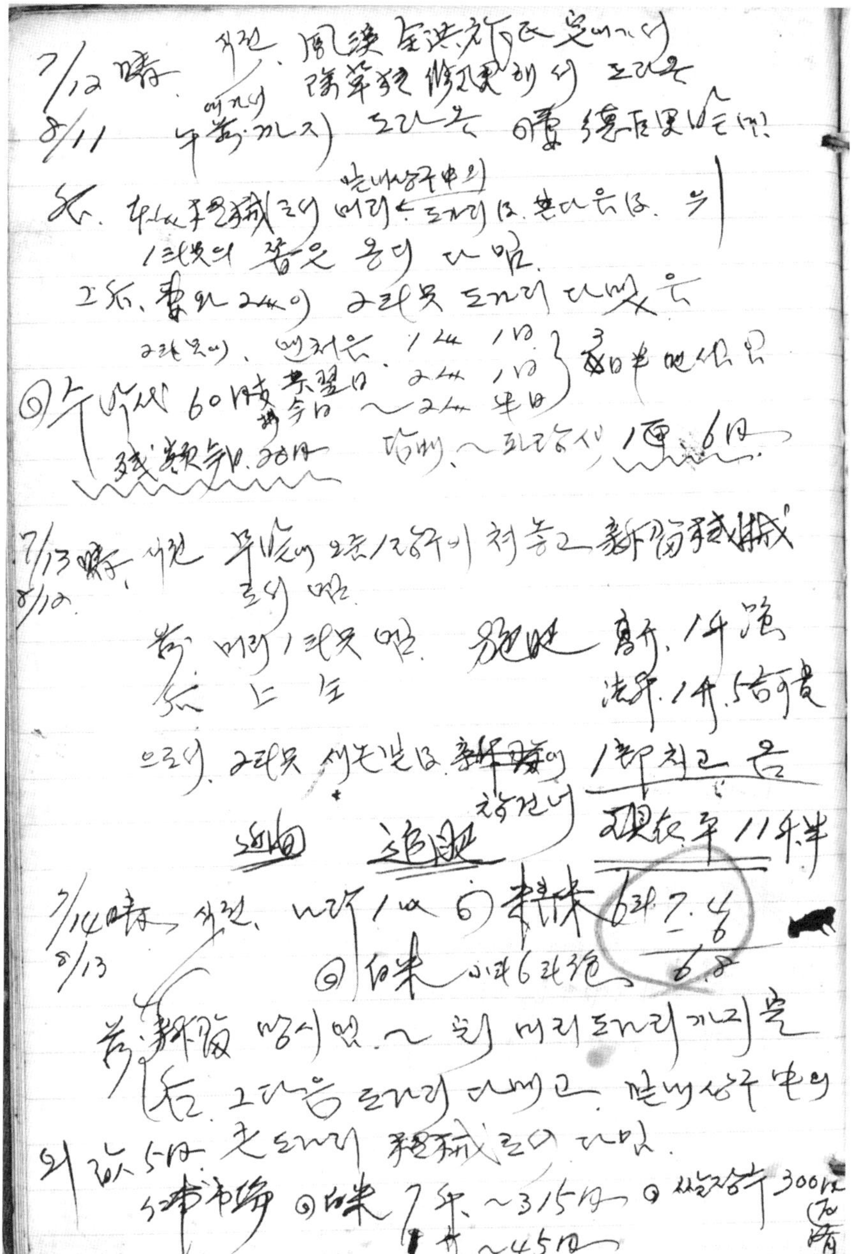

雪沽 ~ 20円 外に 무시 ~ 30
메러치 ~ 10円 ... 4円 배추 ~ 10
〃 ~ 10 } 45円
고기 79円 支出.

7/15 晴. 사진, 밭재배 놓고 오늘 3장 주니 무엇이 좋
8/14 午, 머리 1원 또 每晩에 떠나 앉은 것 다 없
后 妻와 2人이 新聞가 운데 긴 도가리 다없
晩 麥粉 飯 22斤, 卵 2리 半 (大리)
 桃 菓子 3斤, (喜降)

日 光復節
7/16 曇後雨 사진 무 많은 쓸
8/15 午. 前書記와 여럿이 休息
 妻(많은 김 들) 日本이 天網에 被困中
后 논에서 논도리 (2리 못) 除肥 등, 草刈 施
 담배 ─── 6円 (도 담배)
 그리고 많은 물고인 도가리 ─── 기계로 이 맛없는
日 夜間 劇映畫觀覧 (天下泰平) 入場料 10円

사진 거의 무엇이 3장
7/17 晴 午. 新聞 만지 없
8/16 后 妻와 2人이 논도가리 농다 끝.
 夜間, 妻 同行 映畫 관람 25円
 관남주 1杯 마음 (人參주)

7/18 曇後晴이 맑았음. 사진, 무엇 가려서 肥料
8/17 (調合 ...)
 飯 4斗 (半) 도시 主人에 무, 배추 씨
 (大根) 播種 논에 (모종 15, 더 가는 도가리)
 后 논매기

7/19 曇. 새벽 부터 논두렁에 뒤쪽 도가리 畓耕 했는데 물
8/18 고르면
前. 畓耕後. 뒷머리 도가리 매기 完(논두렁매기完)

午后市場 妻 ◎ 白米 1斗. 45円 ~ 180円 受
支(고기 20. 雪糖代 20. 메리야스 10
150円 衣服費 70円. 鉉宇 25円, 其他 5円)

後. 兄이 被困해서 休息. 妻. 참기름 22合.

映畫觀覽 料 今日 재미 보러 가서

映畫料 25円

45.
30. 在來米 買
15
80円
15
95円

7/20 晴. 새벽. 新畓에 물봄.
8/19 前. 妻와 2人이 논도가리 (2번) 김맴.
后. 上의 2번 그의 아래 놓고. 親戚 妻家 完.
논물 넘었다기에 가봤으나 3日만에 ...

이발 6円

7/21 晴. 새벽. 親戚에서 做家活. (妻는 무 밭의 물줌)
8/20 前. 논도가리 完了하고 아래 1번 半 了畢
后. 위에서 아래 3번 中의 1번 完了

◎ 이제 ... 3도가리만, 머리 1번이 남은 셈.

7/22 晴. 새벽. 精麥 1叺. 5升半 ◎ 精麥 6月 20日
8/21 보리쌀 升. ◎ 參日 6升
5升5
11升5

논에 갔다가 물 꺼 올리고 ... 더러 ...
前. 妻와 2人이 논맴. 6번 畓耕 ~ 그의 半 了畢
后. 3번 畓耕 完了하고 뒷 논도가리 半 了畢
◎ 이발 今日 ~ 30円

7/23 曇晴曇 午前. 벼 말도가리 昨日 베다 남어지 베고
8/22 午後. 妻와 2人이 머리도가리 바자 베고 뒤 논 도가리 完了하고. 午后4時으로 논매기 完了함.

後 李씨는 참건너 논두름밭. 妻 천구지밭매고 午后에 [illegible]

○ 못(池) 물흘 補修하도록 15日 +5日 20日 [illegible]

○ 2:30時부터 보리물을 풀 대는데 터러 비는 模樣임.

7/24 曇 새전. 참건너 논에 둘러옴. 논두름 조금 비어옴.
8/23 午前. 大端히 무더운 날씨 였음

[illegible]: ○ 白米 1斗 45円 [illegible] 50. } 145円
콩나물 1斗 50円

支出 고기 30円. 라이타 修理 및 揮發油代 15円
성냥 其他 10円

后 오후 비가 온. 午后 조금 지나서 ○ 今日 21日 [illegible]이였음

夜. 親戚 親庭에 놀러갔음. ※ 참건너 논에 물꼬 (번쩍도가리)

夜間부터 始作하여 밤새 내도록 옴

7/25 雨. 今朝부터 繼續해서 비가 온終日 옴 處暑

后 비가 많이 왔으므로. 논에 둘러옴

○ 休息 밤새도록 비가 오고 물이 今年 더러 最高로 많이 옴

7/26 새전. 비가 개었으므로. 고기 잡으러 가서 조금 잡아옴.

午前. 논에 둘러 와서 다시 나가 新安 방천하고 2과 밭에 갔 [illegible]하고 옴.

后. 비가 불 1정 비옴.

夜. 今日도 在家치 않음.

비는. 7/24日 夜間 ~ 7/25 ~ 1晝夜 옴 물이 充分함.

7/27 晴. 午前 논에 들러서 논두룩 조금 비음.
8/26 午後 명당골 曾祖母 山所 拔草하고 옴. (尙秀와 2人)
夕 노개골 가서 꼴 1짐 비옴
妻 午後 몇짜 4日 만에 歸家함. 외 수박代 55,000 支拂 꼴 2짐

7/28 曇 午後 細雨 午前 休息
午後 共同墓地 伯父任 山所 掃墳하고, 강건너로 들러서 옴.
◎ 강건너 나락은 부리기 피기 始作함
夕. 앞산골 야거불 꼴 1짐 비옴 꼴 3짐

7/29 曇雨 午前中 제법 많이 옴 ◎ 黃土 물이 내려감
午後 염소 1頭 팔고 논에 들러옴.
夕. 위에서 德正里 是祖母氏 山所 拔草
해놓고 親友들과 가야담에서 돌아오니
自身의 修養이 必要함 言語에 再考하여 愼重히 할 것
◎수박 하기로 55,000 式
雜穀 發配 1,000式 52,000
△ 강건너 벼는 끝고 많음 △

7/30 晴 午前 논에 들러서 논두룩 조금 비어옴
8/27 午後 어머님 山所 拔草하고 꼴 조금 비옴 꼴 4짐
夕. 위에서 五代 祖父任 등의 山所 拔草함
가을 날씨가 쌀쌀해 가면서, 벼 농사의 結實이
◎ 利息 5,5 받기 ... 對해서 答書를 좋은 것.
尙敎 마가니 23,5 5,000

8/1 晴 새벽. 논에 돌러서 논두룸풀 좀 비움
8/30 前. 東山옷 빼딱골 가서 보리풀 1짐반 ◎ 精米 4斗
妻. 빼알래 풀 뽑음. ◎ 白米 ... 개기 1 6.8 − .4 = 6.4
后. 범골에서 보리풀 1짐반 ◎ 수日 풀 2짐
妻. 과 (가마과) 뽑음. 小計 풀 6짐
※ 相基에게 昨年비는 飯 먹고 (回答 부침)

8/2 晴 새벽. 논에 돌러보고 논두룸좀 비움 妻 무밭매고
8/31 前. 범골 가서 보리풀 1짐반
后. " " " 1짐반 과 심음.
풀 8짐

8/3 晴 새벽 마당에 묶힌풀 마주쳐 놓은것과
9/1 쳐에서 안감 (거름 되게)
前. 몸이 大端히 被困하여 쉬다가 고개밑앞 논에 돌러 논두룸 비음.
后. 眼鏡板子에서 쉬다가 앞밭 등에가서 풀 1짐
◎ 孫在德氏 보리씨 밭갈고 約 2斗半 풀 7짐
當家 담배 ~ 6원

8/4 晴后午雨 소낙비
9/2 새벽 소꼴 조금 비음 풀 10짐
前. 보리풀 1짐
彦陽市場 ◎ 몽니풀콩 5升3合 = 55원 = 275 / 2950
3升用 250 / 295 / 545

고기 10
메레치 14
공기름등 30
54

◎ 내린것을 웃감 545 / 510 / 35 / −54 / −19

后. 비가옴으로 소매나다가 와서
풀 조금 비음.

8/5 丙辰 陰後晴 前: 쉬여서 고기 잡어옴

9/3 仁川市場 ① 白米 3升. 明太足紙 ~ 2升. 5010 前借正

残 ~ 40 圓

高陽米商 ~ 1升. ~ 45 圓

支出 ~ 11 ...

85 圓

11

残 74 ...

后: 논에 둘러와서 머리房 壁紙 바름

① 新聞에 2등에 이었으므로. 오가리 걸러 놓은 것

벼가 한창 피여 나는데 꽃이 비가 개운치 마다 나오고

있음에도 不구하고. 비가 자주 오니 趣情이 좋다.

8/6 丁巳 사천. 昨晩에 비가 継續하므로

논에 가서 그리고 물꼬 논에 논둑 修理하고

참건너 논에 둘러옴

前: 머리房 壁紙 바름

后: 논에 가서 (참건너) 논두룩 비고. 쉬어 놓음

8/7 戊午 사천. 머리 도가리 나락 좀 위기 놓고 그리고 굴욕천

9/5 두룩 베음.

前: 쉬여서 신방석 1枚 만듬.

后: 休息

① 벼가 다 피었는데 長霖이 継續되므로. 憂慮됨

8/8 己未 사천 休息

9/6 前: 고개 밑 앞 그리고 도가리 석가지 쳐나가 나락 위기

后: 쉬여서 새끼 꼬기 始

妻: 工夫 떠남

8/9 庚申 사천. 참건너 논에 새 보러 갔다 옴

9/7 前: 참건너 가서 새 보고 논두룩 풀 베고

妻: 高陽市場 出 ① 白米 4升. 45 = 180 圓 收

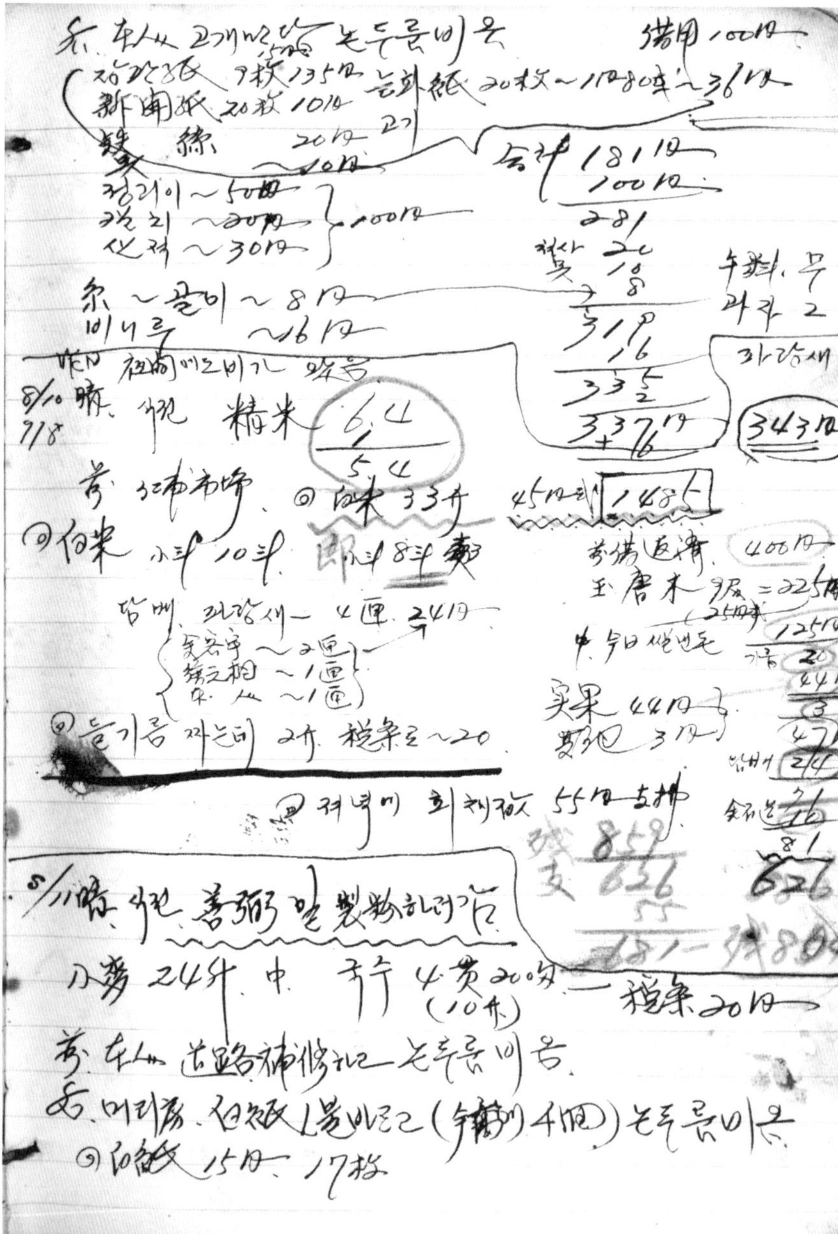

借用 100圓
新聞紙 20枚 10圓
合計 181圓
100圓
281
8/10 晴、 精米 6.4
1
5.4
白米 3.3升 45圓
白米 小斗 10斗
實果 44圓
8/11 晴、
稅金 20圓
白飯 15圓、 17枚

8/12. 晴. 식전. 錢浦 午後 交에 갔었음 ⓞ白米 2升.
9/10. 后. 故家하며 머리房 잡았나봄. ⓞ감자 3升 [illegible]
后. 잡건너 耕拔取하고 — 仁寺 가서 毛筆 1本 買 6원주고

8/13 陰 식전 방아 찧어 대고 — 5斗 해나 놓고
后. 新舊 나락 위기로 1斗 더 지고가서 방아 찧음.
ⓞ 3石 6斗 白米 — 3斗 4升 ~~4斗~~ 起 — 3升 4合.
4斗 + 1斗 + 1升
ⓞ [illegible] 3石 5斗 5 [illegible]
后. 방아 집에 해다 놓고 — 논두 둔비음. 담배 6원
머리房 놓지 마라. ⓞ 粃糠 4升.

3斗代金 合計 5[illegible]0원
8/14 陰雲 雨 식전 粃 1斗 해다 놓고
后. 粃 2斗 시러다 賣渡함.
1斗當 代金 1930원 — 稻 46[illegible]
(조기 ~ 20 담배 — 610
메러치 ~ 10
우산 ~ 20 今日 支出 560원

8/15 雨 秋夕節임 (終日이가 내려옴)
9/13. 終日 [illegible] 絶休 [illegible]

8/16 雨 식전 소매 [illegible] 后. 몸이 被困함으로 잠으로서 쉬었음
午后. 개임 (晝天이나 보이는 개임)
ⓞ [illegible] 宅 問喪 賻儀 后. 上里 ~ 錢浦 ~ 仁寺
20원 ~ 是 5원
神院에 故家함 今日 45원 — 支出

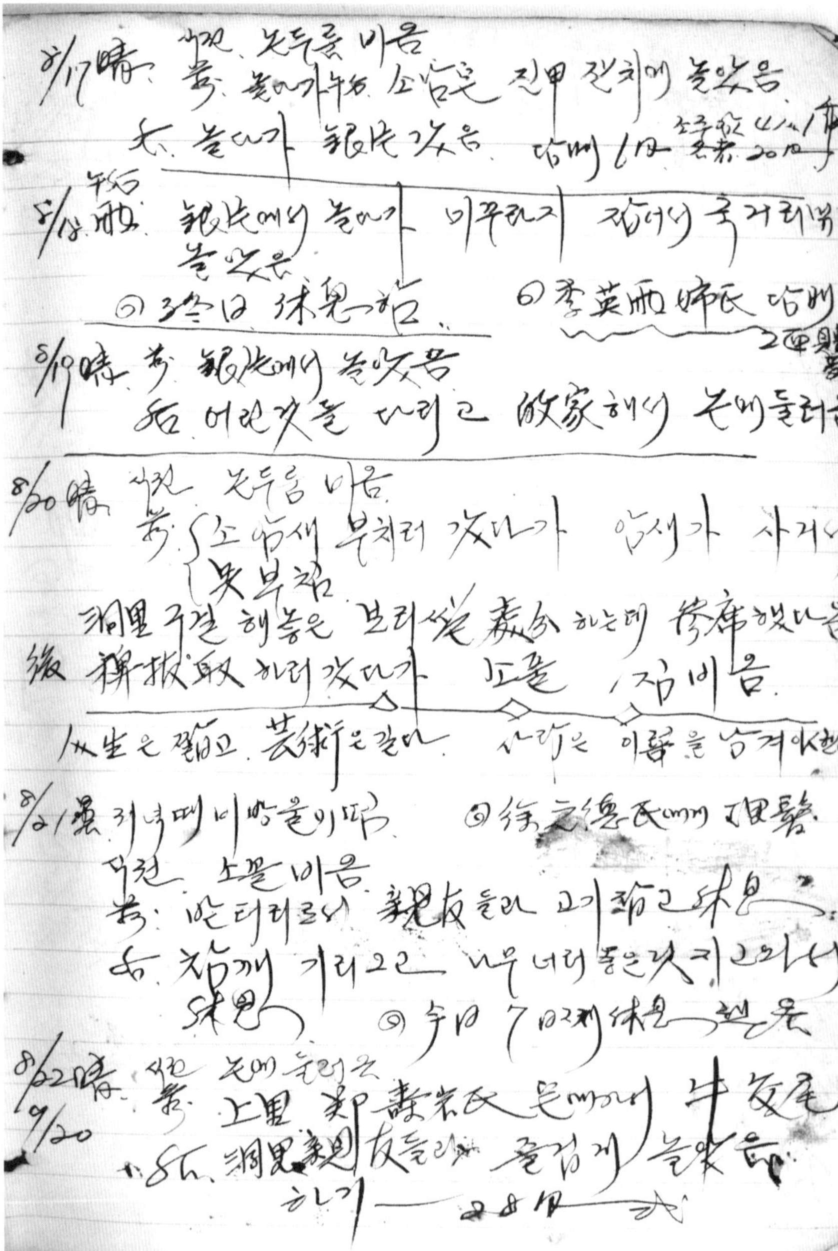
8/17 晴. 새벽. 논두렁 비음
前. 놀다가 午後. 소낙은 진甲 잔치에 놀았음.
夜. 놀다가 銀行 갔음. 담배 1日 ... 20日
8/18 雨 午後. 銀行에서 놀다가 비쭈하지 않아서 ... 놀았음
◎ 3冬日 休息게 됨 ◎ 李英雨 姉氏 담배 2...
8/19 晴. 前. 銀行에서 놀았음
後. 어린것을 다리고 ...家해서 논에 둘러옴
8/20 晴 새벽 논두렁 비음
前. 소 앗새 부치러 갔다가 앞새가 사거서 못부침
洞里 구걸 해놓은 보리쌀 ...하는데 參席했나옴
後 ...하러 갔다가 ... 비음
人生은 짧고 藝術은 길다. 사랑은 이룸을 남겨야 한다
8/21 雲 저녁때 비방울이 떨어짐. ◎ 徐之德氏에게 理髮
새벽 소꼴 비음
前. 밭터리로서 親友들과 고기잡고 休息
後. 저녁께 가려고는 너무 너머 좋은것 ... 休息
◎ 今日 7日째 休息 됨
8/22 晴 새벽 논에 둘러옴
9/20
前. 上里 鄭壽岩氏 댁에서 牛交尾
後. 洞里親友들과 술먹게 놀았음
한개 — 2日 —

8/23 晴 아침 [illegible] 비옴.
9/21 前: 仁浦 [illegible] 夫役에 [illegible]
後: [illegible] 終結 [illegible] 40円

8/24 晴 아침 仁浦 [illegible] 申請 [illegible]
前: 鐵道 [illegible] 50円
後: 鐵道에 [illegible]

8/25 晴 비가 오므로 [illegible] 仁浦 [illegible]
9/23 [illegible] (午後) [illegible] ~20円
◎仁浦市場 [illegible] 白米 2斤 45円 = 90円
[illegible] 108円 運動会 [illegible]

8/26 晴 아침 [illegible]
前: [illegible]
9/24 後: ◎ [illegible] 4 [illegible]
[illegible] 2[illegible]

8/27 晴 終日 [illegible] (洞[illegible])
[illegible] 어제부터 大[illegible]) [illegible]
9/25 ◎ [illegible] 11[illegible] 24[illegible] } A. 3 [illegible] 12枚

8/28 晴 아침 부터 [illegible]
9/26 前: [illegible]
後: [illegible]

8/29 晴 午前 先애들하고 (新陽에 가 도라왔다)
7/27 午: 陽山那 石溪에 向롤 갔다 왔다
午后 收穫하고 東乾 ~ 33리 往復

回 지에서 持參金 男泰儀 50 — 66円
150円 당시 6
122 56 + 66 = 122円
34

◎ 新米 (1升)

8/30 晴 午前 先에가서 놀았다 밤에 1升씩 주다.
7/28 晴 午后 仁村市場 回 오는 共販에 出荷

特等 490匁 價格 504円 = 246.96
下등 50匁 〃 39円 = + 1.95
回 白米 3升 45 = 135円 ◎ 248円 受 248.91
尚米 〃 (約2升) 45 135円 收入 383円
臭激靴 (約2升) 25 105円 383円
糯米 〃 30
慶王 〃 (〃)
이 7L — 5足 = 20円
정리비 ~ 2足 = 30 55 实果 ~ 15円 280円
까마귀 ~ 1足 25 매려라 ~ 10円 8
在木 5股 100円 B.H.C 8円 40
肥料 400 328

9/1 晴 午前 조합 ... 천안에 갔다 왔다
8/30 斗西 學校 校長 ... 觀覽
活動 15円 + 白粉 母子 10円 = 45円
... 20円
午后 在쪽에 收穫하고
今日 회계 — 仁村 學校 40円
金永完 金주 48円
吳巴長 — 18円 ...
相談 얻기 바라 (藥用) 76 + 21 = 97円

9/2 晴. 새벽 ~ 늦게 까지 잠이 깨지 않어 해 도달
무렵에 볶음 후 22시잤

曾祖母任入祭. 午. 모개빤았음 논두룩 2시비고 수끼 아언
것처음

◎울에왔서 後 고지 3평 나리는 고기 잡었음.
今年에 B.H.C 3封度叩 3封 撒布始.

9/3
10/1 晴 새벽 [illegible] 1시끼음.
午. 지개 고치고 "시나 次바" [illegible]
播種始

后. 오후 무밭에 22개구이 [illegible].

9/4
10/2 晴. 새벽 무밭 오후 22개구이 [illegible].
午. 정오을 미 무밭에가서 草 1시비고
后. [illegible] 1시 비웁고 午前에 [illegible] 치고음.
夜間 3/2時 映画觀覧次 갔니까 上映치 않으므로 도로 옴

9/5 晴. 새벽, 나락 精米 3斗 ◎白米 [illegible] 斗
旧穀 [illegible] 6斗 [illegible] 8斗 [illegible] 斗

후 22시 잠
午. 3/2時 市場 ◎白米 5斗 + 2斗 = 7斗 2合
以當任 1,920원
+ 765
2,685원 賣渡 2690

外上 1,000원 (木代) 石
外上, 洋담, 까리약 68원 済 200

后 做家해서 보리를 가서 [illegible] 1시 비음. 外 [illegible]
德 [illegible] 따와서 가당고음 공책 — 10원 2490 / 2465
[illegible] — [illegible] ~ 40 — [illegible] 20원 2690 / 240 / 2450원 [illegible] 2445

旧米 現金代 追加 4斗 37升 餘 5斗 賣渡 [illegible]

9/6 曇 식전 재넘어 풀(草) 1짐 걷어 치고 옴(乾)
10/4 前. 마거불 조금 베어 옴. (비가 [illegible])
后. 호동 [illegible] 麥 30원 [illegible]

9/7 晴 식전 오순 1자구이 [illegible]
10/5 前. 3차 同窓会 參席 40원
后. [illegible] 20원 [illegible]

9/8 晴 식전. 창건너 못 [illegible] 보래 1짐 치고 옴.
10/6 前. 창건너 도구나락 보고 옴
后. 소불고 [illegible] 도구 치고 옴.
[illegible] 보리씨 바꾸어 [illegible] 300원.

9/9 曇. 식전. 몸이 被困해서 늦게까지 자고. 소등구 [illegible]
前. 아래 3단 못 가운데 도구 쳤음
后. 위 3단 못의 가운데 도구 치고 풀 조금 비옴
담배 [illegible] 6원 1갑 購買

新米

진생 高峰 1斤 1斤 [illegible]

9/10 晴 식전. 무논에 오순 2자구이 [illegible]
10/8 前. 재넘어 草. 1짐 무겁게 비옴
后. 上실 道路 [illegible] 갔다 옴

담배 10원

◎ 白米 1升. 46원 메러치 10 [illegible] [illegible] 130 [illegible]

◎ 木花 [illegible] 사이

9/11 晴 식전. 들깨 찌고 옴(切)
前. 공날대로 창건너 도구나락 1짐 걷어치고 옴
后. 창건너 도구나락 걷어치고 와서 [illegible] 뽑음

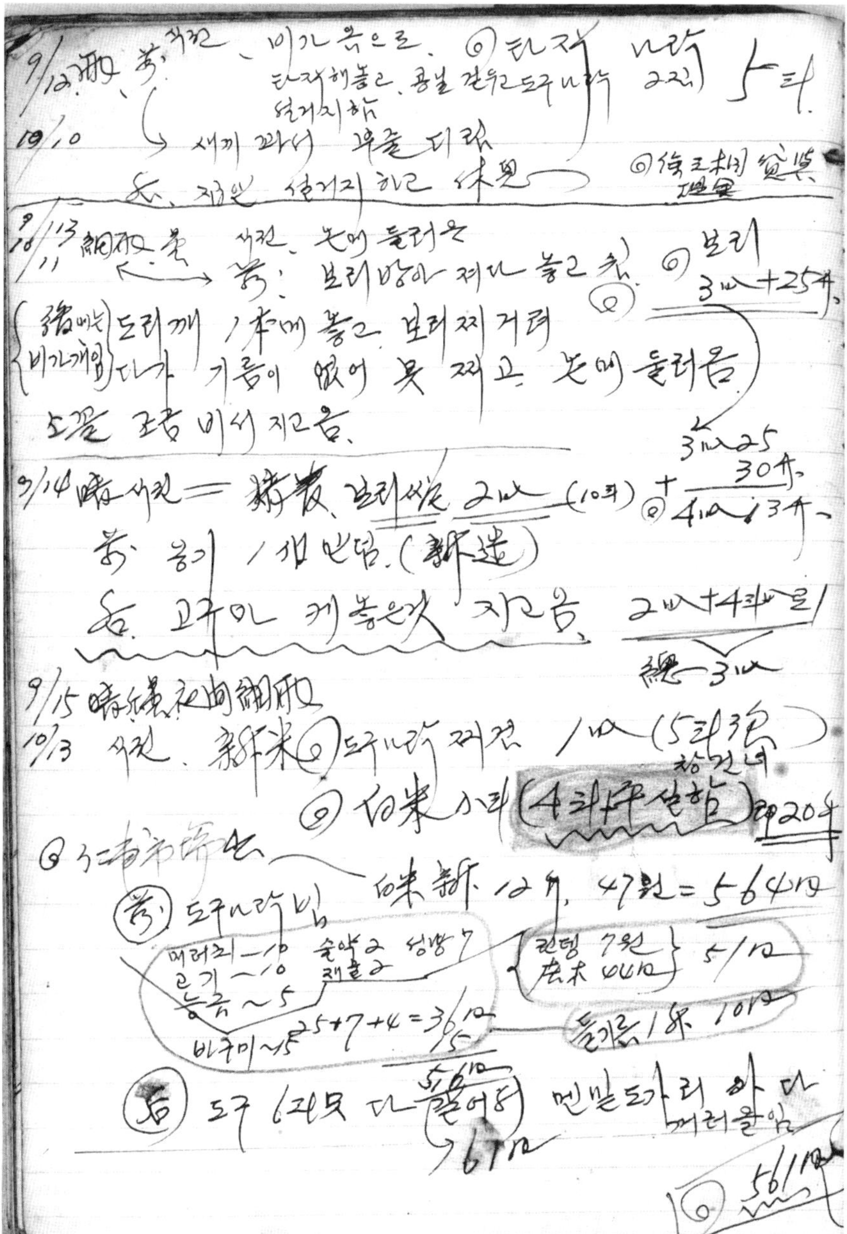
9/12 10/10 雨. 前. 사전, 비가 옴으로, ◎ 탈곡 나락 5되
탈곡해놓고, 공불 걷우고 도구나락 2가리
설거지함
→ 새끼 꼬아서 [illegible]
后. 지붕 설거지 하고 休息 ◎徐王相 [illegible]

9/13 10/11 雨 後. 사전, 논에 둘러옴 ◎ 보리 3斗+25升
前: 보리방아 찌나 놓고
(점심에는 비가 개임) 도리깨 1本에 놓고 보리 찌거려
다가 기름이 없어 못 찌고 논에 둘러옴
오후 조금 비서 지고옴.

9/14 晴 사전 = 精麦, 보리쌀 2斗 (10되) 3斗25 + 30升 ◎ 4斗13升
前 풍기 1개 만듬 (新造)
后 고구마 캐 놓은 것 지고 옴. 2斗+4되
總 3斗

9/15 10/13 晴 後 雨. 사전, 新米 ◎ 도구나락 찌검 1斗 (5되 3合)
◎ 白米 [illegible] (4되 [illegible]) 20升
◎ [illegible]
白米 新 12升, 47원 = 564원
前 도구나락 [illegible]
머리끄 ~10 술약 2 성냥 7
고기 ~10 재료 2
[illegible] ~5
바구미 ~15 25+7+4=36
[illegible] 7원 [illegible] 51원
들기름 1升 10원
后 도구 [illegible] 다 [illegible] 61원
◎ 5611원

3/16 晴. 새벽, 도구나락 비러가서 조금비다가
너무 추워서 일찍 옴
前: 新畓 도구나락 비다. 도비다가 거러 22점
後. 新畓 도구 침. ◎ 今年最初의 추위임

3/17 晴. 새벽, 마늘 까었음 (老隆) [들깨 지그릇]
大端히 추운 날씨임.
前: 거름 4바리 3짐 (開始)
後. 거름 4바리 4짐. ◎ 今日 8바리 7짐

들깨 9升. 強.

3/18 晴. 새벽, 마늘 까었음. 6짐.
前: 거름 3바리 } ◎ 今日 7바리,
後 " 4바리 } 合計 15바리.
◎ 수씨 알 15升 ◎ 굴건 마늘 터침. 3升
◎ 6대못 도구나락 3홉기 + 3짐

3/19 晴. 새벽, 도구나락 다 찧었음. 찰나락 ~12, 敎 8 斗, 큰나락 12斗 } 12
前: 老隆 거름 3바리 실었음.
後. 老隆 " 3바리 실었음. 6바리 6짐
合計 21바리
◎ 高霊市場 (妻)
海魚 2,200円 메러치 ~10
◎ 붕농이 (苗木) ~1,400円 이까 갈치 ~25 전꺼리 ~20
열합 ~18 조 (藥煮 1斤) 10
◎ 소이가리 ~ 160 實果 ~12 누룩 ~5 호롱 ~5
◎ 다래 ~ 300 배추 ~10 두부 ~10 ~10
◎ 달걀 6개 — 40 240 대조 ~5 藥 ~20
오징어 ~5

9/20 晴 [illegible] 나락 찌걸 準備해 놓고 논을 쳤음.
午后, 참건너 나락 마자 비고, 新畓 변밭 도가리 비어 놓음.
◎ 李英雨 부탁해서 2개이 빌림.
◎ 精米結果 ◎ 白米 메나락 ~ 7斗 ... } 小斗
◎ 찰벼 〃 〃 ~ 1斗
◎ 찹쌀 〃 ~ 1斗
合8斗

9/21 晴. 새벽 製粉해옴 멥쌀 7升 } 計 20升
10/19 前: 新畓 찰벼 1되 찹쌀 1升
찰떡 2升.
后, 위 방상구 다비기 完了하고, 밑 배상구 머리 도가리 조금 비다가 도구 나락 걸어옴
※ 도구 나락 조금씩 3간 新畓 걸어 재놓음

9/22 晴, 새벽 논에 올라서 新畓 머리 도가리 마자 비놓고
10/20 1자 재놓음.
前. 文家 까재 논 보다 왔음.
后. 新畓 妻와 2사이 변밭 2도가리 남기고 다 비놓고 참건너 나락 첫머리도 걸어 놓고

9/23 曇 새벽. 메물 비고 나락 新畓 변밭 도가리
10/21 비고. 나락 1자 재놓음.
前. 참건너 논도가리 다 걸었음.
后. 참건너 일찍 다 걷고, 新畓 나락 마자 비고.
◎ 和胡에 비가 멎었을 때 마른 벙개가 쳤다. ◎ 雪糖 [illegible]

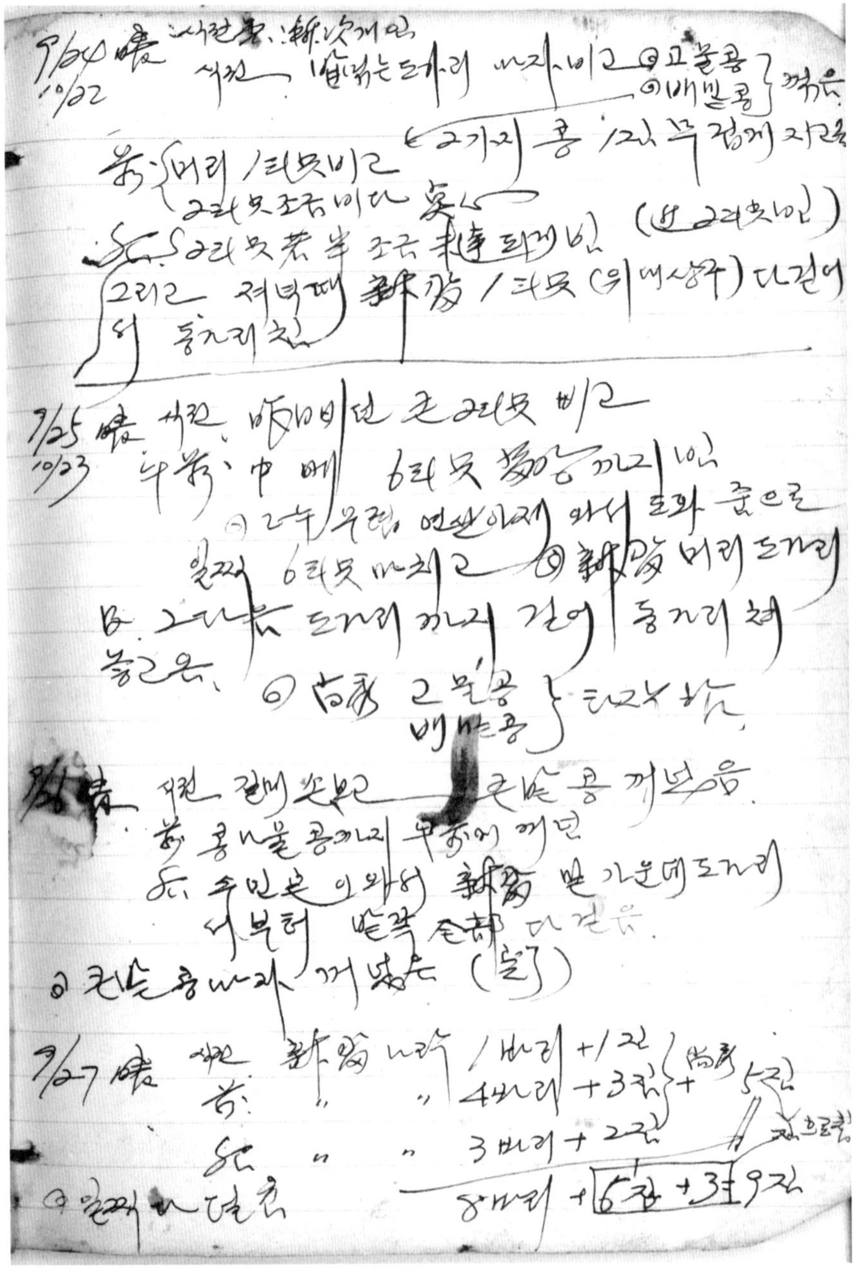

7/24 晴
10/22 새벽 ... 비고 ① 고불콩 ② 배반콩 꺾음
② 2가지 콩 1말 ...
午前 1되 못 비고
2되 못 조금 비다 ...
午後 2되 못 ... 조금 ... 비임 (약 2되 못 비임)
그리고 저녁때 新穀 1되 못 ... 다 걷어서 둥거리 침

7/25 晴 새벽 ... 2되 못 비고
10/23 午前 中 베 6되 못 ... 비임
① ... 와서 ...
일꾼 6되 못 ... ② 新穀 비리 도가리
B 그다음 도가리 ... 걷어 둥거리 쳐 놓은 ...
① 尙有 고불콩 배반콩 ...

7/26 晴 새벽 ... 콩 꺼냄
午前 콩 고불콩까지 午前에 ...
午後 ... 新穀 ... 도가리 ... 全部 다 걷음
① ... 콩 ... 꺼냄 (完了)

7/27 晴 새벽 新穀 나락 1바리 +1짐
午前 〃 〃 4바리 +3짐 + 尙有 5짐
午後 〃 〃 3바리 +2짐
8바리 +6짐 +3 = 9짐
① 일꾼 ...

9/28 晴. 새벽, 昨日 비가 와서 中止했든 것 ... 하고
10/26 ... 콩 ... 콩 半種 하고 ...

夜, 老人 콩을 ... (콩 ... 콩 ~ 2 ...
白大豆 ~ 6 ...)

... 나락 동가리 ... ◎ 今日 ... (...
...) 해서
나락 ...

{ 마리 1 ... ~ 2
... 도가리 (2 ...) ~ 3
아래 1 ... ~ 2
... ~ 2
그 ... ~ ... ~ 1 } 10 ...

※ 今日 5 ...

殘 ~ ... 것
{ 변 ... 도가리
그 위 ~ 3 ... }

9/29 晴. 새벽, 老人 ...
10/27 夜, ... 하고, 妻, 나락 3 ...
변 ... 도가리 ... 나락 ...
... , ◎ 今日 ... (3 ...) / 동가리
◎ 都合, 1 2 동가리 ... (차나락) 변 ... 도가리 / 동가리

10/1 晴. 새벽, 고개 ... 老人 ... 뒤 ... 昨日 ...
10/28 夜, 물 ...

堆肥 ◎ ... 約 20K ... (... 11 ... 半 ...)
으로서 ... = 1/2 ... 해서 ...
◎ ... 더 써 ... 거름 ...

全體 ... 으로 ...
... ◎ 白米 2升 ... = 9510 ... 10/17 ...
借用 ~ 7000 ... 肥料 ... 8/7日
◎ ... 肥料 ... 거름 ...

10/2 晴, 새벽, 老人 ... 보리 ...
10/29 ◎ 堆肥 ... 調合 ...
... 22 ... K (半 ...) (無 ...)

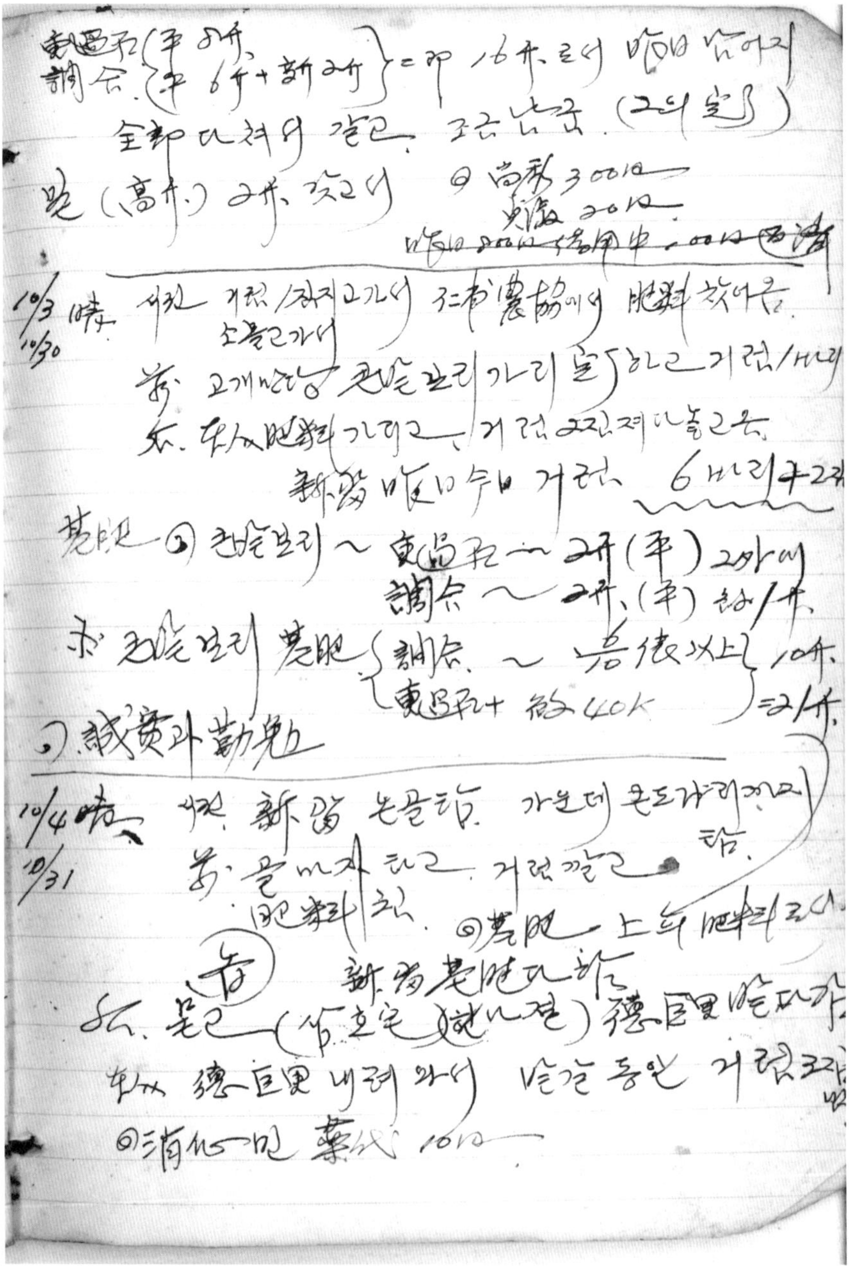

東邑孔 (牢 2升
調合 (牢 6升 + 新 2升) = 計 16升 로서 昨日 앞어지
全部 다 쳐서 갈고. 오늘 남음 (그의 定))
豆 (高木) 2升 갔으나 日當 300원
外出 20원
~~昨日 200원 借用中 100원 返濟~~

10/3 10/30 晴. 아침 개천/장자고가서 仁川 農協에서 肥料 찾아옴.
소돌고가서
午. 고개밭의 보리 갈기 完了하고 거름/바리
夕. 午後 肥料 가지고, 거름 2짐 져다 놓고옴.
新屋 昨日 今日 거름 6바리 + 2짐

堆肥 — 日 보리 ~ 東邑孔 ~ 2升(牢) 2바리
調合 ~ 2升(牢) 合4升

不 보리 堆肥 {調合 ~ 普通以上 / 東邑孔 + 約 40K} 10升 =24升

日 誠實과 勤勉

10/4 10/31 晴. 아침 新屋 논골 가운데 논도 다려갔고 옴.
午. 글 베자 하고 거름 깔고 옴.
肥料 치고. 日 堆肥 上의 肥料 드니
新屋 堆肥 다 함
夕. 보리 (나는 宅 (道 나 갈) 德巨里 밭 다가
午後 德巨里 내려 와서 밭갈 몇 거름 조치
日 消化 ~ 日 藥代 10원

10/5 曇 [illegible] 午后에 비가 제법 옴. 사친. 거름 져 내고 비 설거지 함.
11/1 前. 德[illegible] 밭 보리 고추 밭 하든 곳 갈고 그 [illegible] 때기 [illegible] 놓고 거름 내 놓은 데로 가려 놓고 비가 옴으로. 끝結 못 함.
◎ 配合肥料 조금 [illegible] 옴.
后. 새끼 좀 꼬고 休息 함.

10/6 曇 11/2
사친. 休息
前. 木花밭 가려서 끝지리고 거름 1짐 내어 보리 갈고.
后. 비가 옴으로 休息

10/7 曇 11/3
사친. 논에 물 대고.
前. [illegible] 新에 [illegible] 갔다가 東里 洞親友들과 仁市에 終日 愉快히 놀고 黃昏에 歸家 함
后. 歸家 했음.
◎ 煙草代 48円

仁市市場 [illegible] 4斤 ~35円 = 140円
◎ 尙[illegible] 洋服 一着 ~300円
◎ 尙[illegible] 洋靴 60円
◎ 柿 1접 60円
◎ 메리야스 ~10円
130円

(反) 靴 {50円 [illegible]靴 / 3켤레 15円 [illegible]} 100円 以上

收入 140
支출 130
以上 100
借用 20

10/8 晴 11/4
사친. 永川 孫東吉氏 전송차 ~30円
前. 고개 밑 밭에 가서 [illegible] 서 있는 것 [illegible] 新[illegible] 보리는 도구 치고 도랑 옴.
后. 들에 가서 조금 끝내고 1짐 주워다가 [illegible] 놓고 나락 머리 도가리 3바리 실었음.
3바리 + 3짐인데 마지막 바리는 1바리 [illegible]

298円
140
不足 158円

250円
48円
298

10/9 晴 11/5
사친 1바리 (2짐) 1짐
前. 4바리 (4짐)
后. 1바리
6바리 + 5짐

앞 걸 새[illegible] 나락 2바리 실었음 (2짐)

10/10 晴 사진. 참건너 1바리+1짐
11/6 尙秀 [illegible] 旅行 旅費 120円——.

(내용.
車費 300
宿泊 350
中食 60
雜 50
旅費 100
880)

午 3바리+2짐 } 7바리+4짐
后 4바리+2짐

10/11 晴 사진. 참건너 나락 1바리 묶고 1짐지고 옴.
11/7 바다의 후로 사진은 서리가 하얗게 왔음
午 고개만당 나락대려. 위 1斗모(벌 3斗모中의)
3바리+2벌 1바리
班田宅 조 3바리

后 차나락 2바리+2짐 7바리+3짐 } 9바리+5짐

今年度 { 위 3斗모 9바리+8짐
벌 〃 〃 9바리+5짐
참건너 ~ 11바리+7짐
新畓 3斗모 8바리+9짐

10/12 曇 사진 新畓 보리 가려 놓은데 순절함.
11/8 午 타작함(徐兄) 打作 마치 놓고——
后 ① 차나락 8斗 (안대두 2叺)
② 벌 3斗모中의 1斗모 (〃 〃 3叺)
③ 참건너 (〃 〃 1叺+2斗)
③ 저녁에 비 방울 나림. ① 尙秀 旅行으로부터 歸家함.

10/13 晴 사진. 밤깨에 가렸던 나락 저대려서
11/9 打作함. 6斗모畓 (2포가리)
※ 2石1斗.

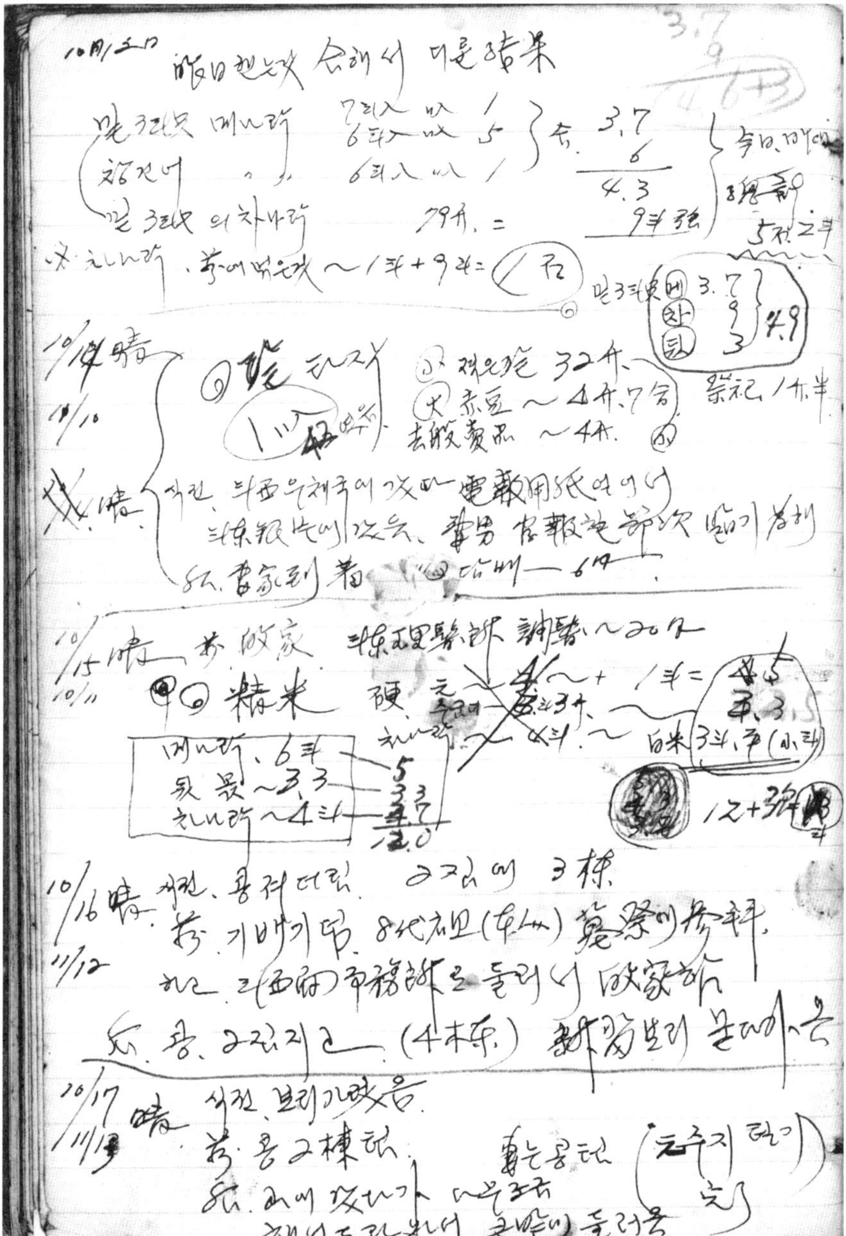
10月12日

10/14 晴

10/15 晴

精米

10/16 晴

10/17 晴

◎ 白米 20升. 代 41원式 ~ 820円
◎ 3·1事[illegible] ◎ 콩 3升 31円式 90円
~~11/1 (日)~~ 外上 前借返. 900円 數 910
~~◎ 차비 [illegible] 外上~~ 계란 ~5개 15円
◎ [illegible]衣 ~3벌 ~100円 ~~250円~~ 收 925円
~~[illegible] ~30円~~ 支
◎ 깨러리 ~10 / 찡파이. 조기 ~40 / 사과 ~15 [illegible] 10 / 實果 15. [illegible] 문종이 ~2円 [illegible] ~2円 93円 94円

10/18 晴 사전 마늘밭 가러서 물질러 놓으는
11/14 [illegible] 거름 2짐 진 연에 / 짐 3짐으로 [illegible]
씨는 심은.
◎ 도리깨 / 束 [illegible]
ST. 동거리 / 집해온 ◎ 조[illegible] / 다 주워 너 던지는
◎ 苗床 11원 준

10/19 曇 때로는. 가랑비
11/15 사전부터 [illegible] 누고 [illegible] 늦게까지 [illegible] 까지
고개 너머 [illegible] ◎ [illegible] 石 2斗 [illegible]
써 [illegible] 10 [illegible] [illegible] 3斗
◎ [illegible] 氏와서 도와줌 [illegible] 더 넣은 [illegible] 石 5斗 [illegible]

10/20 曇 [illegible] 해서 [illegible]
11/16 고개너머 [illegible] 3斗 [illegible] 3斗 [illegible] 해서
10.2 / 6.2 / 4.2 / 20.6 10石 2斗 [illegible] 해서 두지에 다 넣었음
5 [illegible] ◎ 콩 [illegible] 4斗 [illegible]
(24.1) ([illegible] 1[illegible] [illegible]콩 4斗 / 콩 9斗) (18斗)

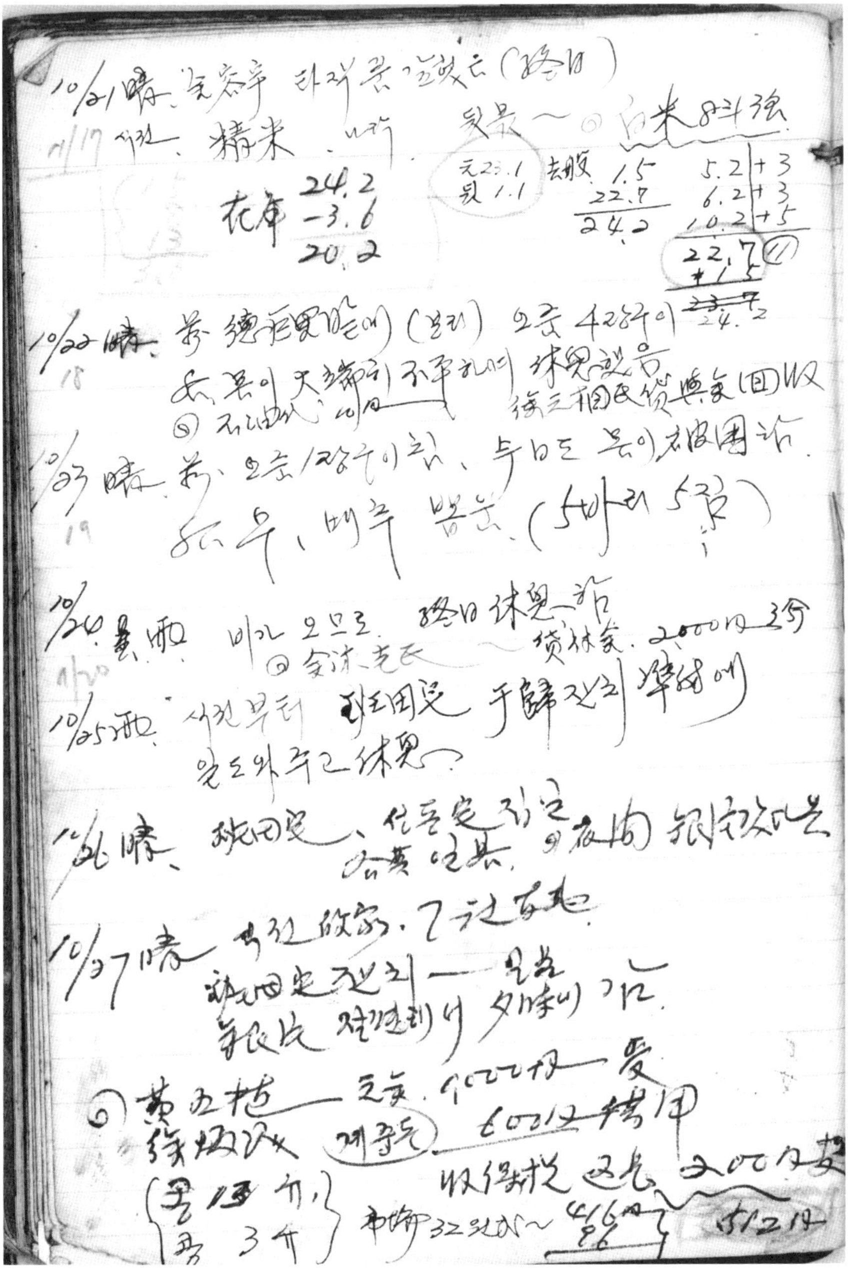

10/21 晴

精米

10/22 晴

10/23 晴

10/24 曇雨

10/25 雨

10/26 晴

10/27 晴

◎저녁에 銀行에 갔음. 父 결혼해 걸머지고
현찰에 — 50만원

10/28 晴. 妻家에서 일봄. (終日)　◎見眷禮 2017. 3. 25 註 를 받았음
진지 準備.

10/29 晴. 妻男의 宅內. 手歸 하고서 진지에 일봄.

10/30 雨. 早朝부터 終日 비가 옴
신부집에 奔走했으나. 妻男와서 일을 보기에 좋은 雰圍氣에서 일봄.

11/1 晴. 車便으로 歸家함. 車代 ~ 1만원 — (妻家金)
오후 1시 지나고 논에 보리 둘러 보고 옴.
午. 재래씨 훑어서 소금 뒷산에 갔음. 옴
夕. 늦게 도라올때. 나무 2束하고. 살짝 외대 해와서 나무가 열거니 났다.

11/28
11/2 晴 작천. 오후 3 광주이차
午. 재넘어 나무 1짐해옴

◎현금 9升. 30만원 ~ {27만원 10만원} 合해서 外土 갈음
재에 借用했든돈.

11/3 11/29 晴 작천 오후 3광주이 (덕정)　父. 현금 33萬貫
午. 上里 정오에 門表 4만원 (도비) 10만원
夕 收家 못. 갔다 못했음.
妻. 무엇을(?) [illegible]

11/4 晴. 작천 오후 2광주이차 (큰구데기 밭)
(德-巨里. 大花峴 外 金新丙)
前夜中 宅 穀數 15斗 [illegible]　美路 16年 一[illegible] 262元.

妻. 김장 했음.
夜. 눈비 1次 내렸음.

11/5 晴. 午後 → 눈비 1次 내렸음.
10/1 終日 会款 했음
日暮後. 銀行 갔음. 車費 50円.
黃南植氏로부터 利子 160円 受領했음.
殘 50円

11/6 晴. 終日 銀行에서 妻男이 갔이 옴
10/2 崔秀九氏에게 소 飼育依賴 現時価 15,500円
送別金. 100円 支拂. ◎ 小 2年 1枚 ~ 10円

11/7 晴. 午後 면정 故家 하기 2층 2부채
10/3. ◎ 妻男 면정 故隊 하는데 送別하고 옴.
終日. 눈비 내렸음.
仁川市場 ◎ 白米 7升. 41円 = 287
外上 內衣 3벌까지 + 尚考 外上 160円

사기 또 찾아다 갔다옴
11/8 晴. 妻 메주 쑤음 20斗.
鳳溪市場에 越冬 소(牛) 利益配當으로 支拂하고 왔음
10,500円 時勢는 있음. 16,000円 支拂
◎ 제삿게 故家 行 場하기 20円 滿1年 飼育함
◎ 제사 회의 15円 ...

11/9 晴 暖手 助 ... 外(出)나감 1斗 갖고 갔다 옴
는 모로 갔음. (밤지 ... 으로로)
10/5 客人 오는 영계 ... (3)) 合10名
... (1) 十五名半)

11/10 晴. 사건. 오후 12월 [illegible].
10/6. 前. 새(秋分)日. (22日 3號)
后. 명개 3L 날 [illegible] 小計. 7L 날.

11/11 晴. 사건. 새끼 조금
12/7. 前. 명개 3L 날 그거 날을 [illegible]
后 명개 1L 날 드리고
합 小計 11L 날.

11/12 晴. 사건 새끼 [illegible]
12/8. 前. [illegible] ◎ L 날 2以 買上 1叺
糠肥 1叺
[illegible] 1[illegible] (30円)
后 [illegible] 날
[illegible] (15円) 代金 [illegible]
收入 — 45円
{ 재봉 — 15円 + 1円
상당 ~ 10円 [illegible]
[illegible] ~ 10円 }
L 날 [illegible] ~ 60円
[illegible] 1[illegible]
[illegible] 以當代金 84.3[illegible]
30円 [illegible] 肥料
無償 [illegible]
[2[illegible] ~ 80円 [illegible]]

◎ L 날 2以 精米 [illegible] 12 되 3號
[illegible] 20.2
1 手數料 (牛)
20.1. 水[illegible] 3斤.
20.1 5斤.
1.2
18.8. 5斤.
[illegible] 買上 17.8.
사건

11/13 晴. 명개 [illegible] [illegible] [illegible]
前. 사건 [illegible] [illegible] 3L 날 [illegible] 16[illegible]
后 명개 ~ 2L 날
[illegible] 가능거리 22[illegible].

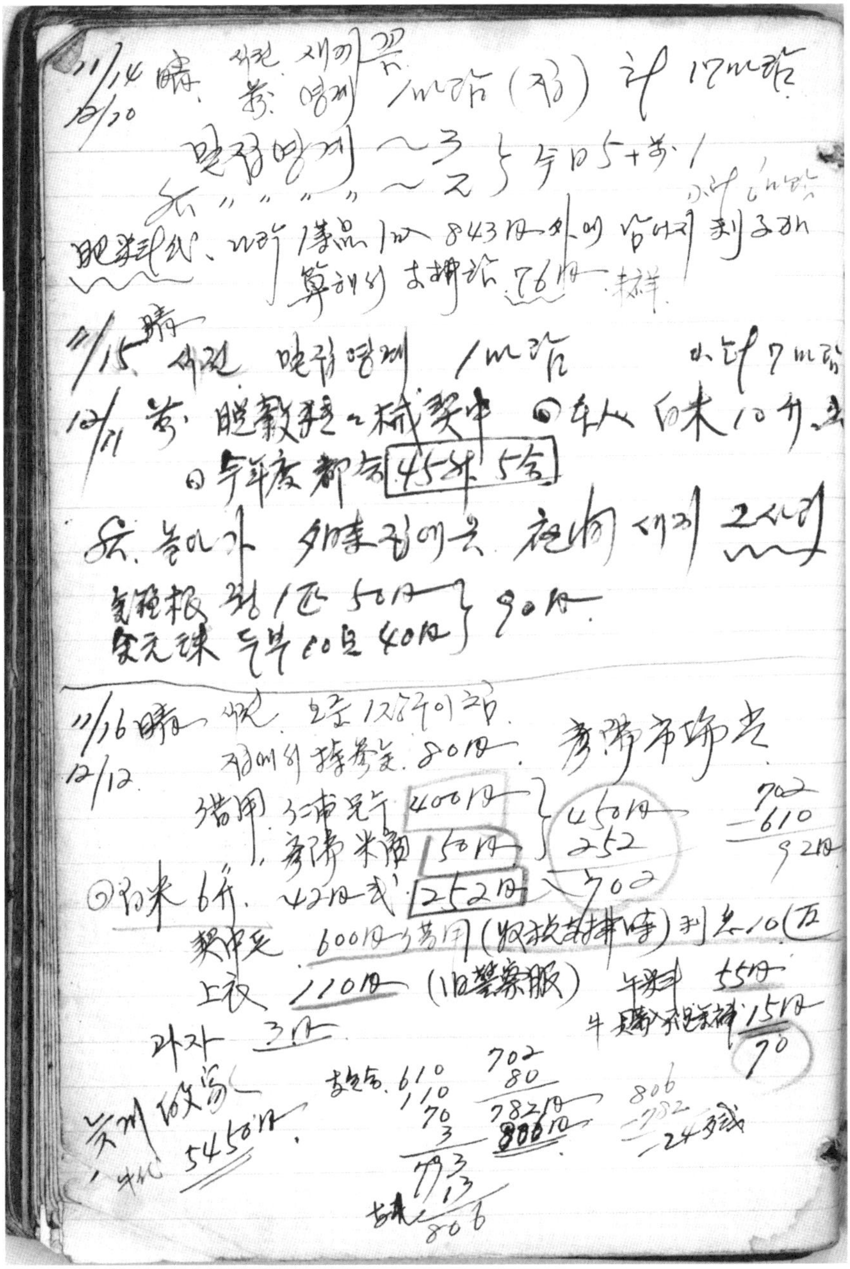

11/17 晴. 새벽 休業
12/13 朝 명태 4마리
午 〃 〃 7마리 小計 11마리
◎ [illegible] 2升 ~ 60円

11/18 雨. 終日 別로 할일 [illegible] 休業 [illegible] [illegible] ~ 20円
가루[illegible] ~ 20円
[illegible] ◎바지 [illegible] ~ 60円 10円
메러치

11/19 晴 새벽 새끼줄
12/15 朝 명태 3마리
午 〃 〃 2마리 小計 17마리

◎ 今日 新聞代 ~ 30円 支拂
家에 [illegible] 片紙 [illegible] [illegible]

◎ 今日은 近來 [illegible] [illegible] 終日 [illegible]
쓰고, 氣分 없는 하루를 보냈음. 몸이 不和 [illegible]?

11/20 晴 새벽 명태 1마리 小計 18마리
12/16 朝 [illegible] [illegible] 12시 [illegible]
午 [illegible] [illegible] 12시 [illegible]

11/21 晴 改憲 國民投票 次로 [illegible] [illegible]
12/17 ◎ [illegible] ― 20円 ― [illegible]

11/22 晴 새벽 [illegible]
12/18 朝 [illegible] [illegible] 午 [illegible]
◎ [illegible] 12시 [illegible] 400円 [illegible] ◎ 白米 1.3斤. 41円
◎ 150円 → 入金 ◎ 533円 →
[illegible] 1卷 [illegible] [illegible] 12円
[illegible]
[illegible] [illegible] ~ 70円
[illegible] 40円 [illegible] ~ 25円
메러치 ~ 10円 [illegible] 10円

11/23 晴. 아침 8시경 / 差함
12/19
前. 새 영계 ~ 2시경 맞음.
後. 새 영계 ~ 1시경 맞음
뒤에 매기니 갈비 1짐 꺼려옴.

11/24 晴. 아침부터 姜大坤氏 집 (牛) ~~[illegible]~~ 關係로
산골 ~ 내포 ~ 괴바 까지 갔다 늦게 도라옴.

11/25 晴. 정이골. 정문치 넘께 16시경.
主祖母任入祭日.
옹내에. 3時半頃.
이천치. 만경 넘께. 18시경.
집 영계 2시경. 許비
昔. {裵元洪氏 / 孫相文氏} 24해서 이었음. 邦[illegible]
◎ 冬至 쌀 3升. ~ 製粮 = 9日 [illegible]
도부 ~ 2모 ~ 비리 8日 [illegible]
8日
徐致壽氏로부터 받음. 利 1300원 [illegible]
元 9만원本, 3.5부 이자로.

11/26 晴. 冬至日
12/22日.
前. 재당에 울력 1짐 해옴 (도리깨 열나무)
後. 울타리 제초 — 남아 있음.
◎ 精米. 나락 2가마 1石 2斗 ◎ 白米 12斗
17.8
1.2
16.6
10. 8.1

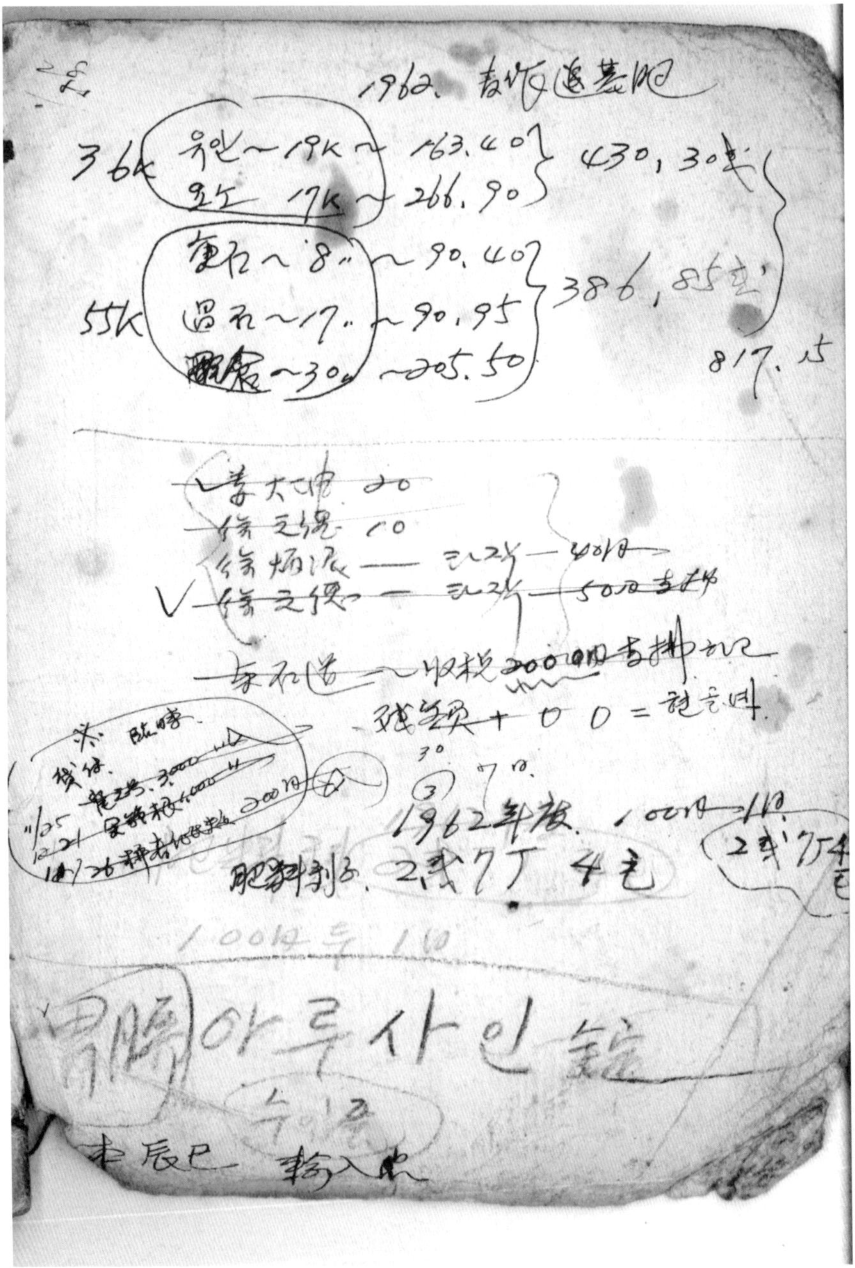
1962. 春作追基肥

36k 유안~19k~ 163.40 } 430,30원
요소 17k~ 266.90

重石~8~ 90.40
55k 過石~17~ 90.95 } 386,85원
~30~ 205.50

817.15

1962年度. 100円 11日

肥料 2貳7丁 4毛

아루사인 錠

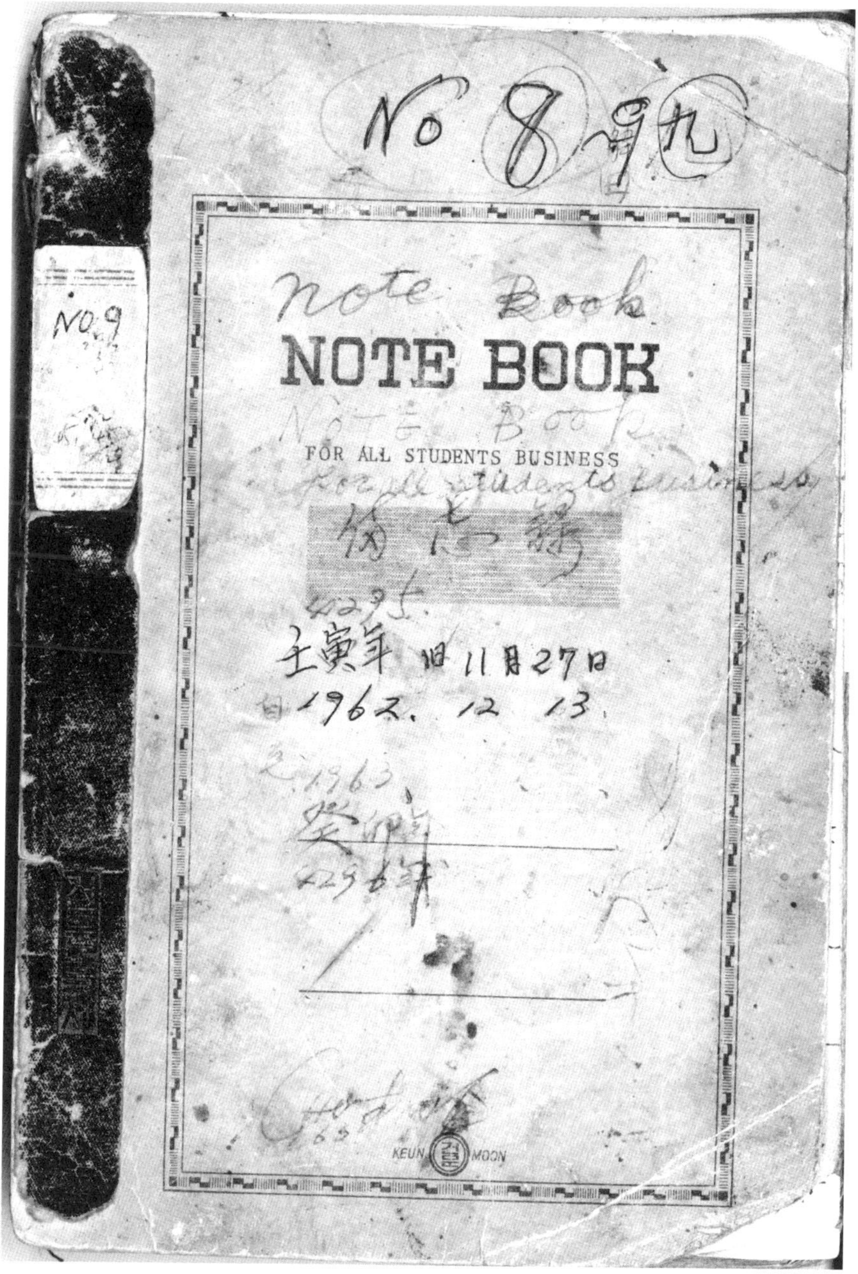
No 8 9 九
NO.9
note Book
NOTE BOOK
FOR ALL STUDENTS BUSINESS
壬寅年 旧11月27日
1962. 12. 13
KEUN MOON

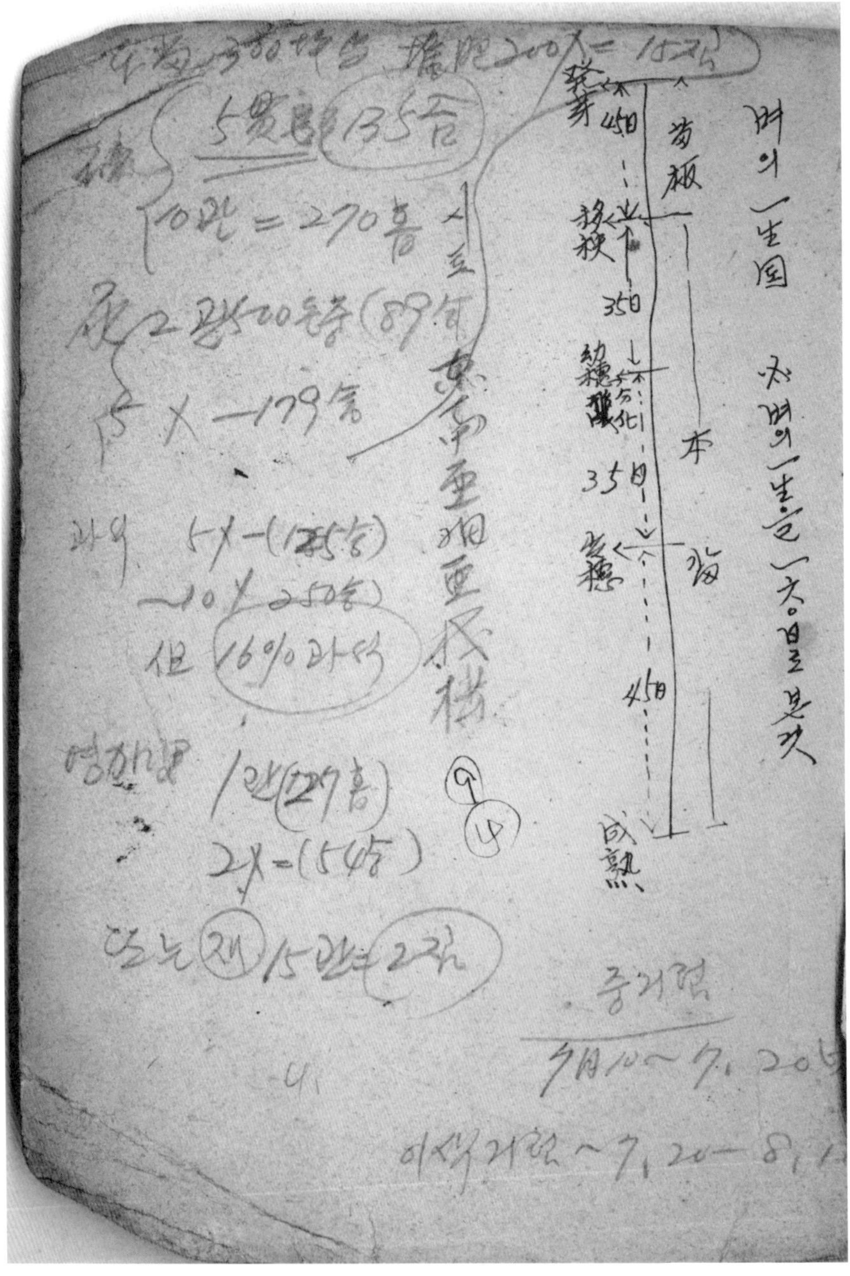

벼의 一生圖
※ 벼의 一生을 一表로 본것
發芽
45日
苗板
移秧
35日
幼穗分化
35日
本畓
出穗
45日
成熟
10관 = 270홉
중거리
9月10~7.20
이삭거름 ~7.20—8.1

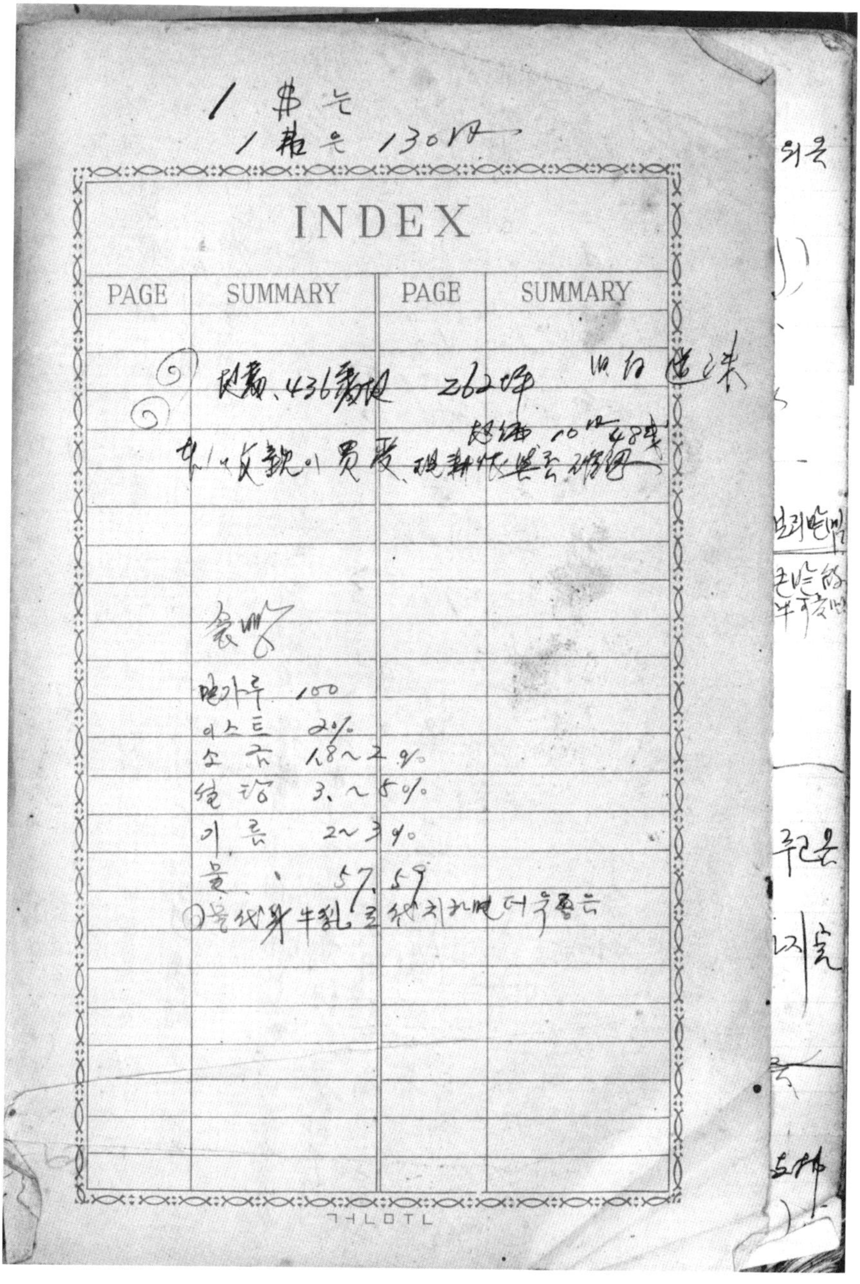
1 $는
INDEX
PAGE
SUMMARY
PAGE
SUMMARY
밀가루 100
이스트 2%
소금 1.8~2%
설탕 3~5%
기름 2~3%
물 57.5

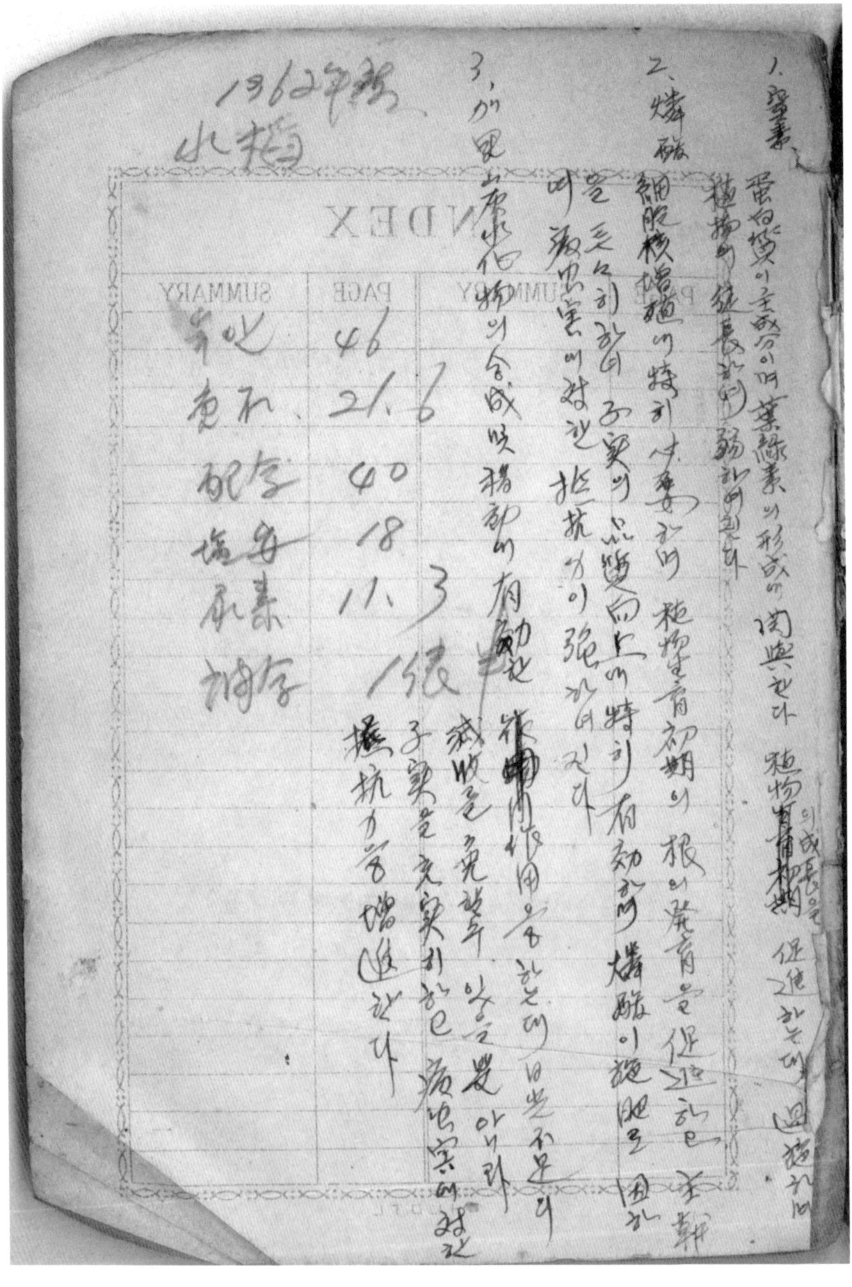

1962年度 水稻
1. 窒素 蛋白質이 主成分이며 葉綠素의 形成에 關與한다 植物生育初期의 成長을 促進하는데 過多하면
植物이 徒長하여 弱하여진다
2. 燐酸 細胞核 增殖에 特히 必要하며 植物生育初期의 根의 發育을 促進하고 全期
를 通하여 子實의 品質向上에 特히 有効하며 燐酸이 施肥로 因하
며 病虫害에 對한 抵抗力이 强하여진다
3. 加里 炭水化物의 合成 및 移動에 有効한 作用을 하는데 日光不足의
子實을 充實히 하고 病虫害에 對한
抵抗力을 增進한다
INDEX
SUMMARY
PAGE

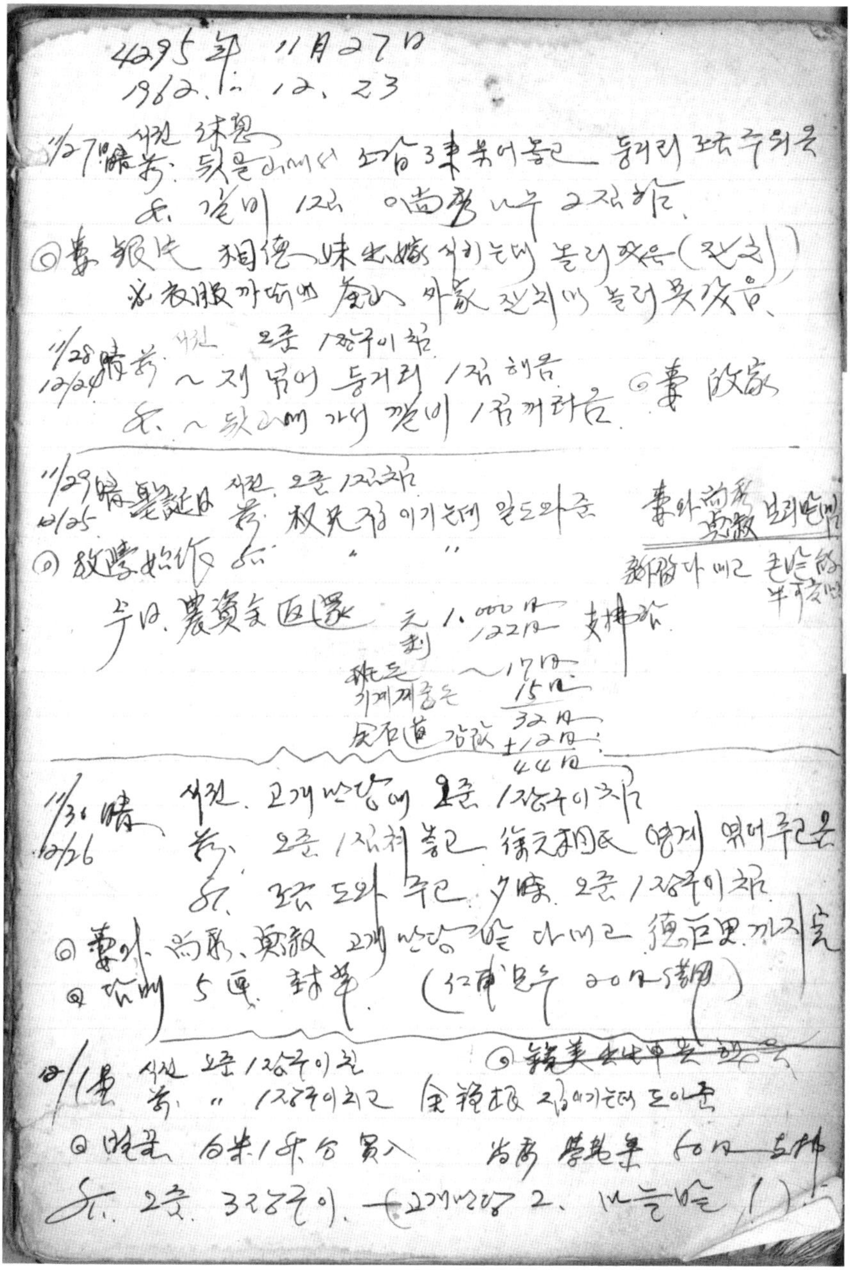
4295年 11月27日
1962. 12. 23

11/27 晴 새벽 休息
午. 뒷들에서 立合 3束 묶어 놓고 둥거리 7束 주워옴
夜. 갈비 1짐 이웃집 나무 2짐 해줌.
◎ 妻 銀次 相德 [illegible] 시키는데 놀러 갔음 (결혼)
[illegible] 衣服 [illegible] 外家 잔치에 놀러 못갔음.

11/28 12/24 晴 새벽 오줌 1장군이 줬다
午 ~ 저 밭에 둥거리 1짐 해옴 ◎ 妻 [illegible]
夜 ~ 뒷山에 가서 갈비 1짐 끌어왔음

11/29 12/25 晴 [illegible]誕日 새벽 오줌 1장군 줬다
午 [illegible] 집 이기는데 일도와줌 妻外 尙秀 英淑 [illegible]
◎ [illegible] 夜 " "
[illegible] 다 메고 [illegible]
[illegible]日. 農資金 返還 元 1,000원 利 122원 支拂함.
[illegible] ~ 17원
기계제중은 15원
32원
[illegible] 12원
44원

11/30 12/26 晴 새벽. 고개 반당에 오줌 1장군이 줬다
午. 오줌 1장 [illegible] [illegible] 메어주고 옴
夜. [illegible] 도와 주고. 夕 [illegible] 오줌 1장군이 줬다.
◎ 妻外 尙秀, 英淑 고개 반당 [illegible] 다메고 [illegible] 가지 [illegible]
◎ [illegible] 5匹 [illegible] ([illegible] 20원 [illegible])
◎ ~~[illegible]~~

12/1 [illegible] 새벽 오줌 1장군이 줬다
午 " 1장군이 치고 金[illegible] 집 이기는데 도와줌
◎ [illegible] 白米 1斗 [illegible] 買入 尙秀 [illegible] 60원 支拂
夜. 오줌 3장군이. (고개 반당 2. [illegible] 1).

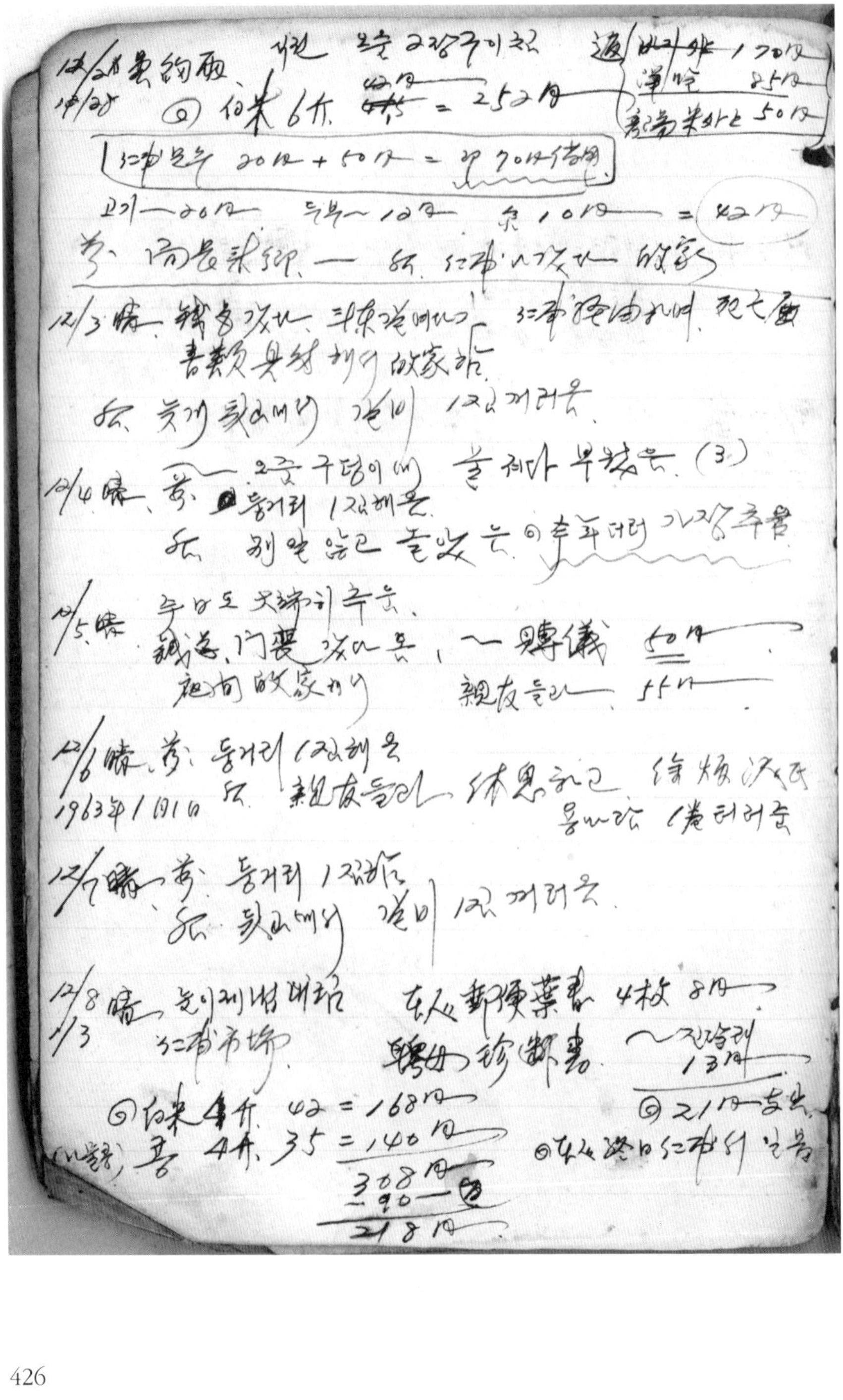

12/2 [illegible] 오늘 [illegible]

12/28 白米 6斤 [illegible] = 252日

[illegible] 170日 單價 25日 [illegible] 50日

[仁川 [illegible] 20日 + 50日 = 70日 借用]

고기—20日 두부—10日 [illegible] 10日 = 42日

[illegible] 一 [illegible] 仁川 [illegible] 故家

12/3 晴 [illegible] 仁川 [illegible]

[illegible] 故家 [illegible]

[illegible]

12/4 晴 [illegible] (3)

[illegible] 동거리 1次 [illegible]

[illegible]

12/5 晴 今日도 [illegible]

[illegible] 賻儀 50日

[illegible] 故家 [illegible] 親友들과 — 55日

12/6 晴 [illegible] 동거리 1次 [illegible]

1963年 1月 1日 [illegible] 親友들과 休息하고 [illegible]

[illegible]

12/7 晴 [illegible] 동거리 1次 [illegible]

[illegible]

12/8 晴 [illegible] 郵便葉書 4枚 8日

1/3 仁川市場 [illegible] 13日

白米 4斤 42 = 168日 [illegible] 21日 支出

[illegible] 4斤 35 = 140日 [illegible] 仁川 [illegible]

308日

[illegible]

218日

저고리감 ~30~ 3尺 —90 } 現金 170円
(조루민) 35. 2.5尺 = 80

外上 ~ 못(인) 3尺 ~ 45円 } 115円
外上 尚秀 內衣上 70円

12/9 晴. 斗東[illegible]出 現勢稅 15
◎戶籍謄本 [illegible] 雪糖 15
搭乘賃 60円 [illegible] 10
[illegible] 45
85円

12/10 雲 午後 [illegible] ◎喜男의 宅 [illegible]
11/5 前에 둥거리 五合해 옴

12/11 晴. 今年中 最初 最高 추위임 (硯石까지)
11/6 大寒 나무 1짐해다
[illegible] 나무 1짐해다.

12/12 晴. 나무 둥거리 1짐해다. 扶助金 — 30円
11/7 [illegible]

12/13 晴. 나무 1짐. [illegible] 五合 거리 [illegible] 8n = 32円
11/8. [illegible] 2斤 ~43 = 86 } 226円 [illegible]
[illegible] 4斤 ~35 = 140
[illegible] ~ 25円 [illegible] ~ 33円 × 4.5 = 148円
[illegible] ~ 10 尚秀 ~ 60円 ([illegible]) +35
[illegible] 258 ◎[illegible] 電文 — 4.1円 2[illegible]3
2[illegible]3
15 [illegible]

12/14 晴. 나무 1짐해다.
11/9 [illegible] 五合 거리 [illegible].

12/15 曇晴 ... 사진 ...
1/10 前. 둥거리 1짐하고
后. 갈비 1짐하고.

12/16 晴. ... 大端히 추운 날씨이다
1/11 前. 둥거리 1짐. 后. 갈비 1짐 끌어옴 (...)

12/17 晴. ... 추운 날씨가 繼續됨
1/12 前. 채벌에 가서 나무(둥거리) 1짐하고
后. 둥거리 1짐하고, ◎ 今日도 相當히 추웠다.

12/18 晴. 前. 갈비 1짐 끌어옴.
1/13 [illegible] 白米 3升. 45 = 135
[illegible] 64
199원
57원
142원

크림 ~ 30
小粉 40원
메러치 10
[illegible] 15
과자 2
57 [illegible]
[illegible]
970원

사진 오늘 1장 [illegible]
12/19 晴. 前. 갈비 1짐 끌어옴
后. [illegible]
16.6
◎ 精米 20 = 13되 [illegible]
15.2.5, [illegible]
◎ 白米 13되 3升.

12/20 晴. 今日도 大端히 추운 날씨였다
1/15 前. [illegible]
后. 갈비 1짐 끌어옴.

12/21 晴. 前. 둥거리 1짐하고
1/16 后. 洞会에 參席 하고 [illegible]
[illegible] ~ 16日

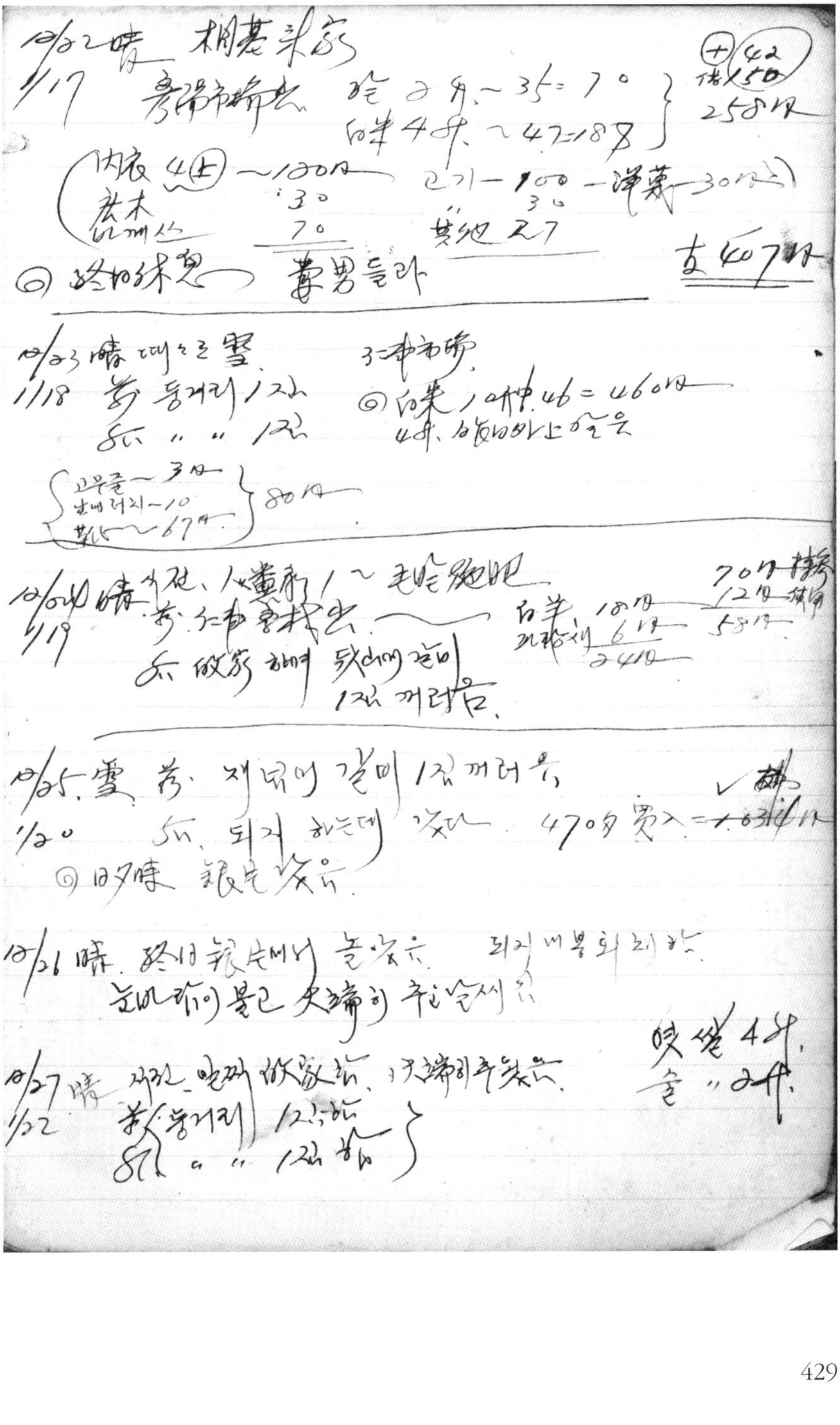

12/22 晴 [illegible]
1/17 [illegible] 2斗~35=70 [illegible]
白米 4斗~47=188 } 258円

內衣 [illegible] ~100円 고기 100 洋菓 30円
[illegible] 30 30
[illegible] 70 其他 27
支 607円

◎ 終日休息 [illegible]

12/23 晴 [illegible]
1/18 [illegible] 동거리 1짐 ◎ 白米 10升 46=460円
[illegible] 1짐 [illegible]

[illegible] ~3円
[illegible] ~10
[illegible] ~67 } 80円

12/24 晴 [illegible]
1/19 [illegible]
白米 18円 70円
[illegible] 6円 12円
24円 58円

12/25 雪 [illegible] 1짐 [illegible]
1/20 [illegible] 470匁 買入 [illegible]
◎ 日夕晴 [illegible]

12/26 晴 終日 [illegible]
[illegible]

12/27 晴 [illegible]
1/22 [illegible] 1짐 [illegible]
[illegible] 1짐 [illegible]

12/28. 晴. 仁川市場 ⊙白米 11斤. 47円 = 517
1/23 계란 ~ 4개 = 14
531円

⊙ 尙秀 內衣 70円 外上으로
布木 1反 33円
外 2卷. 이가. 메리치 ~ 27円 } 145円
製粉 5斤. 15円
后. 休息. 豚肉 [illegible] 103円

12/29 晴 [illegible] 12시
8시. 休息
[illegible] 16円
[illegible] 15
[illegible] 7
⊙ 38円
麦 10斤. 15斤. 25斤.

마흔지 않는 歲月은 變함없이
壬寅年을 마무리고 지냈고, 癸卯新年을 맞는 마음에 새로운 修養과 굳은
결의 [illegible] 開拓 [illegible] 人生의 보람을 찾아보리 ... !!

1963. 1月 1日 癸卯年 4296年

1月1日. 晴 上里 祖先山 [illegible]
1/25. 새벽. 東쪽 하늘에 黑雲이 있었음
1/2 晴 休息. 妻 [illegible]
1/3 晴. 고기청에서 [illegible] [illegible]
便箋封套紙 2円 10枚
1/4. 晴. 休息 1/5. 晴. [illegible] 愉快히 [illegible]
1/6 晴. 새벽 오늘 1시 [illegible] 오늘 1시 [illegible]

1/7 晴 朝. 오줌 228구이 최
12/31 夕 ?

白米 1斗 半 (四)
나락 2斗
15.2.5
1.2
14.0.5

1/8 晴 새벽. 오줌 2장구이 최
2/1 朝. 둥거리 1짐 夕. 半日休

1/9 晴 새벽. 오줌 1장구이 최
2/2 朝. 재넘어 갈비 1짐 꺼리옴. 新豊市場出
夕. 둥거리 1짐 했음

◎ 白米 7升. 480出
代 336円

購入品 實果 ~ 35円 +5円 = (40)
海魚 ― 三刀, (50). 상어 (50) 정어리 50
갈치 ~ (100円)
멸태 (30) 전어 (20)
名木 2時 (70円)
고재빈 (5)
종지기. 9円. 지개꼬리, 10
고구마 10, 메러치 ~ 10 (39)

借用 = 470円
米代 336
殘用 = 134

1/10 晴 새벽 오줌 1짐 최
朝. 갈비 1짐 꺼리옴
夕. 재넘어 둥거리 1짐 했음
布 備 고무 1升 계란 7개 ~ } 60円 支

◎ 靴下 半尺 ~ 17円, 根? 5, 연필 5円 } 37円
洗濯 5円 糸 5円

1/11 晴 새벽 오줌 1짐
2/4 朝. 갈비 1짐
夕. 둥거리 1짐 했음

中学校 試験 치룸

1/12 晴 새벽 ― 오줌 2장구이 최
2/5 朝. 夕. 둥거리 1짐式 했음 〃 〃

1/13 晴 朝. 재넘어 둥거리 1짐 ◎ 오줌 1장구이 최
夕 몸이 被困해서 뒷산에서 나무 조금 긁어 옴
(오줌 1장구이)